KB241925

교육마당

대상은 초등학생 전 학년을 대상으로 단일 물 3월 분기 수학 학력진단평가를 실시한다. 응시료는 무료이며, 시험에 응시한 학생들은 국제수리과학비교평가를 받게 된다. 취약한 영역에 대해서는 텍스트의 어예 따라 교육방 발송 수 있다. 개별 스트 토 2월 초, 홈페이지(www.ds.genius.co.kr)를 통해 수학의 원리와 단원별로 공부 수 있도록 할 예정이다. 02-597-1541.

튼튼영어가 학습지 외과 영어교실 사업을 하고 있습니다. 초등학생들에 대한 일제평가도 병행됩니다. 30만 원으로 한정된 '예습형 수학 개인 기초관을 수 있어 정보에 대한 학생에게 꼭 필요한 교육입니다.

온라인 교육법 메가스터디(www.megastudy.net)가 초등 초보들을 위한 동영상강의를 시작했다. 330개 강좌로 구성됐다. '예습형은 대상 기초 교과과정별 내용을 담았으며 복습 내용까지 담았다. 문의 홈페이지나 전화로 받을 수 있다. 1577-0082.

교육청 영재교육원 시험 D-12일

서울 교과서 중심 경기 교과서 외 사고력 테스트

어떤 문제가 나올까?

지난해 교육청 영재교육원은 한국교육개발원에서 문제를 출제해 전국에 같은 날 시험을 치뤘다. 그러나 올해에는 서울은 시교육청에서 단독으로 문제를 출제하는 것으로 바뀌었다. 이에 따라 경기 및 지방은 오는 12월 15일, 서울은 12월 16일 각각 시험을 실시된다.

서울은 시교육청에서 단독 출제한 2004, 2005학년도 기출문제 패턴에 관심을 가질 수밖에 없다. 단지 올해 문제들은 전년도 한국교육개발원에서 출제한 특정 교과 외적인 사고력을 요하는 문제들에 비해 수학, 과학 분야의 교과 심화된 문제들이 주로 출제되었다. 결국 교육청 영재교육원에서 지원하는 수험생들의 수준을 감안할 경우 교과 심화내용의 문제들이 교육개발원에서 출제한 문제들보다 다소 쉽게 받아들일 수 있다.

과학분야에서는 주관식 문제보다는 선다형 객관식 문제들이 주로 출제되었다. 실험문제에 있어서도 실험과정에 대한 원리를 묻기보다는 사실적 실험 결과만 알면 풀 수 있는 문제들이 주류를 이루었다. 경기 및 지방은 전년도와 같이 한국교육개발원에서 출제한 문제를 가지고 선발할 계획이다.

1차 시험에서는 문항 수, 시험시간 모두 전년과 동일하다. 문항 수는 15문항으로 초등부는 45분, 중등부는 50분간 실시된다. 1차에서는 수학, 과학 지문분야에 상관없이 공통문제로 논리력 및 사고리사를 실시한다. 문제 유형은 주로 특정 교과와 관계없는 사고력, 논리성을 요하는 문제가 주류를 이룬다.

소 많이 접해 보지 않은 문제들이어서 수험생들의 체감 난이도가 높게 나타나고 있다.

2차시험에서는 전년 1, 2교시로 나뉘 실시된 것에서, 1교시로 진행된다. 전년도의 경우 1차시 시험은 주로 단답형 주관식 형태였고, 2교시 시험은 서술형 주관식으로 수험생들이 가장 어려워했던 시험이었다. 금년도에는 문항 수가 전년 16문항에서 12문항으로 줄어든다.

분량 수가 줄어든 때문에는 전년도 수험생들의 체감 난이도를 어느 정도 반영한 것으로 볼 수 있지만 체감 난이도는 여전히 높을 것으로 예상된다.

수학은 한국수학올림피아드(KMO), 한국수학인증시험(KMO) 문제유형으로 이를 본선 대회 문제수준에서 난이도가 쉬운 정도로 출제되고 있다. 이렇듯 상당수준의 교과심화 문제들이 출제되고 있음에 유의해야 한다.

과학에서는 실험의 목적, 전개 과정, 결과에 대한 종합적 이해력 바탕으로 실험자 원래의 실험결과와 상반된 결과를 제시하라 이런 결과라의 차이는 과정을 전개하는 서술형 문제들도 등장하고 있다. 단순 실험에 대한 결과만 알고 있으면 풀 수 있는 서울시교육청 문제와는 대조적이다.

임성호 하늘교육 기획이사

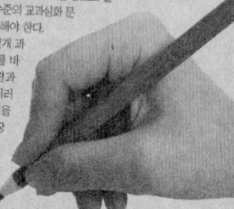

서울 외고 경쟁률

학교명	전형부문	모집인원	지원인원	경쟁률
대원외고	학교장추천자	30	446	14.87
	경기우수자	29	239	11.9
	외국어우수자	40	262	6.55
	외국어우수자	10	41	4.1
	감사시험(외고)우수자(국제어과)	57	167	2.93
	체육특기자	7	4	0.57
	감사시험(특수)우수자(특수지)	4	4	6.57
	학교장추천자	32	362	25.86
다일외고	학교장추천자	21	383	16.24
	국어(영어)심화우수자	100	777	7.77
	글로벌인재	35	214	6.11
	외국어특기자	12	45	3.75
한영외고	학교장추천자(동시지원)	55	664	12.07
	상위우수자(동시지원)	20	94	3.76
	전문외우수자(동시지원)	20	44	2.2
	외국어우수자	10	22	2.2
	체육특기자	1	4	4
	학교장추천자	24	460	18.17
명덕외고	교과성적우수자	96	1075	11.2
	진로우수자	12	67	5.58
	학교장추천자	8	28	3.5
	성적우수자(실기포함)	19	498	28.4
서울외고	성적우수자	30	604	20.13
	심기우수자	40	159	17.33
	외국어우수자(영어)	1	10	2.57
	외국어우수자(독일어)	12	18	1.5
	학교장추천자	9	40	4.44
이화외고	성적우수자	50	159	3.1
	외국어우수자	12	18	1.5

2007년 영재교육원 선발문제 분석해보니 --

'창의 사고력' 질문 외고 입시 유형

2007학년도 전국 교육청 영재교육원 선발시험이 앞서 전 실시됐다. 서울은 16일, 경기 및 지방은 15일이었다. 종전에는 서울과 지방 모두 한국교육개발원에서 출제된 동일한 문제로 같은 날 시험을 치렀다. 그러나 이번에는 서울은 경우 시교육청에서 단독 출제 문제로, 경기 및 지방은 한국교육개발원이 개발한 문제로 실시돼 차이를 가져왔었다. 두 지역의 시험 분제를 분석해 보면 다음과 같다.

수지역에 따라 난이도 달랐다 - 경기 및 지방에서 출제된 문제의 사고 문제는 지난해와 비슷한 수준. 서울시에서의 차이는 2등급이는 변화로만 바뀌었다. 지난해를 15문항 출제돼 전년과 비슷한 수준이지만 초등부는 논리수리 공간에 많이 실시된 분제다. 수학과 과학의 변별력이 없는 동일한 분제였다. 서울은 수학 및 국어(과학)분야 문제를 출제돼 한국개발원 시험과 차이가 컸었다.

과학에서는 지난해는 실험의 과정, 결과에 대한 변별력을 강조했다. 실험의 결과를 분석적으로 문제에 한국교육개발원 문제는 단순 실험 결과만 알고 있으면 풀 수 있는 단답식이었다.

문제해결력 검사에서는 전년도같이 난이도가 대체 낮았지만, 수학의 경우

이 때 많은 어려움을 느끼는 경향이 많았다. 주어진 문제의 조건을 제시하고 분명한 수리를 요구하는 이에는 어려움이 많았다.

논리력 사고검사는 10문항이 출제됐다. 전년과 같이 지방보다는 출제되고 단답형 주관식 문제들이 출제됐다. 서술형 주관식 문제가 다소 늘어나 체감 난이도는 다소 높았다.

서울에 논리력 사고검사가 문제 제시됐다고 본다. 경기 논리력 사고검사가 수학·과학 분야에 상관없이 공통

정성호 서울교육 기획이사

초등학생이 한 영재교육기관에서 사고력 수업을 받고 있다. (중앙포토)

전국 교육청 영재교육원 모집

구분	교육원 수	초등부	중등부
기관수	145	79.0	77.9
비율(%)		83.0	47.0

외고시, 3개, 경력교의 경우 학교 설명회로 대원·2~3명 정도가 추천된다. 해당 교과마의 추천을 받기 위해서는 이러한 추천을 평가기 위해서, 교과목 관련 평어가 남달라 우월성을 갖춘 학생만 선발한 수 있다.

성적심화는 논리적 사고검사의 과기비중과 연계성이 높은데 서술식은 경기 및 지방시험에 출제된 문제가 비슷하다. 서울시 문제가 달랐던 기억이 있다. 서울시는 달랐다. 이에 비해 서울시교육청 문제를 비롯해 기관마다 유형에 따라 차이가 있다. 이에 해당자는 단순한 문제풀이 공부보다는...

정성호 서울교육 기획이사

영어 듣기 빨라지고 지문 늘어나

2007학년도 외고 일반전형 분석

서울 6개 외고는…

2007학년도 서울 6개 외고 일반전형 영어 듣기시험은 전년도보다 듣기 속도는 빨라졌고, 지문 수가 늘어났다.

서울지역 6개 외고의 영어 듣기시험 문제유형과 난이도를 비교 분석하면 다음과 같다. 먼저 듣기 속도가 전반적으로 빨라졌다. 구체적인 평가 수준을 볼 때 수준별로 차이를 보이지만, 전반적으로 한 지문 당 읽어주는 속도가 빨라졌다. 따라서 시험에서 어려움을 느낄 수 있다.

대원외고 경우 유형별 문제 수준과 난이도는 전년도와 비슷하거나 다소 높아졌다. 지문 수가 전년도 40문항에서 44문항으로 늘어나 시간에 쫓길 수 있는 난이도를 보였다. 대일외고 경우도 전년보다 지문 길이가 길어졌다.

그러나 경기, 인천, 대구, 광주, 전북, 전남, 광주, 제주 지역은 외고 소재지가 수학, 과학으로 나뉘지 않고 종합으로 산발하므로 차이가 있다. 과학분야가 출제된다.

경기지역 외고는…

지난 10월 지방(은) 실시된 경기지역 외고 일반전형은 전년도에 비해 듣기 지문 경청속도는 빨라졌다. 지문 수 역시 12문항으로 전년보다 늘어났다. 난이도는 7.5~1.5로 올라갔으나 경청하는 한 지문에 대한 지문수는 전년과 비슷했다. 문제 수준이 가장 높은 외고는 4.7 수준 난이도였다. 영어 듣기의 경우 한 지문 당 듣기시간은 전체적으로 1.5~2.1초 이상 늘어났다. 경기지역 외고는 전년도와 비교해 듣기에서 난이도가 대체로 높았다. 수준에 따라 학교마다 차이가 있었다. 구체적으로 분석하면, 대원외고는 전년도와 비슷한 수준으로...

임성호 하늘교육 기획이사

감각 익히고 자주 접해야

어떤 시험 나오나

2006학년도 교육청 영재교육원 선발시험은 전년도 시험의 별도 시험을 보았으나, 금년도부터는 전국이 단일형 동등난이도로 시험 볼 가능성이 높다.

1차 시험은 지원 분야에 상관없이 모두 동일한 문제의 논리적 사고검사이다. 외국어고등학교나 최근 3개년도 구술면접 창의사고력 문제와 서술형 문제들이다. 따라서 근 중복적인 문제도 출제돼 사실상 학력 구분이 무의미하다.

2차 시험은 창의적 문제 해결력 검사로 국어(과학)·수학, 과학 구술면접 유형이 교과 심화된 문제들이 대부분이다. 정보 분야는 대부분 수학

연세외고 영재사고학력 부원장

합격자 간 '구술면접' 점수차 가장 커

어떻게 공부해야 하나

시사·사고력 문제 늘 접하도록

〉〉2007학년도 분석

〉〉2007학년도 부문별 합격점수

외고 가능권

3학년 1학기 내신에

요과목 가중치에 신경 써라"

2008학년도 외고 입시 어떻게 바뀌나

"입상해서 내신부담없는 특기자전형 노리자"

과학고생 '대입 전초전'

D11 조선일보 제26785호 2007년 2월 5일 월요일

2008학년도 서울 6개 외고 입시 확정

내신 10%이내 들어야 합격 안정권

실질반영비율 30~35%로 대폭 상승

성적이 쑥!

도 특목고, SKY대 진학률 분석해보니

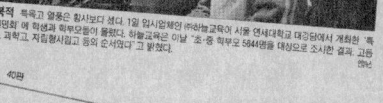

이렇게 해야 특목고 갈 수 있다

2007년 6월 25일 초판 1쇄 발행
2007년 7월 9일 초판 2쇄 발행

지은이 | 임성호
펴낸이 | 이준원
펴낸곳 | (주)황금부엉이

주소 | 서울시 마포구 서교동 353-4 첨단빌딩 9층
전화 | 02-338-9151
팩스 | 02-338-9155
인터넷 홈페이지 | www.goldenowl.co.kr
출판등록 | 2002년 10월 30일 제10-2494호

실용서 사업본부장 | 홍종훈
기획 | 서울출판정보
편집 | 조연곤
콘텐츠 구성 | 손기현, 이미현
본문 디자인 | 성인기획
마케팅 | 신용천, 이원일
제작 | 구본철

ISBN 978-89-6030-144-3 03370

이 책은 저작권법에 따라 보호를 받는 저작물이므로 무단 전재와 무단 복제를 금지하며, 이 책 내용의 전부 또는 일부를 이용하려면 반드시 저작권자와 (주)황금부엉이의 서면 동의를 받아야 합니다.

※ 잘못된 책은 구입하신 서점에서 바꾸어 드립니다.

이렇게 해야

특목고

갈 수 있다

Go!

특목고, 아무나 갈 수 없지만 준비만 철저하다면 누구나 간다!

• 임성호 지음 •

황금부엉이

이 책이 특목고 합격을 목표로 하는 모든 수험생,
학부모님들께 정말로 필요한 정보를 제공하는
가이드북이 되길 바랍니다.

(주)하늘교육 대표이사 **서진원**

불과 몇 년 전만 하더라도 특목고 입시는 소수 특정 계층 또는 특정 지역에만 국한된 제한적인 입시였다. 따라서 지극히 정상적이고 상식적인 교육 관점을 가진 학부모들과는 상관없는 극히 일부를 위한 얘기쯤으로 받아들여졌다.

교육 업종에 종사하면서 특목고를 다루는 분야의 일을 많이 해왔던 필자 역시 특목고를 보는 눈은 일반인들과 별 차이가 없었던 것 같다.

그러나 필자의 두 아이가 초등학교 4학년, 초등학교 1학년이 되어 가는 어느 날 아이들의 교육을 생각해 보니 문득 불안한 마음이 들었다.

'내 아이들의 미래는 어떻게 될까? 그저 보통 학교로 만족해야 할까? 아니면 특목고라는 곳을 통해 명문대에 진학시켜야 할까? 과연 특목고만이 명문대에 갈 수 있는 관문이라고 할 수 있을까?'

그때부터 여러 가지 통계 자료들을 조사해 보았다. 그중에서 특이할 만한 것은 특목고를 지원하는 중3 학생 수가 명문대 진학의 잣대로 적용될 '수능 1등급'에 해당하는 고3 학생 수의 2배를 넘어서기 시작했다는 것이다.

현장에서 특목고를 준비하는 아이들을 거의 매일 보는 필자로서는 이 아이들이 합격 유무에 상관없이 시험에 응시할 수 있는 수준이라면 지원 시점에서 이미 중3 수준을 넘어 고1, 2학년 상위권에 해당한다는 생각이 가장 먼저 떠올랐다.

그리고 대부분의 아이들이 부모의 등쌀에 못 이겨 마지못해 공부하기보다는 공부하는 것 자체를 좋아하고, 시험에 대한 강한 승부욕과 근성을 가지고 있었다.

하늘교육에서는 매년 서울 수도권 외고, 과학고 시험을 본 직후에 문제의 난이도와 유형을 분석하기 위해 수험생을 대상으로 출구조사를 한다. 이 자리에서 학생들과 직접 얘기해 보면 아이들이 공부에만 집착하는 것이 아니라 인성도 반듯하게 갖추고 있음을 알 수 있다.

이 아이들이 나중에 고3이 되어 내 아이들과 함께 수능을 보고 면접관들 앞에서 경쟁을 한다면 결과는 과연 어떻게 나올까?

상위 10여 개 대학을 제외하고는 마땅히 보낼 곳이 없다는 생각에 드디어 필자도 학부모 입장에서 걱정이 되기 시작했다. 특목고 학생들이 우리 아이들과는 상관없는 학생들이 아니었던 것이다.

필자는 특목고 예찬론자는 아니다. 그리고 현재의 사실보다 더 미화시켜 얘기하고 싶은 생각도 없다. 다만 지금이 특목고에 대한 정확한 정보와 이에 대한 정확한 해석이 필요한 시점이라고 본다.

정확한 정보가 있다면 불필요하게 시간을 낭비하지 않고 경제적인 비용 부담 없이도 본인의 적성, 본인만이 가지고 있는 특기나 재능만으로도 충분히 지원 가능하기 때문이다.

이 책이 필자와 같은 고민과 걱정을 하는 학부모들에게 새로운 희망과 자신감을 불어넣어 이 책을 읽은 모든 독자들이 좋은 결과를 얻었으면 한다. 또한 특목고 준비 과정 자체가 인생을 살아가는 데 소중한 밑거름이 되어 나중에 보다 더 좋은 결과를 얻게 된다면 더 바랄 나위가 없을 것이다.

욕심만큼 많은 정보를 담지 못한 것 같아 무척 아쉽다. 전체적으로 더 잘할 수 있었다는 아쉬움이 많이 남는다. 그러나 최소한 현재 출간되어 있는 특목고 관련 서적 중에서 가장 정확하고 다양한 정보를 담아냈다는 것에 대해서는 자부심을 가지고 있다.

이 책이 나오기까지 기획에서부터 최종 원고 정리까지 필자와 함께 거의 매일 야근을 한 기획실 손기현 팀장, 이미현 대리에게 진심으로 고맙다는 말을 해주고 싶다. 또한 그동안 많은 도움을 준 하늘교육 교재연구소 연구원, 합격생 및 학부모, 특목고 관계자 여러분 모두에게 감사의 말을 전한다. 이외에도 책 집필의 제안과 기획, 원고 진행에 도움을 준 서울출판정보 김준호 대표와 도서출판 황금부엉이 분들에게도 고마움을 전하고 싶다.

(주)하늘교육 기획이사 임성호

特目高 차 | 례 |

특목고, 전략으로 승부하자

03

04 특목고, 조기 준비가 대세다 : 영재교육원

제1장

특목고,
그곳이 알고 싶다

특목고를 준비하는 이유

교육계 일각에서 불기 시작한 특목고 열풍이 점점 강해지고 있다. 특히 중학생 중에서도 우수한 성적에 드는 아이들은 한번쯤 이런 고민에 빠져본 적이 있을 것이다.

"내신에서 불리해질 텐데 꼭 특목고를 고집할 이유가 있을까?"

그럼에도 불구하고 많은 학생들이 특목고에 도전하는 이유는 단순히 좋은 대학을 가기 위해서만은 아니다. 그것은 특목고만이 가지고 있는 특별한 매력 때문이다.

일반고는 성적이 천차만별인 학생들이 한 교실에서 공부한다. 따라서 중간 정도 수준에 맞춰 수업을 진행해야 한다. 공부를 잘하는 학생들은 진도가 빨리 나가지 않아서 답답해하고, 하위권 학생들은 진도를 따라잡는 것이 어려워 허덕거린다.

그러나 특목고는 다르다. 학업 성취도가 뛰어난 비슷한 수준의 아이들만 모여 수업을 하기 때문에 질문과 토론만으로도 수업을 끌어갈 수가 있다. 진정한 의미의 토론식 수업이 가능하다는 것, 이것이 특목고의 해외 대학 진학률을 높이는 이유 중 하나일 것이다.

또한 특목고 중에는 영어만 사용하는 English Zone을 운영하거나 아예 하루 종일 영어만 사용하게 하는 학교도 있다. 적어도 2개 이상의 외국어를 구사하도록 하기 때문에 굳이 외국어를 배우기 위해 해외연수를 갈 필요가 없다.

내신에서 뒤처진다고 걱정할 필요도 없다. 수능으로 만회하면 된다. 실제로 대원외고는 2007학년도 입시에서 정원 420명 중에서 79%인 332명이 서울대, 연대, 고대에 진학했고, 한영외고는 280명 중 73%인 204명이 SKY 대학에 진학했다.

또한 각 특목고는 자체 유학반을 편성하여 운영하고 있다. 고 1때부터 해외 대학 준비생을 뽑아 SAT(Scholastic Aptitude Test, 미국의 대학수학능력시험), AP(Advanced Placement Program, 미국의 대학 과목 선이수제) 등으로 구성된 수업을 체계적으로 운영하고 있으며, 원어민 강사가 직접 가르친다. 이런 노력 때문일까? 대원외고의 경우 최근 2년 동안 아이비리그를 포함한 해외 명문대학에 매년 50명 이상이 진학하고 있다.

물론 특목고를 나와야만 SKY 대학이나 아이비리그에 갈 수 있는 것은 아니다. 그러나 특목고에 들어가면 공부 잘하는 우수한 학생들이 많아 그만큼 경쟁심도 높아지고 공부에 몰입할 수 있는 여건 조성도 수월해진다. 비슷한 수준의 학생들끼리 수업하기 때문에 마음 놓고 어려운 문제에 도전해 볼 수도 있다. 스스로 경시대회나 올림피아드에 참가해 좋은 성적을 낼 수 있는 커리큘럼을 짤 수도 있다.

이런 점들이 불리한 내신을 쉽게 극복하고 원하는 대학에 진학할 수 있는 가능성을 높여주는 특목고만의 매력 아닐까?

현재 대입수학능력시험을 보는 인원은 55만 8,000명에 이른다. 이들 중에서 1등급 4% 안에 속하는 인원은 2만 2300명 정도다. 한편 2007학년도 특목고 모집 인원은 1만 1,612명이었는데, 지원자 수는 5만 1,000명에 이르렀다. 즉 특목고 지원자 수가 수능 1등급 인원의 2배를 넘어서고 있는 것이다.

다시 말해 특목고에 5만 명이 지원하여 1만 명이 합격하고 4만 명이 일반고에 가고 있는 상황인데 이들이 상위권에 랭크되는 것이다. 이렇게 특목고와 일반고로 갈라졌던 아이들이 대입수능 때 다시 모여 실력을 겨루게 되며, 특목고 인원의 2배에 달하는 학생들이 수능 1등급이 된다는 뜻이다.

그럼 수능 1등급 안에 들어가면 SKY 대학에 들어갈 수 있을까? 반드시 그렇지는 않다. 그저 지원 자격이 갖춰졌다고 생각하는 것이 보다 타당할 것이며, 상위 10개 대학에 들어갈 수 있는 가능성이 높다고 봐야 할 것이다.

일반고를 가든 특목고를 가든 그것은 자신의 선택에 달려 있다. 그러나 한번쯤은 특목고 시험을 쳐서 자신의 실력을 파악해 두는 것도 좋을 것이다. 그것이 고교 3년을 알차게 보내는 계획을 짤 수 있는 계기가 될 수 있기 때문이다.

특목고 vs 일반고

그렇다면 특목고와 일반고 학생들 간의 성적 차이는 얼마나 나는 것일까? 특목고의 학습 시스템이 그처럼 우수하다면, 일반고 학생들은 출발 선상에서부터 불리한 위치에 서 있는 것이 아닐까? 이런 의미에서 특목고와 일반고의 차이점에 대해 알아보는 것도 의미가 있을 것이다.

우선 특목고 재학생 중에서 10% 안에 드는 학생들의 수능 점수와 일반고 10% 안에 드는 학생들의 수능 점수를 비교해 보면 특목고 학생들의 성적이 훨씬 높다. 일반적으로 특목고에서 상위 37% 안에 드는 학생들의 수능 점수와 최상위 일반고에서 상위 10%에 속하는 학생들의 수능 점수가 비슷하다. 이렇듯 수능 점수에서 차이가 나는 것이다.

재미있는 현상이 있다. 2006년 3월 교육과정평가원에서 실시한 전국 고등학교 모의고사 평가 결과를 보면 서울에 있는 3개 외국어 고등학교 학생들의 영어 성적의 경우 97%가 1등급이다. 일반고는 겨우 4% 미만 정도의 학생들이 수능 1등급을 받고 있는데, 수능 1등급이 단 한 명도 없는 학교도 많다. 수학과 국어를 놓고 봐도 특목고는 재학생의 60% 이상이 수능 1등급을 받고 있다.

이는 특목고 학생이 자신이 다니는 학교에서는 영어 과목에서 100명 중 97등을 하더라도 전국에서는 수능 1등급인 상위 4% 이내에 속한다는 의미다. 이것이야말로 특목고만이 가지는 특별한 매력이라고 할 수 있다.

이것이 바로 선발시험을 보고 들어간 특목고 아이들과 선발시험을 보지 않고 들어간 일반고 아이들의 수준 차이다. 따라서 특목고에 합격한 학생이라면 영어나 수학 등 주요 과목에서 이미 고3 수준을 넘어섰다고 보는 게 정확할 것이다.

이러한 현실적인 차이를 최대한 줄여보기 위해 2008학년도부터는 수능 등급제로 변환하려는 것이고, 이에 따라 수능 변별력이 매우 약해질 것이라는 분석이 나오고 있다. 그러나 아무리 변별력이 약해진다 하더라도 수능 전 과목의 영역에서 수능 1등급에 들어가는 학생들은 수능 응시생 56여 만 명 중 불과 700명 정도밖에 안 된다는 사실을 잊어서는 안 될 것이다.

이는 대입입시가 바뀐다 하더라도 수능 1등급에 들어서는 것은 매우 어렵다는 것을 뜻한다. 또한 수능이 존재하는 한 특목고 학생들의 수능 프리미엄은 그대로 존속된다고 봐야 한다.

물론 입시를 지나치게 극단적으로 해석해서 특목고가 어떤 점에서 유리하고, 어떤 점에서 불리하다고 단정 짓는 것은 매우 위험한 생각이다. 특목고와 일반고 외에도 학생들의 재능을 마음껏 펼칠 수 있는 제도를 마련한 '특성화고'라는 곳도 있기 때문이다. 그러므로 이번에는 특목고와 특성화고의 차이점에 대해 알아보도록 하겠다.

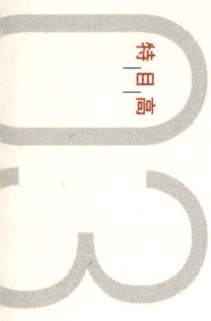

특목고 vs 특성화고

일반적으로 과학고, 외고, 국제고, 실업계 고등학교, 예체능계 고등학교 등을 모두 특목고라 일컫는다. 이 중에서 학부모들이 가장 관심을 갖는 곳은 과학고, 외고, 국제고 등이다.

과학고는 100% 공립으로 운영하고 있으며, 지역별 격차가 거의 없기 때문에 각 지역의 우수 학생들이 지원하고 있다. 반면에 외고는 서울 수도권과 지방권 외고 간에 선발시험 난이도라든지 진학 실적에 있어서 엄연한 차이가 있다.

서울 수도권에서는 성남, 수원, 동두천 지역의 학교만 공립이고 나머지는 전부 사립으로 운영된다. 지방권은 대부분 공립으로 운영되고 있는데 사립에 비해 지원자 수, 단일 경쟁률, 인기도 등에서 상대적으로 떨어지는 것을 볼 수 있다. 대체로 사립 외고가 대학 진학 실적이나 외국 대학 진학률 등에서 경쟁력이 있기 때문에 선호도가 높은 편이다.

자립형 사립고등학교는 어떤 특별한 목표를 위해 만들어진 학교를 말한다. 그러나 전국 모집, 선발시험 난이도, 수업 내용, 진학 실적 등이 특목고와 유사한 점이 있어 특목고로 잘못 인식하고 있는 사람들도 많다. 이러한 자사고에는 민사고, 전주산상고, 해운대고, 현대청운고, 포항제철고, 광양제철고 등 6개교가 있는데 대부분 기업이 만든 학교다.

자립형 사립고는 공공으로 운영되는 일반고와는 달리 재정에서부터 시작해 모든 학교 운영이 자율적으로 이루어지고 있다. 전국 어디서나 지원할 수 있는 학교는 민사고, 상산고, 현대청운고, 해운대고이며, 이 중 해운대고는 남학생만 뽑는다. 포항제철고, 광양제철고는 각각 경북, 전남 지역에 거주하는 학생들이 지원 가능한데 이는 특별전형에만 해당한다. 일반전형에서는 주로 포스코나 광양제철 임직원 자녀를 선발하고 있다. 다시 말해 일반 학생들의 지원이 제한되어 있는 것이다.

특성화고등학교는 기존 일반계 고등학교, 실업계 고등학교의 다양화, 특성화 등을 위해 설립한 학교로 특성화 분야는 농업, 제조, 디자인, 컴퓨터 및 정보 처리, 요리, 제과, 관광, 만화, 영상, 애니메이션, 의상, 미용, 전통 공예 등 다양하다.

특성화고는 인문계처럼 여러 과목을 가르치기보다는 대학교에서 전공과목을 가르치는 것처럼 특성화된 한 분야만을 전문적으로 가르치는 학교다. 그래서인지 최근 일부 특성화고는 특목고 이상으로 지원 자격이 까다롭고, 또 높은 경쟁률을 보이고 있다.

예를 들어 한국디지털미디어 고등학교는 특목고와 마찬가지로 특별전형의 경우 컴퓨터, 수학, 과학 분야 경시대회 입상 실적이 있거나 국·영·수 과목이 학교 내신 10% 이내에 들어야 지원이 가능하다. 일반전형에 있어서도 특목고와 마찬가지로 학교 내신 이외에 별도 선발시험인 심층면접을 통해 학생들을 선발하고 있다.

특성화고는 특성화된 분야를 가르친다는 것 외에는 일반고와 크게 다른 점은 없다. 특성화 분야로 진출하지 않고 대학 진학을 원하는 학생들의 진학률은 일반고에 비해 떨어지지 않는다. 아니, 오히려 일반고보다 높아 학부모들의 선호도 및 인지도도 높아지고 있다.

일례로 2006학년도 한국디지털 고등학교의 대학 진학 실적을 보면 정원 110명 중에서 정보통신대학에 1명, 고려대에 9명, 연세대에 7명, 성균관대에 10명, 서강대에 27명, 한양대에 11명, 경희대에 28명이 합격했다. 결론적으로 상당수의 학생들이 명문대에 진학하고 있는 것이다.

따라서 특목고냐 일반고냐를 놓고 고민하기보다는 특성화고까지 염두에 두고 자신의 적성에 가장 잘 맞는 학교를 택해 목표로 삼는 것이 바람직할 것으로 보인다.

국제중학교와 국제고등학교

기존의 특목고 중 외국어고등학교에 특별한 매력을 느끼지 못하는 학생이라면 국제중학교와 국제고등학교로 눈을 돌려볼 수 있다.

국제중학교는 현재 부산에 있는 부산국제중학교와 가평에 있는 청심국제중학교가 있다. 부산국제중학교는 부산시 교육청에서 만든 공립학교이고, 청심국제중학교는 통일교에서 만든 사립학교다. 이 중 전국 단위로 선발하는 학교는 청심국제중학교뿐이고, 부산국제중학교는 부산 지역에 속해 있는 초등학생들만 지원 가능하다.

국제고등학교는 특목고 중 하나이며, 국제중학교와 마찬가지로 부산국제고등학교와 청심국제고등학교가 있다. 청심은 고등학교 역시 전국 단위로 모집하고, 부산은 특별전형은 전국에 있는 모든 중학생들이 지원할 수 있지만 일반전형은 부산시 소재 중학생들만 지원 가능하다.

　현재 국제고는 여러 곳에서 설립을 추진하고 있다. 서울의 경우 2008학년도 신입생 모집을 목표로 혜화동에 서울국제고가 설립될 예정이다. 이곳에 국제고가 설립되면 서울 소재 사립 6개 외고에 공립 국제고가 추가되어 외고 국제고의 입시는 7파전이라는 국면을 맞이하게 되고, 따라서 입시 경쟁은 더욱 치열해질 것으로 보인다.

　그러나 국제고 선발 방식은 외고와는 다소 차이가 있을 것으로 보인다. 영어 구술면접보다는 학교 내신과 외국유학 경험 등을 토대로 한 학교장 추천 방식 등이 유력한 선발 방법이 될 것이고, 첫해 모집이라 경쟁률도 그리 높지 않을 가능성이 있어 노려볼 만한 학교로 예상된다.

　국제고는 공립학교 특성상 학교장 추천을 제외할 수 없다. 따라서 국제고에 지원하려는 학생이라면 학교장 추천을 받을 수 있는 지원 자격을 갖추는 데 주안점을 두어야 할 것이다. 그 자격이란 영어경시대회 수상 실적이 될 수도 있고, 영어 공인점수가 될 수도 있다. 또한 기타 국제적인 능력에서 내세울 만한 증명을 보유하고 있는 것이 유리하다.

　이외에 영어듣기평가를 추가적으로 실시할 가능성이 있기 때문에 영어듣기평가 정도는 대비해 두는 것이 바람직하다. 영어듣기평가 대비는 서울 6개 외고 과년도 문제 수준이면 충분할 것으로 보인다.

특목고, 수업 현장을 가다

지금까지 특목고부터 자사고, 특성화고, 국제중과 국제고까지 살펴보았다. 이 모든 학교들은 수업 내용이나 운영 형태 등에서 일반고와는 차이가 있다. 그렇다면 이들 학교는 어떤 식으로 수업을 진행하고 있을까? 특목고의 수업 형태가 어떤지 직접 살펴보는 것이 자신에게 맞는 학교를 고를 수 있는 확실한 선택 기준이 될 수 있을 것이므로 이 장에서는 특목고의 수업 형태와 내용을 집중적으로 알아보도록 하겠다.

외고, 과학고 등 특목고 수업이 일반고와 다를 거라는 사실은 누구나 짐작할 수 있을 것이다. 그중 가장 큰 차이점으로 전문교과수업을 들 수 있다. 외고와 과학고는 고교 전체 수업 216단위 중 최소 40%인 82단위 이상의 시간을 전문교과수업에 배정하고 있다.

외고는 영어, 독일어, 프랑스어 등 해당 학과 외국어 및 듣기 관련 전문교과수업을 실시하고 있으며, 과학고는 수학, 과학 관련 전문교과수업을 실시하고 있다. 국제고는 외국어 관련 수업뿐만 아니라 국제 관련 전문교과수업도 실시한다.

자립형 사립고는 사실상 특목고가 아니기 때문에 교과수업은 일반고와 유사하게 이뤄진다. 하지만 216단위 이외의 교과를 추가적으로 개설하거나 기존의 재량활동을 활용하여 전문교과, 특강과 같은 다양한 수업을 하고 있다.

전문교과수업이 이루어지는 경우 선택과목 수업 시간이 일반고에 비해 상대적으로 적어지게 된다. 그러나 수능시험과 연관된 주요 과목이 아닌 기타 과목에서만 일반고에 비해 수업을 적게 받기 때문에 전문교과수업으로 인한 불이익은 없다고 볼 수 있다.

| 외고, 과고, 일반고 수업 내용 차이 |

교과 과정

구분	보통교과	전문교과	특별활동	이수 단위 수
명덕외고	122	82	6	210
한성과고	114	84	14	212
일반고	208 (교과 170/재량 18 ~30/창의 재량 8)	–	8	216 내외

전문교과수업 내용

구분	필수 전문교과	선택 전문교과
외고	(영어과의 경우 영어독해 I , 영어회화 I , 영어작문 I , 영어청해)	영어문법, 영어권 문화, 실무영어 등
과학고	–	물리실험, 과학사, 컴퓨터과학 I , 고급수학, 고급물리, 과제연구 I , 원서강독 등
국제고	영어강독, 지역이해, 한국의 전통문화	국제정치, 국제경제, 비교문화, 인류의 미래사회, 한국의 현대사회 등
자립형 사립고	학교별로 자율적으로 시행	

그렇다면 각 특목고별로 전문교과 과정이 어떤 형태로 이루어지고 있는지 살펴보도록 하자.

1 _ 외국어고등학교

❶ 영어를 포함한 최소 2개 외국어 습득, 수능 외국어 영역에서 강세

외고는 학교마다 선발하는 학과가 다르지만 대부분 영어, 독일어, 프랑스어, 스페인어, 중국어, 일본어, 러시아어 내에서 학생들을 선발한다. 선발된 각 학과 학생들은 전문교과 82단위 범위 내에서 전공어 이외에 다른 외국어를 최소 1개 이상 추가적으로 배운다.

영어과는 영어 이외의 다른 제 1외국어를 배우며, 독일어, 프랑스어과는 각각 독일어, 프랑스어 이외에 제 1외국어로 영어를 배우게 된다. 따라서 외고에 입학한 학생들은 대부분 학과에 상관없이 일반고 학생에 비해 최소 24단위 이상 더 많이 영어를 배우게 된다.

외고 학생들이 대입수능 외국어 영역에서 일반고 학생보다 우위를 점하는 것은 이러한 영어를 포함한 전문교과수업의 영향이라고 볼 수 있다. 실제로 서울 상위권 D외고의 경우 2006년 3월에 실시된 전국 모의고사에서 3학년 학생 중 94% 이상이 수능 외국어 영역에서 1등급을 받았다.

❷ 2008학년도부터 사실상 자연계열 진학 불가능할 것으로 예측

앞에서도 말했듯이 외고의 경우 전체 216단위 중에서 전문교과수업이 많이 이루어지는 까닭에 일반고에 비해 선택과목의 폭이 좁을 수밖에 없다. 따라서 선택과목의 경우 일반고와는 달리 대부분 인문계열 위주로 구성되어 있다. 자연계열 과목은 진학이 가능한 최소한의 범위 내에서 과목을 개설할 수밖에 없는 것이다. 이로 인해 전체적으로 수업은 인문계 위주로 편성되어 있으며, 진학 또한 인문계열 위주로 이루어지고 있다.

그렇다고 자연계열 대학으로의 진학이 불가능한 것은 아니었다. 정규교과 과정 속에 일부 자연계열 과목의 개설이 가능했었고, 실제로도 서울 6개 외고 기준으로 보면 진학자의 20% 정도가 의대, 치대, 한의예, 공대 등과 같은 자연계열로 진학했었다.

하지만 2008학년도 대입제도가 본격화될 경우 학교 내신 반영 비율이 높아지고, 외고에서 자연계열 과목을 개설하는 것이 힘들어지게 되어 외고 학생들이 인문계열이 아닌 자연계열로 진학하는 것은 사실상 불가능해질 것으로 예측된다. 자연계열로 진학하고자 하는 학생들은 해외 대학을 목표로 하는 것이 오히려 유리할 것으로 보인다.

❸ 방과 후 활동으로 해외유학반 운영

외고 수업이 일반고 수업과 다른 점으로는 방과 후 활동 시간을 활용
해 해외유학반을 운영하고 있다는 것을 들 수 있다. 이 해외유학반에
서는 일반고로서는 준비하기 어려운 SAT 시험 준비, AP 과목 이수 등
다양한 수업을 실시하고 있다.

　현재 서울 6개 외고의 경우 해외 대학 합격생들이 꾸준히 늘어나고
있으며, 수도권 및 지방 외고도 앞다퉈 해외유학반을 개설하고 있다.
이런 노력의 결과로 2006학년도에는 서울 6개 외고에서 해외 대학에
합격한 학생이 108명에 달했으며, 해외 대학 진학자 수가 점차 증가
하는 추세에 있다.

2 _ 과학고등학교

❶ 수학, 과학 관련 전문교과수업 실시

과학고 전문교과는 고급수학, 물리실험, 과제연구 등 대부분이 수학,
과학 관련 과목으로 구성되어 있다. 수업도 자연계 위주로 구성되어
있으며 인문계열 위주의 심화선택과목은 거의 개설되어 있지 않다.

❷ 대부분 자연계열로 진학

실제로 과학고의 경우 대학 진학자 중에서 99% 이상이 자연계열에 진학하고 있다. 인문계열에 진학하는 학생은 거의 없는 것이다. 2004~2006의 3개년도 대입 진학 현황을 보면 서울과 한성 2개 과학고 학생 중에서 인문계열로 진학한 학생은 전체 743명 중 단 3명에 불과했다.

❸ 재학생의 3분의 2가 조기졸업자로 대부분 카이스트 또는 포항공대 진학

과학고에는 조기졸업제도가 어느 정도 정착되어 있어 조기졸업 과정을 이수하면 고등학교 2학년 때 졸업이 가능하다. 실제로 과학고 학생 중 3분의 2가 조기졸업을 하고 있다. 2007학년도 서울과학고 졸업자 168명 중 조기졸업자는 70%인 118명에 달했다. 이들 대부분은 카이스트에 진학해 있고, 일부 학생들은 포항공대에 진학해 있다.

　과학고에서 조기졸업을 하지 않고 3학년까지 재학하는 학생들은 서울대, 연세대와 같은 대학 또는 해외유학을 원하는 경우가 많다.

❹ 조기졸업, 전문교과 이수 등의 대입 특별전형, 과학고 학생들에게 유리

카이스트는 1차 모집에서 19개 과학고 전국 모집 인원의 절반 정도인 640명을 고2 조기졸업자 중에서 선발하고 있으며, 포항공대는 수시에서 고2 조기졸업자 전형으로 60명을 선발하고 있다. 이렇게 입학하는 학생들은 사실상 과학고 학생들이 대부분이다.

한편 서울대는 수시 특기자 전형에서 자연계열의 경우 올림피아드 입상자 또는 전문교과 이수자를 선발하고 있어 상대적으로 과학고 학생들에게 유리하다.

3 _ 국제고등학교

❶ 외고와 전체적으로 유사, 국제 관련 과목 등 수업에서 차이

국제고의 수업은 해당 외국어를 전문교과로 배운다는 점, 수업 과정이 인문계열 위주로 구성되어 있다는 점 등 전체적인 면에서 외고와 유사하다.

하지만 외국어 인재를 양성한다기보다는 인문, 사회계열에서 국제적 인재를 양성한다는 취지로 설립되었기 때문에 해당 외국어 수업 이외에 국제정치, 국제경제, 국제문제, 국제법, 비교문화 등 국제 관련 과목과 한국의 전통문화, 한국의 현대사회, 한국어 등과 같은 한국 문화 과목 및 과제연구 등의 과목도 배우고 있다. 따라서 전체적으로 볼 때 국제고의 설립 목표와 수업 내용이 외고보다 광범위하면서 추상적이라고 할 수 있다.

❷ 아직 뚜렷한 대학 진학 실적 없어

대학 진학 측면에서 보면 국제고는 아직 외고에 비해 뚜렷한 진학 실적이 없다. 그리고 대부분의 대학에서 토플, 텝스 등의 어학 특기자를 선발하거나 AP교과 이수, 전문교과 이수자 등을 선발하기 때문에 특기자 전형의 경우 외고 학생들과 국제고 학생들의 지원 자격은 거의 차이가 없다고 할 수 있다.

4 _ 한국과학영재학교

❶ 학점제로 구성, 사실상 조기졸업 불가능

한국과학영재학교는 교과 이수 단위로 운영되는 과학고와는 달리 대학교처럼 학점제로 운영되고 있다. 고등학교 3년 동안 이수해야 하는 학점은 170점이다. 한 학기에 들을 수 있는 수업은 최대 28학점이며, 방학 중에 개설되는 계절학기에서 6학점을 추가로 들을 수 있다. 계절학기 수업을 듣지 않을 경우 교과 135학점을 이수하려면 5개 학기이상이 소요되므로 과학고와는 달리 사실상 조기졸업이 불가능하다.

교과는 일반교과와 전문교과로 나눠지는데 두 교과 모두 필수과목과 선택과목으로 나눠 실시하고 있다. 필수과목은 2학년 때까지 모두 수강해야 한다.

(단위 : 학점)

구분	교과	자율연구	현장 연구 및 학습	졸업논문	합계
이수 학점	135	20	10	5	170

❷ 연간 주제를 선정해 팀별로 연구, 연구 결과 논문 작성

자율연구는 연구 중심의 R&E(Research & Education) 프로그램으로 운영된다. 책임지도자 및 공동지도자, 학생들이 팀을 구성한 후 공동 연구 주제를 선정하여 1년간 연구하고 그 결과를 논문 형태로 작성 발표하는 것이다. 1년에 10학점씩 부여되므로 20학점을 이수하기 위해서는 최소 2년 동안 과제에 몰입해야 한다. 연구 주제에 따라 연구소나 대학과 연계하여 운영하기도 한다.

❸ 국내뿐만 아니라 해외 현장연구 및 학습활동 실시

현장연구 및 학습은 학기나 방학 중에 대학 및 영재교육기관 또는 연구소를 방문하여 행하는 활동이다. 한 학기당 2학점을 부여하는데 국내 현장연구 및 학습에 8학점, 해외 현장연구 및 학습에 2학점이 배정되어 있어 반드시 해외 현장연구 및 학습을 해야 한다. 해외 현장연구 학습은 주로 미시건대학교 등 해외 명문대학에서 실시된다.

한국과학영재학교도 대학교처럼 졸업논문, 즉 전문교과 관련 특정 분야에 대한 창의적인 재기술 또는 탐구 연구보고서를 작성하여 제출하게 되어 있다. 논문은 졸업하고자 하는 학기에 제출하면 된다. 작성된 논문은 파일 형태로 보관되며, 추후에라도 결격 사유가 발생되면

취소된다.

❹ 학생 대부분 카이스트에 진학, 대입으로부터 자유롭다

한국과학영재학교의 가장 큰 특징 중 하나가 대입제도로부터 자유롭
다는 점이다. 카이스트의 경우 학사 4차 모집 인원 전원을 한국과학
영재학교 학생으로 선발하고 있으며 포항공대도 30명 정도의 학생에
대해 한국과학영재학교와 협약을 맺은 상태이기 때문이다. 그러나 이
런 특혜에도 불구하고 대부분의 학생들이 1차 모집에 응시하여 선발
되고 있다. 반면에 일반 과학고 학생들은 카이스트나 포항공대에 들
어가고 싶으면 다른 학생들과 경쟁을 해야 하기 때문에 대입에 대비
해야 한다.

　또한 해외 대학 진학에 있어서도 전교생이 토플 평균 230점 이상의
탁월한 어학 실력을 보유하고 있고, 각종 국제 행사 및 프로젝트도 영
어로 진행하고 있어 다른 과학고 학생들보다 유리하다고 할 수 있다.

5 _ 자립형 사립고등학교

❶ 일반고와 마찬가지로 인문계, 자연계 모두 선택 가능

자립형 사립고의 가장 큰 장점은 인문계열, 자연계열 모두 선택할 수
있다는 것이다. 외고는 인문계열, 과고는 자연계열 위주로 교과 과정

이 편성되어 있어 고등학교 진학 단계인 중3 때부터 진로를 어느 정도 선택해 놓아야 한다. 그러나 자립형 사립고는 일반고와 동일하게 고등학교에서 진로 선택을 하게 된다.

자립형 사립고는 재량활동과 정규 과정 외의 교육 과정을 자율적으로 개설할 수 있어 전문교과수업이나 별도의 자율활동을 실시하고 있다. 실제로 민사고는 대학 과정을 조기에 이수하는 AP 과목 수업, 학업 능력 우수자는 고급 과정을 학습할 수 있는 자율연구학생제도, 개별탐구 학습 과정, 토론 및 독서 교육 등을 추가적으로 실시하고 있다.

2008학년도 대입, 특목고에 불리한가?

2008학년도 대입에서 학교 내신 반영 비율이 커진다는 보도가 나오면서 특목고를 염두에 두고 있는 학생과 학부모들이 크게 고민하고 있다. 그 이유 중 하나는 '공부 잘하는 아이들에게 둘러싸여 있다가 내신에서 뒤떨어져 명문대에 진학하지 못하면 어쩌지?'라는 불안감 때문일 것이다.

고등학교 3년을 입시지옥에서 보내더라도 좋은 대학 간판 하나만 따두면 평생을 편안하게 지낼 것이라는 맹목적인 믿음은 도대체 어디에서 나오는 것일까? 그런 학벌 우선주의가 영재성을 지닌, 가능성이 무한한 아이들의 손발을 잘라놓아 점수 따는 데만 귀신이 된 범재에 머물게 하고 있는데도 말이다.

특목고에 들어간다고 해서 아이들의 앞날에 먹구름이 끼는 것은 아니다. 오히려 주체적으로 보낸 3년간의 학창 시절은 사고방식과 삶을 바라보는 태도를 진지하고 깊게 만들어주어 자신의 인생을 현명하게 선택할 수 있도록 해줄 수 있다.

반드시 서울대를 나와야 일생을 편안하게 보낼 수 있는 것은 아니다. 본인의 재능과 실력이 우수하다면 자신의 재능에 맞는 대학에 진학해 꿈을 펼칠 수 있는 길, 즉 선택의 폭이 넓어질 수 있다. 특목고 출신이기 때문에 대학 진학에서 겪는 유리한 점과 불리한 점을 살펴보는 것은 그런 의미에서 뜻 깊은 일이라 할 수 있을 것이다.

1 _ 2008학년도 입시제도, SKY 대학 지원 시 특목고 학생들에게 유리

❶ 서울대에 지원하는 특목고 학생 현재보다 유리해질 듯

'2008학년도에 변화되는 입시제도가 명문대를 지망하는 특목고 학생들에게 불리해지는 것은 아닐까?

이는 입시제도가 바뀔 때마다 나타나는 우려다. 그러나 내신 성적 반영률이 높아진다고 해서 특목고 학생들이 불리해지진 않을 것이다. 오히려 서울대를 지원하려는 학생들은 예전보다 유리해졌다고 볼 수 있다.

서울대의 경우 2008학년도 입시부터 특기자 전형의 모집 인원을 현재 17%에서 33% 정도로 대폭 늘릴 전망이다. 서울대 특기자 전형은 주로 어학 특기자, 각종 올림피아드 수상자 등을 선발하기 때문에 이 점에서 특목고 학생들이 유리해질 것이다.

일반전형에서도 기존에는 학교 내신과 수능 성적만으로 모집 정원의 2배수를 선발한 후 1단계 성적과 논·구술 성적으로 학생을 선발했다. 따라서 학교 내신이 나쁜 학생들은 논·구술에 응시할 기회조차 가질 수 없었다.

하지만 2008학년도 입시부터 수능 성적을 지원 자격화하여 수능 성적으로 1차적으로 3배수 인원을 뽑고 학교 내신과 통합 논·구술만으로 최종 선발하게 된다.

또한 특목고 학생들이 일반고 학생들에 비해 강세를 보이는 통합 논·구술 비중이 기존 20%에서 50%로 대폭 확대되는 반면 다소 불리할 것으로 보이는 학교 내신 비중은 현재 40%에서 50%로 약간 올라갈 것으로 전망된다. 그러나 학교 내신 실질 반영 비율은 현 지원자 수준 범위 내에서는 이전과 크게 다르지 않을 것으로 보인다.

따라서 2007학년도에 비해 2008학년도 입시가 특목고 학생들에게 불리할 것으로 보이진 않는다. 오히려 유리한 조건들이 형성되었다고 볼 수 있다. 서울대는 연세대나 고려대보다 다른 전형 요소에 비해 학교 내신이 차지하는 비중이 컸기 때문에 특목고 학생들의 서울대 진학률이 연세대나 고려대의 진학률보다 낮았다. 이런 점을 감안한다면 2008학년도 입시부터는 특목고 학생들의 서울대 진학률이 상당 부분 상승할 것으로 예상된다.

❷ 고려대도 특목고 학생에게 유리할 듯

최근 고려대도 2008학년도 대입안을 발표했다. 그 내용을 살펴보면 수시에서 특목고 학생들에게 유리한 글로벌 인재 전형, 과학 인재 전형, 글로벌 KU 전형 등을 도입할 예정이며, 일반전형에서도 수능 성적 1등급으로 지원 자격을 제한할 계획이라고 한다.

고려대는 연세대와 마찬가지로 서울대에 비해 특목고 학생들이 진학하기에 유리했고 실제 진학률도 높았는데 단순히 위 상황만 놓고 볼 때 2008학년도 입시체제에서도 특목고 학생들의 우세는 이어질 것으로 보인다.

2 _ 수학, 국어 실력이 강한 학생이 외고 진학 시 절대적으로 유리

2008학년도 입시제도는 특목고 학생들에게 유리할 것으로 보이지만 주의해야 할 점이 있다. 대학을 지원하는 시점에서 어떤 전형으로 어느 계열에 지원하느냐에 따라, 포인트를 어디에 두고 학습하느냐에 따라 유리한 점과 불리한 점이 달라질 수 있다는 것이다.

특목고에 진학하는 학생들은 대부분 지원 시점인 중3 단계에 이미 국어, 영어, 수학 등 주요 과목에 있어 고등학교 1, 2학년 또는 고등학교 3학년 수준을 갖추고 있다. 특히 외고에 지원하는 학생들은 해외유학파나 국내파 모두 영어 실력이 고등학교 3학년 수준 이상에 도달해 있다.

이에 반해 수학, 국어 실력은 지원 부문과 지원자 간에 차이가 많이 난다. 수학, 구술면접 시험으로 입학하는 국내파 학생과 영어특기 성적으로 입학하는 해외파 학생들은 물론 특례입학 학생들 사이에서도 실력 차가 많이 난다.

이는 실제 외고 모의고사 결과와도 일치한다. 서울 시내 상위권 외고 학생들은 영어 성적에서 학교별로 최소 80%에서 97% 이상이 수능 1등급을 받은 반면 수학 성적은 높은 학교가 60% 내외이고, 일부 학교는 30%를 밑돈다. 즉 학생들 간에 실력 차가 크게 나타나고 있는 것이다. 언어 영역 역시 수학과 비슷한 실력 차를 보인다. 이는 수학과 국어 실력을 얼마나 키우느냐에 따라 대학입시에서 유불리가 갈릴 수 있다는 것을 의미한다.

참고로 이것은 외고뿐만 아니라 일반고도 마찬가지라고 여겨진다. 매년 56만 명 내외의 학생들이 대입수능시험을 보고 있는데, 각 영역별 점수 분포도를 보면 전체적으로 외국어는 상위권에 몰리고 있다. 중·하위권 학생들은 거의 없다. 반면에 언어는 상위권 학생들이 어느 정도 있고 중위권 학생들도 상당수 있다. 수리는 언어보다 상위권 학생들이 적고, 중·하위권에 학생들이 많이 몰려 있다. 결국 대입수능도 국어, 수학에서 판가름 나게 되어 있는 것이다.

3 _ 영어 등 외국어 특기만으로는 대학입시에서 불리

영어 등 외국어 특기자 특별전형으로 진학하거나 특례입학, 편입학 등으로 들어온 학생들은 수학과 국어가 상대적으로 취약해 대학입시에서 불리해질 수 있다. 단순히 어학 실력만 좋은 경우 동일계열 특기자 전형 이외에는 지원할 수 있는 분야가 거의 없기 때문이다.

따라서 외고 학생 중에서 영어 외에 수학, 국어 실력이 뛰어난 학생, 어문계열 동일계열 진학을 희망하는 학생이 대학 진학에 유리할 것으로 보인다. 반면에 인문계열 비 동일계열 진학은 현재와는 별 차이가 없을 것이다. 다만 현재 교육부가 의학–치의학 전문대학원 체제를 정착시키려 하고 있어 외고 진학이 의대 진학에 유리한지 불리한지 논하는 것은 시기상조인 듯하다. 참고로 최근 3년 동안 서울 6개 외고 졸업생의 6.7%가 의학계열(전체 5,873명 중 395명)로 진학했었다.

4 _ 과학고, 이공계열 진학에 절대 유리

최근 3년간의 서울 2개 과학고 진학 실적을 살펴보면 인문계열로 진학한 학생은 0.4%(743명 중 3명)에 불과했고, 이공계열 90.3% (743명 중 671명), 의학계열 9.3%(743명 중 69명)로 나타나고 있다.

전체 과학고 학생 중에서 69.8%가 카이스트(33.6%), 서울대(19.4%), 연세대(16.8%)에 진학했는데 앞으로 90% 이상이 이공계열로 진학하게 될 것으로 보인다. 동일계열 특별전형 지원 시 학교 내신 지원 자격이 일반고보다 유리하게 적용되는 특목고 입시정책도 그렇고 과학고에만 교과목이 편성된 전문교과 이수자에 대해 수시모집 등의 기회가 제공되기 때문이다. 그러나 이공계열이 아닌 의학계열 등의 진학에 있어서는 학교 내신에서 불리한 부분이 현재보다 더욱 커질 것으로 보인다.

5 _ 자립형 사립고, 인문과 자연계열 모두 지원 가능

자립형 사립고의 경우 2008학년도 대학입시에서 겪게 될 이점과 단점은 외고와 유사하게 학교 내신에 따라 달라질 것이다. 다만 외고의 경우는 동일계열로만 진학을 해야 하는 제약 요소가 강한 반면 자립형 사립고는 특목고의 범주에서 벗어나 인문, 자연 교과목을 개설하는 것이 가능해 상대적으로 제약 요소가 적다는 장점이 있다. 따라서 외고 진학이 가능한 학생들 중 동일계열로 국한된 제약 요소에서 벗어나고 싶거나 외국 대학 진학을 희망하는 학생들을 위주로 자사고 선호도는 높아질 것으로 보인다.

6 _ 진로와 적성에 맞는 특목고를 선택하라

특목고를 지원하고자 하는 학생은 늦어도 중학교 3학년 때까지는 앞에서 말한 전반적인 상황과 진로, 적성 등을 모두 고려하여 신중하게 진학할 학교를 결정해야 한다. 이때 특목고의 학습 분위기가 자신의 적성에 맞는지 다시 한 번 살펴보고 지원해야 후회가 없을 것이다.

중학교 3학년 이전 단계에서는 특목고를 지원해 볼 수 있는 학습 수준이나 잠재적 능력이 있다는 판단이 서면 특목고에 지원할 수 있는 수준에 이르겠다는 목적하에 끊임없이 노력해야 한다. 그리고 중학교 3학년 때 특목고에 지원할 수 있는 수준에 올랐다면 어느 고등학교에 진학하든지 대학입시에서 유리해진다는 생각을 가지고 적극적으로 학습에 임하는 것이 바람직하다.

특목고 준비,
언제부터 하는 것이 좋을까

1 _ 학교 내신과 구술면접이 주요 관건

일단 특목고에 지원하겠다는 결정을 내렸어도 마음만 앞설 뿐 대부분
의 학생이나 학부모가 어디서부터 시작해야 할지 몰라 막연해 한다.
이것저것 특목고 관련 서적을 뒤져보지만 확실한 감이 잡히지 않는
다. 그런 데다 학부모는 물론 학생까지 자신의 실력이 어느 정도 수준
에 도달해 있는지 모르고 있는 경우가 많다. 또한 중3이 되어서야 특
목고에 가겠다고 결정한 학생들은 '너무 늦은 것이 아닐까?' 란 불안
감이 겹쳐 효과적인 준비를 하지 못하게 된다.

따라서 이 장에서는 특목고에 지원하기 위해서는 무엇을 준비해야
하는지, 그리고 준비 시기는 언제가 좋은지에 대해 차분히 살펴보도

록 하겠다.

특목고 진학에 대한 대비는 학교 내신만 준비한다고 해서 끝나는 것이 아니다. 학교 내신뿐만 아니라 구술면접 또는 심층면접에도 대비해야 하고, 외고의 경우에는 영어듣기에도 대비해야 한다. 대부분의 특목고가 2학년 1학기에서 3학년 1학기 전 교과의 학교 내신을 반영하지만 과학고를 제외한 외고, 자사고는 학교 내신의 실질 반영 비율이 낮아 특목고 진학에 대한 대비는 주로 구술면접 또는 심층면접에 맞춰졌었다.

그러나 2008학년도부터는 입시에 미치는 학교 내신의 영향력이 이전보다 훨씬 커지게 된다. 실제로 서울 6개 외고의 학교 내신 실질 반영 비율이 평균 6%에서 30% 이상으로 올라감에 따라 학교 내신이 나쁘면 지원 자체를 하지 못하는 경우가 생길 수 있게 되었다. 따라서 특목고에 진학하기 위해서는 학교 내신과 구술면접을 동시에 준비하는 전략이 필요하다.

올해 수험생들은 무엇보다 3학년 1학기 학교 내신을 철저히 관리해 주어야 한다. 전체 학교 내신의 40% 이상, 최대 60%까지 반영되기 때문이다. 학교 내신은 예년 일반전형 합격자의 평균 수준인 10%보다 약간 높은 8% 이내에 드는 것을 목표로 하는 것이 안전하다. 영어듣기는 기존에 출제된 문제를 풀어보면서 실전 유형의 문제들을 자주 접해 익혀두는 것이 도움이 된다.

2 _ 주요 과목을 집중적으로 관리하라

학교 내신의 실질 반영 비율이 높아짐에 따라 현재 반영되지 않는 중학교 1학년 성적이 반영될 가능성을 배제할 수 없다. 따라서 외고 진학을 희망하는 중학생들은 1학년 때부터 전 과목 학교 내신을 관리해야 한다. 이때 주요 과목에 보다 많은 신경을 써서 더욱 집중적으로 관리하는 것이 좋다. 대부분의 외고들이 국어, 영어, 수학, 사회, 과학 등 주요 과목에 대해 가중치를 반영하고 있기 때문이다. 외고에 뜻을 두고 있는 초등 고학년들 역시 주요 과목 위주로 학습하는 것이 바람직하다.

주요 과목은 지원자에 따라 선행학습이 도움이 되는 경우도 있다. 하지만 학습 수준이 떨어지는 학생이 선행학습을 하게 되면 공부에 흥미를 잃어버리게 되는 역효과를 낳을 수 있다. 때문에 해당 학년의 주요 교과학습을 따라가며 자연스럽게 1학년 정도 선행학습을 하는 것이 좋다.

무엇보다 영어는 상당한 수준의 학습이 이뤄져야 한다. 실제 지원 시점인 중3 단계에서 고등학교 3학년 이상의 영어 실력을 갖춰야 하기 때문에 듣기뿐만 아니라 영어독해도 최대한 선행학습을 해주는 게 좋다.

3 _ 지원하려는 학교를 미리 정하라

예비 중학생과 중학교 1학년 학생들은 일찌감치 지원하려는 학교를 정해 두고 그 학교의 내신반영방법에 따른 맞춤식 내신관리계획을 짜두는 것이 좋다. 그 시기는 이를수록 좋지만 충분히 소화할 수 없는 단계에 있다면 중학교에 진학한 후에 시작해도 늦지 않을 것이다.

또한 전 과목을 반영하는 학교도 있지만 경기권 외고처럼 국어, 영어, 수학, 과학 등 주요 교과목에 가중치를 두는 학교도 있으므로 충분히 검토한 후에 자세한 계획을 짜서 실천에 옮겨야 할 것이다.

4 _ 과학고 대비는 초등 3학년 때부터

과학고를 목표로 하는 학생들은 초등 3학년 때부터 수학과 과학의 기초를 잡아 나가야 한다. 초등 3~6학년 때 수학과 과학 과목의 최상위권에 올라설 수 있는 기초를 쌓는 것이 중요하다.

초등학년 때에는 한국수학교육학회가 주최하는 한국수학인증시험(KMC)에 출전하면서 기초 실력과 실전 경험을 쌓고, 중학교 때에는 대한수학회가 주최하는 한국수학올림피아드대회(KMO)와 한국수학교육학회가 주최하는 한국수학인증시험(KMC)에 번갈아 가며 출전해 실력을 쌓는 것이 좋다.

5 _ 경시대회 출전으로 수학과 과학의 구술면접에 대비

경시대회에서 출제되는 문제들은 과학고 구술면접 문제와 유사한 형태의 심화문제들로 구성되어 있다. 따라서 경시대회 출전은 수학과 과학의 구술면접을 대비하는 데에도 도움이 된다.

실제로 과학고에 합격한 학생들 대부분이 초등학교 때부터 경시대회에 출전했으며, 경시대회에서 수상한 학생들의 학업 성취도가 높다는 평가가 나오고 있다. 또한 경시대회에서 수상한 학생들은 특별전형보다는 일반전형에 지원했을 때 구술면접에서 높은 점수를 얻었다. 따라서 경시대회에 출전한 경험이 없다면 일반전형 수학과 과학의 구술면접에서 뒤처질 가능성이 매우 높다.

그러므로 수학은 중 3때부터 경시대회 기출문제를 통해 고교 1학년 공통수학과 심화형 문제들까지 접해야 하며, 과학은 고등학교 1학년 과학과 2학년 과학 중에서 중학교 교과 단원과 연계되는 부분까지 학습해야 한다.

결론적으로 초등학교 때부터 고등학교 과정을 접할 정도로 앞서 갈 필요는 없지만 학업 수준에 맞춰 1, 2년 정도 선행학습을 하는 것은 특목고를 지원하는 학생들에게 반드시 필요한 사항이라고 할 수 있다.

특목고는 변화될 것인가?

지금까지 서울 수도권에서는 외국어고등학교가 가장 인기 있는 특목고였다. 그러나 최근 과학고 출신 명문대 진학자 수가 급격히 늘어남에 따라 서울 지역에 과학고 바람이 불 것으로 보인다. 실제로 서울 지역에 구로과학고가 추가로 신설되어 2008학년도에 160명 정도의 신입생을 선발할 계획인데 이는 전체 과학고 중에서 가장 많은 인원이다.

또한 매년 영재교육원을 수료하는 학생 수가 늘어나고 있는데 이들은 외고보다는 과학고에 더 많은 관심을 갖고 있으며, 실제 지원 시점인 중학교 3학년 단계에서 상당수가 과학고를 지원하고 있다. 따라서 영재교육원 수료자 전형 지원자 수는 갈수록 늘어나고 있고, 과학고 일반전형에서도 영재교육원 출신 지원자 수가 늘어나고 있는 추세다.

반면 외고의 경우 2010학년도부터 지역제한이 실시되어 해당 시도에 있는 외고에만 입학이 가능하게 되고, 학교 내신 실질 반영 비율이 올라가 학교 내신을 엄격히 관리해야 하며, 출제 패턴도 2008학년도부터 바뀌어 당분간 수험생들이 혼란을 겪을 것으로 보인다.

이 모든 사항을 종합해 볼 때 외고의 인기는 떨어지고 과학고와 영재학교(물론 영재학교는 특목고에는 속하지 않는다)의 인기는 높아질 것으로 보인다. 또한 상위권 학생들은 외고보다는 과학고와 영재학교 쪽으로 이동할 것이다.

영재학교는 지금까지 한국영재학교 한 곳밖에 없었다. 그러나 현재 서울과학고, 경기과학고, 대전과학고 등이 영재학교로 전환을 추진 중이다. 만약 서울과학고가 영재학교로 개편되면 전국에 있는 수재들이 몰려들 가능성이 많다. 그 이유 중 하나는 과학고는 그 지역에 살고 있는 학생들만 들어갈 수 있는 반면 영재학교는 지역에 상관없이 지원이 가능하기 때문이다. 또한 영재학교는 학습 및 연구 환경, 진학 환경 등에 있어 과학고보다 더 낫다고 평가받고 있다. 특히 입학과 동시에 대학 진학을 보장받는다는 점이 가장 큰 매력으로 작용하고 있다.

현재 서울과학고는 각종 경시대회 수상 실적, 진학 실적 등에 있어서 전국의 과학고 중 으뜸으로 꼽힌다. 때문에 서울과학고가 영재학교로 바뀌면 부산에 있는 한국영재학교 이상이 되리라는 것은 누구나 쉽게 짐작할 수 있는 일이다. 이럴 경우 서울을 중심으로 과학고 바람이 일면서 영재학원 열풍이 전국으로 확대될 조짐을 보일 수도 있다.

전체적으로 보아 정부 당국은 외고에 있어서는 제재 조치 일변도로 가고 있지만, 과학고에 있어서는 이공계의 인재 양성이라는 큰 취지하에 육성정책으로 가고 있다. 대학입시 전형에서 가산점을 주는 등 긍정적인 방향으로 몰아가는 것도 과학고의 인기가 높아질 수 있는 주요 요인이다.

학생, 학부모 어느 외고를 선호할까?

1 _ 전년도에 비해 외고 선호도 증가, 자사고 선호도 크게 하락

특목고에 못지않은 영재들이 다니고 있는 자사고의 인기가 떨어지고 있는 것으로 나타나 의문이 제기되고 있다.

하늘교육 자체 조사 결과 외고 선호도는 전년도 60.3%에서 금년도 66.7%로 6.4% 증가했고, 과학고는 23.8%에서 23.0%로 하락했다. 한편 자사고는 전년도 15.9%에서 금년도 10.3%로 5.6%나 감소했다.

이는 최근 서울 및 수도권 외고의 서울대, 연세대, 고려대 진학 실적이 발표되면서 특목고 중 외고에 대한 선호도가 전년도에 비해 더욱 높아진 것으로 해석된다.

반면에 자사고 선호도가 떨어지고 있는 이유는 서울 및 수도권 외

고의 선호도가 해마다 높아지면서 상대적으로 거리가 먼 곳에 있는 자사고보다는 서울 및 수도권 외고 중에서 기숙사 시설을 보유하고 있는 외고를 택하고 있기 때문인 것으로 볼 수 있다. 또한 자사고 중에서도 상산고, 포항제철고 등 지역 명문고를 제외한 나머지 학교에서의 서울대 등 명문대 진학 실적이 서울 및 수도권 외고보다 낮게 나타난 점도 한 요인으로 들 수 있다.

2 _ 전국 10명 중 6명 서울권 외고 선호, 지방권 외고 선호도 급감

지역별로는 서울권이 금년도 61.4%로 전년도 63.6%에 비해 다소 낮아졌지만, 전국적으로 볼 때 외고를 선호하는 학부모들의 10명 중 6명은 여전히 서울권을 희망하는 것으로 나타났다. 경기권은 전년도 26.0%에서 금년도 33.0%로 7.0%나 증가해 금년도에도 경기권 외고 입시 열기는 지속될 것으로 전망된다.

반면에 지방권 외고는 전년도 10.4%에서 금년도 5.6%로 선호도가 급감하고 있다.

3 _ 대원외고 2년 연속 1위, 안양외고 5위권 진입, 선호도 급상승

2년 연속 선호도 1위를 차지한 대원외고의 경우 외고 지원자 10명 중 3명 이상이 선호하는 것으로 나타났다. 반면에 전년도에 선호도

15.9%로 2위를 차지한 외대부속외고의 경우 금년도에는 11.3%로 3위로 떨어졌으며, 명덕외고는 전년도 3위에서 2위로 올라 한국외대부속외고와 자리바꿈을 했다.

경기권 외고는 외대부속, 동두천외고를 제외한 안양, 명지, 과천외고 등 7개 외고 모두 선호도가 올라가고 있다. 특히 전년도에 서울대에 18명을 합격시켜 경기권 9개 외고 중 가장 많은 서울대 합격자 수를 기록한 안양외고는 전년도에는 선호도 9위였으나 금년도에는 5위권으로 진입했다.

4 _ 최근 2개년도 외고, 과고, 자사고 선호도 변화

❶ 외고 선호도 증가, 자사고 선호도 급감

외고와 자사고 선호도   (단위 : %)

구분	2007년	2006년
외고	66.7%	60.3%
과고	23.0%	23.8%
자립	10.3%	15.9%
합계	100.0%	100.0%

❷ 전국 지역별 외고 선호도 분석

지역별 외고 선호도 (단위 : %)

구분	2007년	2006년
서울	61.4%	63.6%
경기	33.0%	26.0%
지방	5.6%	10.4%
합계	100.0%	100.0%

❸ 최근 2개년도 서울 및 수도권 15개 외고 선호도 변화

서울 및 수도권 전체 (단위 : %)

NO	2007년		2006년	
	학교 명	비율	학교 명	비율
1	대원외국어고	34.0%	대원외국어고	35.8%
2	명덕외국어고	11.3%	한국외대부속외국어고	15.9%
3	한국외대부속외국어고	11.0%	명덕외국어고	11.6%
4	대일외국어고	5.3%	대일외국어고	5.4%
5	안양외국어고	5.0%	명지외국어고	3.9%
6	한영외국어고	4.8%	이화여자외국어고	3.9%
7	명지외국어고	4.5%	한영외국어고	3.8%
8	이화여자외국어고	4.3%	서울외국어고	3.1%
9	고양외국어고	3.3%	안양외국어고	1.8%
10	김포외국어고	2.5%	고양외국어고	1.4%
11	성남외국어고	2.1%	동두천외국어고	1.2%
12	수원외국어고	2.0%	과천외국어고	1.0%
13	서울외국어고	1.7%	김포외국어고	0.4%
14	과천외국어고	1.6%	성남외국어고	0.3%
15	동두천외국어고	1.0%	수원외국어고	0.2%
-	**기타 지방**	5.6%	**기타 지방**	10.3%
	합계	100.0%		100.0%

서울 6개 외고   (단위 : %)

NO	2007년		2006년	
	학교 명	비율	학교 명	비율
1	대원외국어고	55.3%	대원외국어고	56.3%
2	명덕외국어고	18.4%	명덕외국어고	18.3%
3	대일외국어고	8.7%	대일외국어고	8.5%
4	한영외국어고	7.8%	이화여자외국어고	6.1%
5	이화여자외국어고	7.0%	한영외국어고	6.0%
6	서울외국어고	2.8%	서울외국어고	4.8%
	합계	100.0%	합계	100.0%

경기 9개 외고   (단위 : %)

NO	2007년		2006년	
	학교 명	비율	학교 명	비율
1	한국외대부속외국어고	33.2%	한국외대부속외국어고	60.9%
2	안양외국어고	15.0%	명지외국어고	15.0%
3	명지외국어고	13.6%	안양외국어고	6.9%
4	고양외국어고	10.1%	고양외국어고	5.3%
5	김포외국어고	7.5%	동두천외국어고	4.5%
6	성남외국어고	6.4%	과천외국어고	3.9%
7	수원외국어고	6.1%	김포외국어고	1.6%
8	과천외국어고	4.9%	성남외국어고	1.1%
9	동두천외국어고	3.2%	수원외국어고	0.8%
	합계	100.0%	합계	100.0%

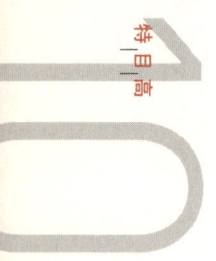

서울 및 경기 지역 특목고
명문대 진학 실적

특목고에 지원하려는 학생과 학부모들의 가장 큰 관심사 중 하나는 특목고의 대입 진학 실적일 것이다. 물론 특목고에서 공부해 보는 자체가 인생에 있어서 소중한 경험이 될 것은 분명하지만 결과 또한 좋다면 더 바랄 것이 없을 테니 말이다.

따라서 이 장에서는 서울 및 경기권의 특목고 진학 실적에 대해 꼼꼼히 살펴보기로 한다.

1 _ 서울 6개 외고와 2개 과학고의 2007학년도 명문대 진학 실적

서울 8개 특목고의 2007학년도 서울대, 연세대, 고려대 등 주요 대학

서울 6개 외고 2007학년도 주요 대학 진학 현황   (단위 : 명)

학교	2007년					2006년			
	당시 모집 정원	서울대	연세대	고려대	합계	서울대	연세대	고려대	합계
대원외고	420	69	116	147	332	77	148	165	390
대일외고	420	18	108	106	232	18	103	100	221
한영외고	280	31	86	87	204	31	94	105	230
명덕외고	420	41	137	124	302	48	121	108	277
이화외고	210	8	72	46	126	10	40	34	84
서울외고	350	8	95	80	183	15	71	81	167
6개 외고 합계	2,100	175	614	590	1,379	199	577	593	1,369
전년 대비 증감	-	-24	37	-3	10				

진학 실적을 조사한 결과 외고는 전년 1,369명보다 10명 증가한 1,379명으로 집계됐으며, 과학고는 서울대, 카이스트, 연세대 합격 인원이 전년보다 대폭 증가한 것으로 집계되고 있다. (추가 합격자 제외 인원)

한편 서울 6개 외고의 2007학년도 서울대 진학 실적은 2006학년도에 비해 감소한 것으로 나타났다. 학교별로 보면 대원외고는 77명에서 69명으로, 명덕외고는 48명에서 41명으로, 서울외고는 15명에서 8명으로, 이화외고는 10명에서 8명으로 감소했다. 대일외고와 한영외고만이 각각 18명과 31명으로 전년도 수준을 유지했다.

연세대와 고려대의 경우 대일, 명덕, 이화, 서울외고는 전년보다 합격자 수가 약간 늘어났고, 대원, 한영외고는 감소했다.

2 _ 과학고, 서울대와 카이스트 진학자 수 크게 늘어

서울 2개 과학고는 서울대 합격자 수가 전년도보다 크게 늘었고, 과학고 학생들이 주로 진학하는 카이스트의 진학자 수도 늘어난 것으로 나타났다.

한성과학고의 경우 서울대는 19명에서 40명으로 증가했으며, 카이스트 또한 38명에서 63명으로 증가했다. 또한 서울과학고는 서울대와 카이스트 합격자 수가 전년도보다 2배 이상 늘어날 것으로 보인다.

서울 2개 과학고 2007학년도 주요 대학 진학 현황　　　　　(단위 : 명)

구분		졸업 인원	KAIST	서울대	연세대	고려대	포항 공대	ICU	계
서울 과고	2007		112	72	30	1	8	3	226
	2006	131	50	34	18	2	2	8	114
	증감		62	38	12	−1	6	−5	112
한성 과고	2007	165	63	40	32	2	10	1	148
	2006	127	38	19	30	2	12	2	103
	증감		25	21	2	0	−2	−1	45
합계	2007		175	112	62	3	18	4	374
	2006	258	88	53	48	4	14	10	217
	증감		87	59	14	−1	4	−6	157

3 _ 수능이 어려울수록 유리하게 작용

서울 6개 외고의 2007학년도 서울대 등 주요 대학 진학 실적이 2006

학년도보다 떨어진 이유는 수능시험 난이도가 전년에 비해 낮아져 최상위권 학생들 간의 점수 차가 줄어들었기 때문인 것으로 보인다. 특목고 학생들은 그동안 부족한 학교 내신 성적을 수능 점수로 채워 왔지만 2007학년도에는 수능이 쉬워져 만회할 수 있는 점수 폭이 전년보다 좁아졌기 때문이다.

2006학년도와 2007학년도 수능 4% 이내 점수 폭을 비교해 보면 주로 외고 학생들이 응시하는 수리 나 형의 경우 13점에서 4점으로 줄었으며, 외국어 영역도 9점에서 4점으로 줄어들었다. 또한 인문계열 수능 4% 이내 학생 간 수능 점수 차는 전년 24점에서 12점으로 크게 떨어져 그동안 외고 학생들이 가졌던 수능에서의 이점 역시 줄어들었다고 할 수 있다.

2006, 2007학년도 수능 석차 4% 이내 학생 간 점수 차 비교   (단위 : 점수)

구분	언어		수리나		외국어		언, 수, 외 총점	
	2007	2006	2007	2006	2007	2006	2007	2006
최고점	132	127	140	152	134	142	406	421
수능 석차 4% 학생	128	125	136	139	130	133	394	397
4% 이내 점수 차	4	2	4	13	4	9	12	24

※ 인문계 기준 - 외고

인문계의 경우 서울대 정시모집 인원이 2006학년도 843명에서 2007학년도 747명으로 96명이나 감소한 것도 합격자 수가 줄어든 하나의 원인으로 보인다. 이외에도 외고 학생들의 해외 대학, 카이스트, 의예과 진학자 수의 증가도 주요 대학 진학자 수가 감소한 원인으로 보인다.

2006, 2007학년도 서울대 모집 인원 변화 (단위 : 명)

구분	2006학년도		2007	
	수시(특기자)	정시	수시(특기자)	정시
인문	106	843	122	747
자연	377	1014	488	720
예능	73	212	73	212
합계	556	2069	683	1679

5 _ 과학고는 큰 차이 없어

외고와는 달리 과학고의 경우 수능 자연계열 시험 변별력이 전년 수준이었기 때문에 큰 영향을 받지 않았다. 과학고 학생들이 주로 응시하는 수리—가 형의 수능 4% 이내 학생들 간 점수 차는 12점으로 2006학년도와 동일하며 언어, 수리, 외국어 등 전체적으로 23점에서 20점으로 약간 줄어들어 외고 학생들에 비해 큰 영향을 받지 않았다. 때문에 과학고 학생들이 서울대 진학에 있어서 상대적으로 외고 학생들보다 유리했다.

2006, 2007학년도 수능 석차 4% 이내 학생 간 점수 차 비교 (단위 : 점수)

구분	언어		수리나		외국어		언·수 외 총점	
	2007	2006	2007	2006	2007	2006	2007	2006
최고점	132	127	146	146	134	142	412	415
수능 석차 4% 학생	128	125	134	134	130	133	392	392
4% 이내 점수 차	4	2	12	12	4	9	20	23

※ 자연계 기준 - 과학고

외고에 비해 과학고의 서울대 진학률이 좋게 나온 또 다른 원인 중
의 하나는 서울대 자연계열 수시 특기자 전형의 모집 인원이 대폭 늘
어났다는 것이다. 서울대 자연계열의 특기자 전형 모집 인원은 전년
377명에서 488명으로 111명이나 늘어난 반면 인문계열의 특기자 전
형 모집 인원은 전년에 비해 16명 증가했다. 따라서 과학고 학생들이
외고 학생에 비해 상대적으로 유리했던 것으로 보인다.

5 _ 경기권 외고 주요 대학 진학 실적

경기권 외고인 고양, 과천, 안양외고의 서울대, 연세대, 고려대 진학
자 수는 대체로 전년도와 유사한 수준으로 나타났다. 서울대는 전년
도 33명에서 4명 늘어난 37, 고려대는 전년 224명에서 18명 늘어난
242명, 연세대는 전년 195명에서 2명 늘어난 197명이 진학한 것으로

경기권 외고 2007학년도 주요 대학 진학 현황 (단위 : 명)

학교	2007년도					2006년도			
	당시 모집 정원	서울대	연세대	고려대	합계	서울대	연세대	고려대	합계
고양외고	480	9	84	64	157	9	68	63	140
안양외고	400	18	76	91	185	17	69	83	169
과천외고	480	12	68	92	172	7	58	78	143
명지외고	319	8	35	38	81	–	–	–	–
합계		47	263	285	595	33	195	224	452
전년 대비 증감		14	68	61	143				

※ 2007학년도 전년 대비 증감은 명지외고 인원을 포함한 인원임

나타났다.

　서울대 합격자 수는 고양외고가 전년도와 동일한 9명이며, 과천외고는 전년도 7명에서 5명 늘어난 12명, 안양외고는 전년 17명에서 1명 감소한 16명이다. (추가 합격자 제외 인원)

특목고 가야 할 아이, 피해야 할 아이

어느 부모나 자기 아이에 대해 환상을 갖고 있기 마련이다. 특히 교육열이 높은 학부모는 아이가 초등학교 때부터, 아니 초등학교에 입학하기 전부터 영재교육을 시키려고 한다. 그들의 목적은 하나다. 아이가 특목고에 들어가 상위대학에 합격하고, 사회에 나갈 때 남들보다 앞선 위치에 서도록 하는 것이다.

그러나 안타깝게도 모든 아이들이 특목고에 갈 수 있는 것은 아니다. 모집 인원이나 학교 숫자, 특정 분야에 재질이 있는 아이를 뽑는 선발 기준 등이 문제가 아니다. 그것은 특목고의 숫자가 극히 적고, 모집 인원도 적었던 1990년도의 일이다. 현재는 언제부터 어떻게 준비하느냐에 따라 특목고에 갈 수 있는지 없는지가 결정된다고 볼 수 있다. 그만큼 특목고의 문이 넓어졌다는 뜻도 된다.

예전에는 교육청 영재교육원이나 수학이나 과학 분야의 특목고는 영재로 태어나 기상천외한 것을 만지고 조작할 수 있는 아이들만 갈 수 있었다. 하지만 지금은 그렇지 않다. 남들보다 얼마나 먼저, 얼마나 충실히 준비했느냐에 진학 여부가 달려 있다.

그렇다면 특목고에 갈 수 있는 학생은 어떤 학생일까?

먼저 초등학교 3학년 이후부터 자기 학년보다 1~2년 정도 선행된 학습을 시켰을 때 자연스럽게 따라올 수 있는 아이들을 꼽을 수 있다. 선행학습은커녕 현재의 진도를 따라가기에도 급급한 아이들은 사실상 특목고 진학이 불가능하다고 볼 수 있다.

선행학습이 가능한가, 아닌가는 학생의 아이큐가 높은가, 낮은가에 좌우되지 않는다. 문제는 공부하는 자세에 있다. 초등학교 고학년임에도 불구하고 중학교 과정의 영어를 익히는 것을 즐길 줄 알아야 한다. 수학도 마찬가지다. 수학 공부 자체를 즐겨야 한다. 이런 학생이야말로 선행학습을 자유롭게 해나갈 수 있고, 그만큼 특목고에 갈 수 있는 가능성도 커지는 것이다.

책읽기를 좋아하는 아이들도 새로운 지식을 탐구하는 것을 즐기는 타입이고 다각도의 사고를 할 수 있기 때문에 선행학습이 자연스럽게 이루어질 수 있다.

이제 자연스럽게 특목고를 피해야 할 아이가 분류될 것이다. 자기 학년의 진도만 따라갈 정도이며 공부 자체를 그다지 즐기지 않는 아이, 선행학습을 자연스럽게 해나갈 수 없는 아이, 책 읽는 것을 좋아하지 않는 아이는 특목고에 가기 어렵다. 이런 아이들에게는 억지로 특목고를 강요하며 스트레스를 주기보다는 자신에게 맞는 일반고에 진학하여 내신에서 두각을 나타내 상위권 대학을 겨냥하도록 하는 편이 훨씬 더 안정적일 것이다.

특목고에 적응하지 못하면 일반고로 갈 수 있는가

당연히 갈 수 있다. 학교생활에 적응하기 힘들다고 생각되면 2학년 1학기까지 언제든 전학이 가능하다. 하지만 한 학기도 마치기 전에 전학하기보다는 특목고에서 어느 정도 학습을 해둔 상태에서 전학하면 그만큼 상대적인 이익을 누릴 수 있다는 점도 고려해야 할 것이다. 그렇다고 학교 내신이 지나치게 나쁜 상태에서 2학년 1학기 때 전학을 간다는 것도 무리가 있다. 이럴 경우 본인의 현재 학교 내신 성적과 학습 상태 등을 면밀히 검토하여 결정할 필요가 있다.

중요한 시기에 분위기가 다른 학교로 전학을 하고 적응하려면 그만큼 어려움이 뒤따른다. 따라서 애초에 학교를 선택할 때 모든 사항을 충분히 고려하여 신중하게 결정하는 것이 좋다.

어느 중학교가 특목고에 많이 들어갔나?

| 전국 각 중학교별 특목고 진학 실적 |

(2004~2006학년도, 조선일보, 하늘교육 공동 분석)

대원·대일·명덕·이화·서울·한영·외대부속외고 7개교   (단위 : 명)

연번	소재지	학교 명	2004학년도	2005학년도	2006학년도
1	양천구	목일중	24	24	33
2	양천구	신목중	21	28	30
3	양천구	월촌중	30	37	28
4	양천구	신서중	30	25	26
5	양천구	목동중	12	23	23
6	노원구	불암중	18	9	23
7	경기	백신중	17	19	22
8	경기	오마중	13	15	22
9	경기	이매중	0	4	22
10	경기	발산중	13	30	19
11	도봉구	창일중	13	15	19
12	서초구	서일중	10	6	18
13	경기	정발중	19	22	18
14	노원구	중평중	9	7	18
15	도봉구	창동중	10	11	18
16	광진구	광남중	9	14	17
17	송파구	오륜중	7	7	17
18	노원구	중계중	14	7	17
19	강남구	구룡중	9	5	16
20	경기	저동중	7	14	16
21	경기	정평중	0	15	16
22	강남구	대명중	8	7	15
23	성북구	동구여중	5	8	15

연번	소재지	학교 명	2004학년도	2005학년도	2006학년도
24	서초구	세화여중	4	10	15
25	송파구	송파중	11	11	15
26	경기	내정중	0	5	14
27	경기	대지중	0	7	14
28	경기	백마중	4	10	14
29	노원구	상계중	11	24	14
30	경기	수지중	0	12	14
31	노원구	신상중	11	11	14
32	송파구	가락중	9	11	13
33	강남구	대왕중	10	14	13
34	도봉구	백운중	13	9	13
35	경기	서현중	1	8	13
36	경기	성복중	0	6	13
37	강남구	숙명여중	6	13	13
38	노원구	중원중	12	11	13
39	강남구	진선여중	8	12	13
40	노원구	하계중	22	19	13

과학고(서울, 한성과학고, 순위는 2006학년도 진학 실적 기준) (단위 : 명)

연번	학교 명	소재지	2003학년도	2004학년도	2005학년도	2006학년도	합계
1	하계중	노원구	0	2	3	6	11
2	목동중	양천구	2	5	4	5	16
3	등명중	강서구	1	1	3	5	10
4	광성중	마포구	1	2	1	5	9
5	구산중	은평구	0	2	0	5	7
6	신서중	양천구	2	2	5	4	13
7	동북중	강동구	1	2	3	4	10
8	오륜중	송파구	2	2	3	4	11
9	용곡중	광진구	1	1	2	4	8
10	신상중	노원구	2	0	2	4	8
11	대치중	강남구	0	2	1	4	7
12	풍성중	송파구	2	0	1	4	7
13	명지중	서대문구	0	0	0	4	4
14	대청중	강남구	1	1	4	3	9
15	천호중	강동구	3	1	4	3	11
16	목일중	양천구	3	2	4	3	12
17	불암중	노원구	5	3	3	3	14
18	창일중	도봉구	2	4	3	3	12
19	월촌중	양천구	3	5	3	3	14
20	배재중	강동구	1	1	2	3	7
21	노일중	노원구	2	0	2	3	7
22	경원중	서초구	1	1	2	3	7
23	신명중	강동구	1	3	1	3	8
24	염창중	강서구	1	3	1	3	8
25	불광중	은평구	1	0	1	3	5
26	성재중	강서구	1	1	0	3	5
27	연천중	은평구	2	2	0	3	7
28	청운중	종로구	1	1	4	2	8
29	구일중	구로구	2	2	3	2	9
30	구룡중	강남구	1	5	2	2	10

고등학교 1학년 (단위 : 점수)

등급	언어				수리				외국어			
	전국	D외고	D외고	M외고	전국	D외고	D외고	M외고	전국	D외고	D외고	M외고
1	4.51	66.04	53.87	66.51	4.32	60.89	39.15	60.66	4.3	97.19	82.04	83.14
2	12.2	87.35	83.55	87.82	11.84	88.06	74.56	88.29	11.42	99.77	99	98.36
3	24.36	93.2	95.27	98.36	24	96.49	92.02	97.19	23.13	100	99.75	100
4	40.53	96.71	98.51	99.06	40.59	99.53	98.25	99.77	40.18		100	
5	60.8	98.58	99.76	99.76	61.64	100	99.25	100	60.88			
6	77.35	99.75	99.76	99.99	78.13		100		78.32			
7	89.4	100	100		89.81				89.78			
8	96.59				96.81				96.67			
9	100				100				100			

고등학교 2학년 (단위 : 점수)

등급	언어				수리				외국어			
	전국	D외고	D외고	M외고	전국	D외고	D외고	M외고	전국	D외고	D외고	M외고
1	4.42	58.57	40.56	49.41	4.26	51.8	34.69	47.04	4.19	97.09	80.1	85.58
2	11.99	85.71	76.78	78.02	11.19	82.02	66.58	78.95	11.43	98.91	98.47	98.35
3	24.49	96.42	93.11	92.68	23.8	93.53	88.77	93.61	23.95	99.64	99.49	99.53
4	41.22	97.85	98.47	97.17	40.97	97.85	96.42	97.87	40.5	100	100	100
5	60.91	98.92	99.49	98.82	63.07	98.57	98.21	99.29	60.42			
6	77.46	99.63	99.75	99.06	79.98	99.65	99.74	99.53	77.85			
7	89.81	100	100	100	91.02	100	100	100	89.05			
8	96.6				96.51				96.15			
9	100				100				100			

고등학교 3학년　　　　　　　　　　　　　　　　　　　　　　(단위 : 점수)

등급	언어			수리-가			수리-나			외국어		
	전국	D외고	D외고	전국	D외고	D외고	전국	D외고	D외고	전국	D외고	D외고
1	4.78	68.93	51.67	4.24	71.96	55.2	4.29	91.27	83.59	4.36	94.07	72.75
2	11.82	85.2	79.18	11.22	92.52	80	11.61	96.07	97.33	11.28	98.52	95.37
3	24.56	96.15	94.09	24.42	98.13	96.8	23.07	98.69	100	23.21	99.41	99.23
4	41.15	99.11	98.72	40.69	100	97.6	41.16	99.56		41.3	100	99.49
5	61.31	99.7	99.75	60.93		100	62.38	100		60.87		100
6	77.12			78.64			79.57			77.82		
7	89.15	100	100	90.04			91.31			89.97		
8	96.46			96.03			96.46			96.45		
9	100			100			100			100		

※ 위 표는 전국 연합학력평가 시험 결과 내용으로 하늘교육이 단독 입수한 자료임

　위의 표를 보면 2학년 학생들의 점수가 1, 3학년에 비해 상대적으로 낮은 것을 알 수 있다. 2학년 학생들은 특목고 입시정책이 발표된 직후 혼란기에 입학했던 학생들이다. 다시 말해 내신 성적 반영률을 높인다는 발표가 나오자 특목고를 갈까 일반고를 갈까 고민하던 학생들이었다. 이 학생들이 2007학년도 현재 고3이 되었는데, 이들의 대학 진학 결과가 관심을 끄는 이유도 그 때문이다.

의대, 치대, 약대를 지원하려면 특목고가 유리한가

의대, 치대는 학교 내신, 수능, 논·구술시험에서 모두 최상위 성적을 받아야 합격이 가능하기 때문에 주요 대학 일반 학과에 비해 학교 내신의 비중이 클 수밖에 없다.

따라서 의대, 치대를 목표로 하고 있는 학생이라면 특목고에 가서 최상위 학교 내신을 받을 수 있느냐 없느냐를 면밀히 따져봐야 한다. 또한 일반고로 진학하게 되면 수능 및 논·구술시험을 얼마나 잘 받을 수 있는지도 따져봐야 한다.

특목고에서 상위권을 달리는 학생들은 일반고 학생들에 비해 유리하다. 수능이 등급제로 바뀜에 따라 일반고 학생이든 특목고 학생이든 수능 1등급 안에 들어가면 더 이상 점수 차는 발생하지 않지만 1등급은 거의 확보된다는 점에서 유리하다고 할 수 있는 것이다. 특목고에서 최상위권 레벨, 즉 4% 안에 들어갈 수 있는 학생이라면 더욱 유리하다.

하지만 특목고에서 중위권을 달리는 학생들은 일반계에서 상위권을 달리는 학생에 비해 불리하다. 둘 다 똑같이 수능에서 고득점을 맞을 경우 특목고 학생 쪽이 학교 내신에서 불리하기 때문이다.

다만 의대, 치대의 경우 의학-치의학 전문대학원이 병행적으로 실시되고 있기 때문에 이를 고려한다면 위와 같은 논쟁은 불필요할 것으로 보인다.

의학 전문대학원은 현재 전국 41개 의과대학 중 27개교에서 1,641여 명을 선발하고 있고, 치의학 전문대학원은 전국 11개 치과대학 중 8개교에서 530여 명을 선발하고 있다.

의학-치의학 전문대학원의 경우 각 대학마다 선발시험에 있어 약간씩 차이를 보이고 있다. 하지만 공통적으로 의학 전문대학원은 MEET(Medical Education Eligiblity Test) 시험, 치의학 전문대학원은 DEET(Dental Education Eligiblity Test) 시험을 1차적으로 보게 된다. 시험과목은 의학, 치의학 전문대학원 모두 언어추론, 자연과학추론 I , 자연과학추론 II 등이다.

　이후 각 학교별로 영어 공인점수, 대학 4년간 학점(GPA), 관련 대학 전공과목(선수과목) 이수 유무 등을 서류로 제출토록 하고 있으며, 선발 과정에서 별도로 심층면접을 실시한다.

　결론적으로 특목고 중위권 학생들은 전문대학원 쪽으로 갔을 때는 유리하지만 정시라든지 수시모집, 지원원서를 통해 약대나 치대를 가고자 할 때는 불리하다고 할 수 있다. 반면에 최상위권 특목고 학생들은 오히려 일반고 학생에 비해 유리하다고 할 수 있다.

외고 합격의 비결, 나 자신에게 있다

강병욱(서울 서일중, 2007학년도 한영외고 일반전형 합격)

내가 외고를 목표로 삼아 본격적으로 진학을 준비하기 시작한 것은 중학교 2학년 때부터였다. 물론 그전부터 외고에 대한 희망은 늘 품에 안고 있었다. 하지만 외국에서 살아본 적도 없고, 해외연수 경험도 없었던 나에게는 커다란 부담이 되었다.

그러던 어느 날 부모님의 권유로 외고 진학이라는 확실한 목표를 갖기 시작했고 장래 목표인 외교관이 되기 위한 첫 발걸음을 내디뎠다. 일찍부터 영어를 준비해 온 덕에 영어만큼은 꾸준히 하면 잘할 수 있으리라는 자신감도 있었고 학교 성적도 상위권을 유지해 온 터라 내 의지만 끝까지 유지된다면 해낼 수 있을 것 같다는 예감이 들었다.

그때부터 본격적으로 영어 공부를 하기 시작했으며, 체계적이고 구체적인 방식으로 접근해 들어갔다. 영어 실력은 한 단계 한 단계 높아지기 시작했고 어느 정도 지나다 보니 내 옆자리에 고등학생 형들이 앉아 함께 공부하는 뜻밖의 상황이 생기기도 했다.

외국에서 생활해 본 적이 없다는 점을 늘 걱정하는 한편 그런 아이들보다 몇 배는 더 노력해야 한다는 생각에 열심히 영어 공부를 해나갔다. 내신과 외고입시를 동시에 준비하는 종합반 학원을 다니기도 했다. 그곳에서 특목고 관련 정보를 많이 얻었는데 5년 동안 꾸준히 다녔기에 성공할 수 있었던 것 같다.

중학교 1학년 때에는 외고입시보다는 내신에 치중했다. 비록 외고입시에는 1학년 내신이 포함되지는 않지만 1학년 내신이 2, 3학년까지 이어진다는 생각으로 열심히 했다.

내신은 철저한 예습 복습 중심으로 관리했다. 학교 가기 전날 밤에는 다음 날 배울 내용들을 예습했고, 집에 돌아온 후에는 그날 배운 내용들을 30분씩 훑어보았다. 그러다 보니 시험 공부하기가 아주 편해졌다.

예습 복습이 중요하다는 것은 누구나 다 알고 있을 것이다. 그러나 정작 실천하기는 어려운 일이다. 하지만 인내심을 갖고 꾸준히 하다 보면 자신도 모르게 습관이 된다. 시험 직전에는 계획표를 만들어서 대비했다. 공부 계획표를 만들면 무슨 공부를 해야 할지 모르고 허둥대는 것을 막을 수 있었다.

중학교 2학년 때부터는 본격적으로 외고 준비를 시작했다. 2학년 내신은 1학년 때처럼 관리해서 좋은 성적을 유지할 수 있었고, 그와 동시에 외고입시 준비도 했다.

나는 특히 창의력 수학을 집중적으로 준비했다. 영어나 언어, 사회교과 부문은 대부분의 학생들이 다 잘하기 때문에 그다지 변별력이 없지만 창의력 수학은 외고 당락을 결정지을 만큼 중요한 과목이기 때문이었다.

창의력 수학은 오답노트를 만들어서 대비했는데 취약한 부분을 한눈에

볼 수 있어서 실력 향상에 많은 도움이 되었다. 또한 기본적인 수학 지식을 쌓는 것도 소홀히 하지 않았다.

언어는 많은 문제를 풀어보면서 경험을 쌓는 것이 중요하고, 각 학교의 출제 경향을 파악하는 것도 필요하다. 예를 들어 한영외고는 논리력을 중시하기 때문에 문단 배열이나 빈칸 넣기 등 논리력 관련 문제를 많이 풀어보았다. 사자성어는 중요한 것만 모아서 외웠다. 외우기 힘든 것들은 유래를 찾아가면서 공부했다.

영어는 취약한 어휘력 중심으로 준비했다. 영어는 취약한 부분을 중심으로 공부하는 것이 좋고, 기출문제를 많이 풀어보는 것도 도움이 된다. 영어듣기는 받아쓰기로 대비했다. 밤을 새워서라도 하루에 A4 용지 한 장을 빽빽하게 받아써야 직성이 풀렸다. 많이 듣고 문제를 많이 푸는 것도 중요하지만 반복해서 듣고 받아쓰는 것도 중요하다. 또한 영어와 최대한 친해지도록 노력해야 한다. 나는 항상 MP3 플레이어로 영어듣기를 했고, 심지어 영어듣기를 하면서 잠을 자기까지 했다. 듣기문제의 유형에는 행동 묘사, 길 안내 등이 있는데 그중 자주 틀리는 유형을 찾아내 그 부분만 집중적으로 공부했다.

사회교과는 주로 시사 쪽에서 많이 출제된다. 때문에 시사에 관심을 가지고 신문을 읽는 것이 가장 좋은 방법이다. 나는 매일 아침 배달되어 오는 3가지 종류의 신문을 훑어본 후 등굣길에 그 내용을 생각해 보곤 했고 학교에서 돌아온 후에는 그 내용을 확인하는 것을 반복했다.

3학년에 올라가서는 그 어느 때보다도 내신 관리를 철저히 했다. 3학년

1학기 성적이 외고입시에 가장 많이 반영되기 때문이다. 동시에 외고입시 준비 또한 철저히 했다.

3학년 1학기가 끝나자 내신으로부터 자유로워질 수 있었다. 그래서 마음 편히 외고 준비에 몰두할 수 있었고, 그때부터 외고를 향한 의지가 불타올라 더욱 열심히 했다. 공부를 하기 위한 기초 체력은 운동과 보약으로 다졌다. 또한 나보다 더 잘하는 경쟁자를 정해 놓고 그를 앞서기 위해 안간힘을 쓰다 보니 어느새 나도 모르게 실력이 향상되었다.

시험 직전에는 공부 계획표를 만들어 지금까지 공부해 왔던 것을 모두 훑어보았다. 창의력 수학 오답노트나 영어 단어 외웠던 것들을 빠짐없이 살폈다.

나는 먼저 특별전형에 지원했는데 떨어지고 말았다. 특별전형을 목표로 공부했던 것은 아니었지만 정신이 혼란스러워졌다. 그 충격으로 방황하기도 했다. 그러나 곧 이겨내고 일반전형에 전념하기 시작했다. 그야말로 공부에 미쳤다. 아침에 일어나자마자 학원에 가서 새벽 2시까지 자습을 하며 나 자신과의 싸움을 계속해 나갔다.

대부분의 학생들은 특별전형에서 떨어진 충격으로 방황하는 듯했지만 나는 할 수 있다는 자신감으로 일반전형에 모든 것을 쏟아 부었다. 공부하다 지칠 때에는 책상 앞에 붙여놓은 '너를 믿어라' 라는 나의 좌우명과 공부에 관한 명언들을 보며 지친 마음을 달래곤 했다.

나는 스스로 얼마나 노력하고 특목고에 대한 열망이 얼마나 강한지에 따라 특목고 당락이 결정된다고 생각한다. 남과 똑같이 공부해서는 남보다 뛰어날 수 없다는 것을 외고를 준비하면서 뼈저리게 깨닫게 되었다. 자신만의 노하우를 찾는 것, 그리고 목표를 향한 집념과 끈기가 성공의 해답이었다.

나 자신을 믿는 것도 매우 중요하다. 공부는 열심히 했지만 자신감이 없다면 실전에서 패배하고 말 것이기 때문이다. 나 역시 특별전형 때 긴장을 너무 많이 해서 문제를 제대로 풀지 못했던 경험이 있었다. 그러나 일반전형 때만큼은 자신감을 앞세워 시험에 임했고, 그리 어렵지 않게 답을 찾아낼 수 있었다.

간절히 바라면 이루어진다는 말이 있다. 특목고를 향한 집념과 왜 특목고를 가야 하는지에 대한 목표 의식을 가지고 끈기 있게 나아간다면 좋은 결과가 있을 것이다. 해답은 나 자신에게 있다.

수학과 과학 심화학습에 중점을
두었습니다

황태현(서울 동작중, 2007학년도 서울과고 일반전형 합격)

저는 초등학교 때부터 수학을 좋아했습니다. 초등학교 때도 수학 시간만큼은 그 어느 때보다 더 집중하고 선생님 말씀을 관심 있게 들었지요. 그러다 중학교에 입학했고 1학년 때 특목고라는 말을 처음 접했습니다.

그때는 단순히 특수한 고등학교인 줄 알고 별 관심이 없었습니다. 하지만 과학고에 대해 듣게 되면서 수학과 과학을 더 자세히 배울 수 있겠구나 하는 생각에 과학고를 목표로 준비하기 시작했습니다.

과고 관련 정보를 학교에서 얻기란 쉽지 않습니다. 학교 선생님들은 학교 업무에 바쁘시고 특히 과고는 한두 명, 많아야 두세 명 정도 가는 곳이다 보니 자세히 알고 계시는 선생님도 드물 것입니다. 과고 정보를 얻는 방법 중 하나는 과고 홈페이지를 찾아 들어가는 것입니다.

하지만 정말 필요한 정보를 골라서 읽기란 쉽지 않습니다. 그래서 저는 하늘교육을 찾아갔고, 그곳에서 가장 많이 정보를 얻었습니다. 학원 선생님들은 몇 년 동안 특목고 입시에 신경을 써오신 분들이어서 많은 정보를 가지고 계셨습니다.

1학년 때까지는 특별히 수학이나 과학을 따로 준비하지는 않았습니다. 과학고에 대한 개념이 없어서였겠지요. 중학교 수학을 차근차근 배워 나가며 과학은 학교 내신을 잘 받을 정도로만 했습니다. 그러다 1학년 말부터 학원에서 열어준 과학특강반에 들어가 중학교 과학심화를 준비했습니다. 영어는 따로 어학원에 다니며 실력을 쌓았습니다.

1학년 내신은 과고입시에 반영되진 않지만 잘 받으면 좋습니다. 선생님들의 수행평가는 수업 시간에 졸지 않고 착실히만 들으면 2, 3학년이 되어서도 좋게 받을 수 있습니다.

2학년 때부터는 본격적으로 수학심화와 과학심화에 들어갔습니다. 수학과 과학은 탄탄히 기본기를 쌓고 영어도 역시 열심히 공부했습니다. 한편 과학고 내신은 2학년 때부터 들어가니 시험 기간에는 학교 내신에 집중했습니다. 특히 국어, 영어, 수학, 과학을 중점으로 공부했습니다. 나머지 과목은 과고 전형에서는 중요하지 않기 때문입니다.

국어는 교과서를 여러 번 읽으면 읽을수록 좋으며, 참고서에서 이해가 안 되는 부분은 찾아가며 공부해야 합니다. 수학은 개념과 공식 암기 그리고 문제 풀이를 많이 하면 할수록 좋습니다. 과학은 이해를 바탕으로 열심히 공부해야 합니다. 영어는 단어를 자주 외우고 문법 구문을 습득하고, 듣기도 연습하고 여러 책을 읽는 것이 좋습니다. 영어 내신을 잘 받으려면 학교 교과서에 충실하시길 바랍니다.

3학년 때는 과학특강반이 끝나고 과고 심화수업에서 수학과 과학에 더 비중을 두고 공부했습니다. 다니던 영어학원도 그만두고 과고시험을 위해 정말 열심히 공부했습니다.

수학은 학원에서 나오는 교재를 보는 게 좋습니다. 또한 문제를 풀기 위해서는 고등학교 수학을 알 필요가 있습니다. 과학은 여러 책들이 있지만 일단 중학교 과학을 전체적으로 파악하고 고등학교 과학을 봤습니다. 시험 보기 한 달 전부터는 그동안 배웠던 내용을 총정리하면서 마음을 가다듬었습니다.

저는 해외연수는 가본 적도 없습니다. 한국에서만 열심히 공부했습니다. 영어는 방학 때 전문학원에 다니며 공부하기도 했습니다.

제가 가장 하고 싶은 말은 이것입니다.

"정말 열심히 공부하세요. 자기가 좋아하는 과목을 하나 정해서 한 과목만큼은 정말 열심히 공부하시길 바랍니다."

예를 들면 경시대회 준비를 하시든가요. 이번 과학고 전형에서는 구술 문제 난이도는 평이해진 반면 내신 커트라인이 높아졌습니다. 그러다 보니 올림피아드에서의 상 하나가 입시에 굉장히 많은 영향을 미칩니다.

저는 뒤늦게 준비해서 많이 아쉽지만 여러분들에게는 아직 시간이 있겠죠? 정말 과고에 가고 싶다면, 꿈을 갖고 열심히 공부한다면 반드시 좋은 일이 생길 것입니다.

제2장

특목고의 모든 것

연간 학교별 입시 일정에 따른
지원 전략

"특목고에 가는 학생들은 날 때부터 정해져 있는 거 아닌가요?"

"우리 아이가 그렇게 힘든 공부를 할 수 있을까요?"

특목고 입시의 벽이 높고 경쟁률이 치열하다는 소문을 들은 학생과 학부모들은 특목고에 가고 싶고 보내고 싶은 마음은 있지만 감히 도전할 엄두를 못 내고 있다. 그러나 특목고는 하늘이 선택한 학생들만 가는 곳은 결코 아니다. 사고력을 깊게 하고 충분한 준비를 갖춘다면 얼마든지 도전해 볼 수 있다. 이를 위해서는 먼저 특목고의 학교별 입시 일정과 그에 따른 지원 전략을 꼼꼼히 살펴볼 필요가 있다.

특목고는 통상적으로 3, 4번 정도 지원이 가능하다. 한국과학영재학교가 전국에서 가장 빠른 6월에 원서 접수를 실시하며, 8월말 이전에 최종합격자 발표를 한다. 따라서 과학고를 목표로 하는 학생들은 영재학교도 염두에 두고 동시에 준비하는 것이 바람직하다. 선발 방식과 수학, 과학에서의 우수한 학생을 뽑겠다는 점이 공통적이기 때문이다. 과학고를 지원하는 학생들은 우선 한국과학영재학교에 시험을 보고, 떨어지면 해당 지역 과학고를 지원하는 경향이 점차 뚜렷해지고 있다.

한국과학영재학교의 뒤를 이어 자립형 사립고인 민사고가 9월중에 전형을 시작된다. 본격적인 특목고 입시는 10월부터 시작되며, 특별전형과 일반전형으로 나눠 실시된다. 서울, 경기 지역은 특목고 전형 일정이 동일해 중복 지원이 불가능하다. 설사 전형 날짜가 다르다 하더라도 앞서 지원한 학교에서 합격자 발표가 나지 않은 상태에서 다른 학교에 지원하는 것은 금지되어 있다는 점에 유의해야 한다.

외고, 과고는 대부분 특별, 일반전형으로 구분해서 선발하며, 일반전형보다 약 1주일 앞서 특별전형을 실시한다. 특별전형은 같은 학교 내에서도 부문별마다 별도의 지원 자격이 있고 선발 방법에 차이가 있는 반면 일반전형은 동일한 방식으로 선발한다.

특별전형에 합격하면 무조건 그 학교에 입학해야 한다. 다른 학교에 추가로 지원하는 것은 금지되어 있다. 특별전형에 떨어질 경우 같은 학교 및 타 학교 일반전형에 지원할 수 있다.

외고와 자립형 사립고는 전국에서 지원이 가능한 반면 과학고는 해당 관내 학교에만 지원해야 한다. 전국 단위로 선발하는 학교의 경우에는 기숙사 시설 유무 등을 꼼꼼히 확인해 보아야 한다.

전국 특목고 전형 일정

지역	구분	전형 시기		일반전형 전형 방법	2006년
		특별전형	일반전형		
서울	외고	10월 중순	10월 말	내신+영어듣기+구술면접	
	과고	10월 말	10월 말	내신+탐구력구술검사 및 면접+가산점	
경기	외고	10월 중순	10월 말	내신+영어듣기+글로벌/학업적성검사	
	과고	–	10월 말	내신+구술고사(영, 수, 과)+가산점	구술고사에서 영어평가 실시
	청심 국제고	10월 중순	10월 말	내신+영어듣기+영어에세이+ 종합학업적성검사	
인천	외고	11월 중순	11월 중순	내신+영어듣기+구술/면접	
	과고	10월 말	10월 말	내신+가산점+면접 및 탐구력구술검사	
강원	과고	–	10월 말	내신+가산점+구술고사 (기초 · 탐구능력검사/전문성면접)	
	민사고	–	9월 말	서류전형+영재판별검사+면접 및 체력검사	국어능력인증시험, 영어 공인성적 (테슬, 토플, 텝스, 토셀) 성적표는 필수 제출
대전	외고	11월 초	11월 초	내신+영어듣기	
	과고	–	11월 초	내신+기초탐구능력검사+창의적 사고력검사	
부산	외고	10월 말 ~11월 초	11월 초	내신+어학적성검사, 내신	부산국제외고는 내신으로만 선발
	과고	–	11월 초	내신+수상 실적+기초학력구술검사+창의성검사	
	부산 국제고	11월 초	–	내신+가산점	부산국제고는 부산 지역 학생 만 지원 가능
	해운대고	–	11월 초	내신+가산점+면접(수리)	특별전형 없음
대구	외고	10월 말 ~11월 초	10월 말 ~11월 초	내신+영어듣기평가	
	과고	11월 말	11월 말	내신+가산점+구술시험	
울산	과고	9월 말	10월 초~ 10월 중순	내신+가산점+수학능력검사+ 창의성 검사	
	현대청운고	10월 말	11월 초	내신+심층면접(국 · 영 · 수)	

※ 2008학년도에 한해 서울 외고 · 과고 특별전형은 11월 말 일반전형 12월 초에 실시될 예정임

전국 특목고 전형 일정

| 지역 | 구분 | 전형 시기 | | 일반전형 전형 방법 | 2006년 |
		특별전형	일반전형		
광주	과고	10월 중순	10월 중순 ~10월 말	내신+가산점+기초탐구능력검사+ 심층면접	
충남	과고	10월 말	10월 말 ~11월 초	내신+창의적 문제해결력검사+ 전문성면접	
충북	외고	–	11월 초	내신+영어듣기평가+가산점(청주외고)	
	과고	–	11월 초	내신+가산점+창의성구술면접	
경북	외고	10월 말	10월 말	내신+가산점+영어실기(일기/ 인터뷰/듣기)	
	과고	–	10월 말	내신+가산점+기초탐구력 및 창의적 검사	
	포항 제철고	–	12월초	내신+논술고사+면접	경북 소재로 지역 제한
경남	외고	–	11월 초	내신+영어실기고사(듣기/지각 능력평가)	
	과고	–	11월 초	내신+가산점+구술시험	
전북	외고	–	10월 말	내신+심층면접(국 · 영 · 수)	
	과고	–	10월 말	내신+가산점+문제해결능력검사+ 전문성면접	
	상산고	10월 말	10월 말	내신+심층면접(국 · 영 · 수)	
전남	외고	11월 초	11월 초	내신+가산점+영어듣기 · 쓰기	
	과고	11월 초	11월 초	내신+창의력검사 · 면접	
	광양 제철고	11월 초	–	내신	전남 소재로 지역 제한
제주	외고	–	11월 초	내신+어학적성평가(영어듣기)+가산점	
	과고	–	10월 말	내신+가산점+기초학력검사+창의적 사고력검사	

전국 특목고 기숙사 시설 보유 현황

지역	구분	학교 명	국공립/사립	모집 단위	기숙사 유무	성별
서울 (8)	외고(6)	대원	사립	전국	–	–
		대일	사립	전국	O(선택)	–
		명덕	사립	전국	–	–
		서울	사립	전국	–	–
		이화	사립	전국	–	여
		한영	사립	전국	–	–
	과고(2)	서울	공립	서울	O(의무)	–
		한성	공립	서울	O(의무)	–
	자립형(0)	–	–	–	–	–
경기 (12)	외고(9)	고양	사립	전국	O(선택)	–
		과천	사립	전국	–	–
		동두천	공립	전국	O(의무)	–
		명지	사립	전국	O(선택)	–
		안양	사립	전국	–	–
		외대 부속	사립	전국	O(의무)	–
		김포	사립	전국	O(의무)	–
		성남	공립	전국	O(선택)	–
		수원	공립	전국	O(선택)	–
	과고(2)	경기	공립	경기도	O(의무)	–
		의정부	공립	경기도	O(의무)	–
	자립형(0)	–	–			
	국제고(1)	청심	사립		O(의무)	
인천 (2)	외고(1)	인천	사립	전국	O(선택)	–
	과고(1)	인천	공립	인천	O(의무)	–
	자립형(0)	–	–			
광 역 시 (13)	외고(5)	대구	공립	전국	O(의무)	–
		대전	공립	전국	–	–
		부산	사립	전국	–	–
		부산국제	사립	전국	O(선택)	여
		부일	사립	전국	O(선택)	–

전국 특목고 기숙사 시설 보유 현황

지역	구분	학교 명	국공립/사립	모집 단위	기숙사 유무	성별
광역시 (13)	과고(5)	광주	공립	광주	O(선택)	–
		대구	공립	대구	O(의무)	–
		대전	공립	대전	O(의무)	–
		울산	공립	울산	O(의무)	–
		장영실	공립	부산	O(의무)	–
	자립형(2)	부산해운대고	사립	전국	O(선택)	남
		울산현대청운고	사립	전국	O(의무)	–
	국제고(1)	부산	공립	전국(특별) 부산(일반)	O(의무)	–
강원 (2)	외고(0)	–	–			성별
	과고(1)	강원	공립	강원	O(의무)	–
	자립형(1)	민족사관	사립	전국	O(의무)	–
경북 (3)	외고(1)	경북	공립	전국	O(의무)	–
	과고(2)	경북	공립	경북	O(의무)	–
		경산	공립	경북	O	
	자립형(1)	포항제철	사립	경북	–	남 245 여 210
경남 (3)	외고(2)	경남	사립	전국	O(의무)	–
		김해	공립	전국	O(의무)	–
	과고(1)	경남	공립	경남	O(의무)	–
	자립형(0)	–				
전북 (3)	외고(1)	전북	공립	전국	O(의무)	–
	과고(1)	전북	공립	전북	O(의무)	–
	자립형(1)	전주상산	사립	전국	O(선발)	남 240 여 120
전남 (3)	외고(1)	전남	공립	전국	O(의무)	–
	과고(1)	전남	공립	전남	O(의무)	–
	자립형(1)	광양제철	사립	전남	–	
충북 (3)	외고(2)	중산	사립	전국	O(선발)	–
		청주	사립	전국	O(선택)	–
	과고(1)	충북	공립	충북	O(의무)	–
	자립형(0)	–	–			

전국 특목고 기숙사 시설 보유 현황

지역	구분	학교 명	국공립/사립	모집 단위	기숙사 유무	성별
충남 (1)	외고(0)	–	–			
	과고(1)	충남	공립	충남	O(의무)	–
	자립형	–				
제주 (2)	외고(1)	제주	공립	전국	O(의무)	–
	과고(1)	제주	공립	제주	O(의무)	–
	자립형(0)	–	–			
합계	외고	29	공립(10), 사립(19)		외고 (20개)	
	과고	18	공립(18)		과고 (18개)	
	자립형	6	사립(6)		자립형 (4개)	
	국제고	2	공립(1),사립(1)		국제고 (2개)	
전체		55	공립(29) 사립(26)		44개교	

지원에 필요한 자격

　연간 학교별 전형 일정에 대해 알았다면 그 다음에는 자신이 특목고에 지원할 수 있는 자격을 갖추었는지 판단해야 한다. 그리고 외고, 과학고, 자사고 등 각 학교의 특성에 부합하는 지원 자격을 갖추기 위해 어떤 노력을 해야 하는지 알아야 한다. 그래야 보다 치밀하게 입시 전략을 짤 수 있을 것이다.

1 _ 외고 지원 자격에는 어떤 것들이 있을까

서울 6개 외고 2008학년도 전형 부문별 선발 인원   (단위 : %)

구분	특별전형							일반전형	모집정원
	학교장추천	성적우수	영어특기	외국어특기	국제화/글로벌전형	기타	합계		
대원외고	42	–	25	–	55	체육 특기자 3	125	295	420
대일외고	27	50		10	30	회장, 부회장 21	138	282	420
명덕외고	48	24	12	8	36		128	292	420
한영외고	70		22	10	–	3	105	245	350
서울외고	20	55	4	6	25		110	240	350
이화외고	9	42	14	6			71	139	210
합계	216	171	77	40	146	27	677	1,493	2,170
	10.0%	7.9%	3.5%	1.8%	6.7%	1.1%	31.2%	68.8%	100%

❶ 반드시 토플 점수가 있어야 하는 것은 아니다

외고를 준비하는 많은 학생과 학부모들은 반드시 토플이나 텝스, 토익 점수가 있어야 외고에 갈 수 있다고 생각한다. 하지만 앞서 이야기한 것처럼 외고는 특별전형에서 학교 성적 우수자, 학교장 추천자, 외국어 특기자 부문으로 선발하고 있고, 또한 외국어 특기자보다는 학교 성적 우수자, 학교장 추천자를 더 많이 선발한다. 토플, 텝스, 토익 점수는 외국어 특기자 중에서 영어 특기자로 지원하는 학생들에게만 필요하다. 학교 성적 우수자나 학교장 추천자 전형으로 지원하는 학생들은 토플이나 토익 점수를 갖추지 않아도 외고에 갈 수 있다.

　일반전형으로 지원하는 학생들에게도 대부분 토플이나 토익 점수가 필요 없다. 가산점이 있는 외대부속외고와 같은 일부 학교에만 필요할 뿐이다.

❷ 영어 특기자 토플 점수 최소 180점 이상 갖추어야

외국어 특기자 중에서 영어 특기자는 토플, 토익, 텝스 등에서 일정 점수가 돼야 지원 가능하다. 보통 토익, 토플, 텝스 3가지 중에서 하나만 요구 점수를 충족시키면 지원 가능하지만 학교에 따라서는 토플만 반영하는 학교들이 있으니 유의해야 한다.

영어 특기자에 지원하기 위해서는 서울, 경기 지역은 토플 기준으로 최소 210점 이상, 지방은 최소 180점 이상 되어야 지원 가능하다.

여기서 알아두어야 할 것은 대원외고 국제화 전형, 한영외고, 이화외고, 외대 부속외고 등과 같이 점수가 높을수록 가산점을 부여하는 학교가 있는 반면 명덕, 대일, 서울외고와 같이 점수가 높아도 별도의 가산점이 부여되지 않는 학교가 있다는 점이다. 따라서 별도 가산점이 없는 학교를 목표로 하는 학생들은 어학 공인점수를 높이는 데 너무 많은 시간을 투자해서는 안 된다.

참고로 외국어 특기자의 경우 일본어는 JLPT, JPT, 프랑스어는 DELF, 스페인어는 DELE, 독일어는 ZD, 러시아어는 TORFL의 공인점수를 요구하고 있는데 서울 지역은 해당 외국어 공인점수를 요구하고 있지 않다.

그리고 2009학년도부터는 토플을 반영하지 않을 전망이기 때문에 외국어 특기자로 지원하고자 하는 학생들은 영어 공인점수 획득에 있어 좀 더 신중해야 할 것으로 보인다.

❸ 학교 내신 석차 백분율 8~10% 내에 들어야

외고에서 가장 많이 선발하는 학교 성적 우수자의 경우 학교 내신이 보통 8~10%내에 들어야 지원 가능하다. 학교 내신은 학교별로 전 과목을 보는 곳도 있고 국·영·수·사·과 등 주요 과목을 보는 곳도 있다. 내신 반영 학기는 주로 2학년 1학기에서 3학년 1학기까지다.

　학교 성적 우수자는 지원 자격뿐만 아니라 선발 방법에 있어서도 학교 내신의 비중이 절대적으로 크다. 또한 석차 백분율 순으로 선발하는 곳도 있기 때문에 학교 내신을 철저히 관리해야 한다.

❹ 학교장 추천자 전형 지원자 늘어날 듯

학교장 추천자는 전교 학생회장, 부회장을 주로 선발하는데 학급회장, 학급 부회장을 뽑는 학교도 있다. 하지만 2008학년도부터는 학생회 임원 경력이 없더라도 추천을 받을 수 있으며, 추천 인원도 크게 늘어난다. 그리고 서울권 외고의 경우 특별전형에서 성적 우수자 전형이 폐지되거나 축소되어 성적 우수자 전형에 지원하고자 했던 학생들이 학교장 추천 전형으로 몰릴 가능성이 있다. 따라서 앞으로 학교장 추천자 전형은 지원자 수도 늘어나고, 합격 점수 또한 높아질 것으로 예상된다.

❺ 일반전형은 지원 자격 제한이 거의 없다

일반전형은 대원, 한영 등 대부분 학교가 지원 자격 제한이 없다. 있더라도 특별전형보다 상당히 완화된 지원 자격을 요구한다. 지원 자격이 있는 학교도 대부분 3학년 1학기 영어 성적에서 80점 이상 또는 우 이상이면 지원 가능하다. 따라서 사실상 지원 자격이 없다고 봐야 한다.

대부분의 학생들이 자신의 내신 성적이 외고 지원 자격에 못 미치지 않나 생각하는데, 3학년 1학기 때 영어 과목만 잘 관리한다면 지원 자체를 하지 못하는 경우는 없다고 봐야 한다. 그러니 도전하기도 전에 지레 겁을 먹고 포기하는 어리석은 행동은 하지 않기를 바란다.

2 _ 과고 지원 자격에는 어떤 것들이 있을까

서울 2개 과학고 2008학년도 전형 부문별 선발 인원   (단위 : 명)

전형부문	특별전형						일반전형	모집정원
	경시대회 수상				학교장추천자	합계		
	수학올림피아드	과학올림피아드	정보올림피아드	국제올림피아드/전람회/경진대회 등				
서울과학고	18	27	5	전원 선발	20	70	70	140
한성과학고	12	23	5		30	70	70	140
합계	30	50	10		50	140	140	280

과학고 지원 자격은 외고에 비해 까다롭다. 경시대회에서 수상한 경력이 있거나 영재교육원을 수료하거나 학교 내신이 일정 등급 이내

에 들어야 지원 가능하다. 또한 경시대회 수상자, 영재교육원 수료자라 할지라도 수학, 과학 관련 학교 내신을 요구하는 경우가 많다.

경시대회는 주로 수학, 물리, 화학, 생물, 천문, 정보올림피아드, 국제올림피아드, 전국 과학전람회, 전국 학생과학발명품경진대회, 대한민국학생발명전시회, 해당 시·도 주최 경시대회 등을 반영하는데 과학고 경시대회 수상자 부문에 지원하기 위해서는 반드시 수상 경력이 있어야 한다.

경기과학고는 경시대회 수상 경력만 있으면 지원 가능하다. 그러나 서울, 한성과학고와 같이 수상 경력이 있더라도 학교 내신이 일정 등급 안에 들어야 지원 가능한 경우도 있다. 또한 의정부과학고와 같이 수상 등급에 따라 학교 내신을 추가적으로 요구하는 학교도 있으니 유의하기 바란다.

의정부과학고는 경기도 주최 수학, 과학경시대회에서 은상 이상 수상했을 경우 별도의 지원 자격이 필요 없지만 동상을 수상했을 경우에는 2학년 1학기부터 3학년 1학기까지 수학, 과학이 모두 상위 15% 이내에 들어야 지원 가능하다.

서울, 한성과학고는 특별전형으로 정원 외로 모집 인원의 10%를 영재교육원 수료자로 선발하고 있는데, 떨어질 수험생은 일반전형에 지원 가능하다. 또한 전국의 모든 과학고에서 영재교육원 수료자에게는 수상 경력이 없더라도 수상자와 동일한 지원 자격을 부여하고 있다. 또한 서울, 한성과학고를 비롯한 전국 10개 학교에서는 영재교육원 수료자에게 영재교육 수료 기관 및 수료 기간에 따른 가산점을 부여하고 있다.

입학전형 시 영재교육원 수료자 혜택이 있는 과학고

구분	지원 자격 부여	가산점 부여	정원 외 선발
학교 명	서울, 한성, 경기, 의정부, 강원, 충남, 경남, 경북, 광주, 인천, 대구, 대전, 전북, 충북, 전남, 제주, 울산, 장영실, 경산	서울, 한성, 경북, 광주, 인천, 대구, 전남, 울산, 제주, 경산	서울, 한성
학교 수	19개교	10개교	2개교

　수상 경력이나 영재교육원 수료 경험이 없는 학생은 2학년 1학기부터 3학년 1학기까지 수학, 과학 등 주요 과목 학교 내신으로 과학고 지원이 가능하다. 특별전형은 수학, 과학 주요 과목 학교 내신이 상위 3~5% 이내에 들어야 지원 가능하며, 일반전형은 수학, 과학 주요 과목 학교 내신이 상위 10~15% 이내에 들어야 지원 가능하다.

　한성과학고의 경우 특별전형은 2학년 1학기부터 3학년 1학기까지 3개 학기 수학, 과학 6과목 중 5과목이 3% 이내에 들어야 지원 가능하며, 일반전형은 2학년 1, 2학기 수학, 과학 4과목 중 3과목이 10% 이내, 3학년 1학기 수학, 과학은 각각 7% 이내에 들어야 지원 가능하다.

3 _ 자립형 사립고 지원 자격에는 어떤 것들이 있을까

자사고 지원 자격

학교 명	지원 자격
민족사관고	• 중 1학년 1학기~3학년 1학기까지 5개 학기 중 1학기 이상에서 민사고 내신 성적 산출 프로그램에 따른 자격 인정자로 텝스, 테슬, 토셀, 토플 중 한 종류의 성적표와 국어능력인증시험 성적표를 필수적으로 제출해야 함
전주상산고	• 특별－수학올림피아드 경시대회 입상자, 영재교육원 수학 부문 수료자 중에서 2학년 1학기~3학년 1학기 중 한 학기 이상 수학 석차 3% 이내에 든 수학 교사 추천자, 토플 CBT 220점(IBT 83), TEPS 684점, KBS 한국어능력시험 500점, 국어능력인증시험 4급, 태권도 4품, 학교 인정 경시대회 입상자 • 일반－지원 자격 제한 없음
현대청운고	• 특별－2학년 1학기~3학년 1학기 국·수·영·사 또는 과학 4개 교과 평균 석차 3% 이내, 2학년 1학기~3학년 1학기 국·수·영·사 또는 과학 4개 교과 평균 석차 5% 이내에 들면서 KBS 한국어능력시험 700점, 국어능력인증시험 3급, 토플 CBT 230점, TEPS 720점, TOEIC 830점, KMO 동상 이상, 올림피아드 입상자 또는 영재교육원 수료자, 특기 재능 우수자 • 일반－지원 자격 제한 없음
포항제철고	• 경상북도 소재 학생만 지원 가능 • 특별－교과별 경시대회(논술 ,수학, 영어, 과학, 정보) 수상자, 한국정보올림피아드(경시) 장려상 이상 또는 도 대표, 내신 상위 3% 이내, 토익 750점, 텝스 650점, 토플 (CBT) 215점 • 일반－포스코 임직원 자녀
광양제철고	• 전라남도 소재 학생만 지원 가능 • 특별－2학년 1학기~3학년 1학기 국·영·수 9개 과목 중 3회 이상 과목 석차 5% 이내, 시·도교육청 주최 경시대회 은상 이상, 한국정보올림피아드 시·도 대표, 토익 700점 • 일반－포스코 임직원 자녀
해운대고	• 지원 자격 제한 없음

자사고 부문별 모집 인원

(단위 : 명)

구분	특별전형		일반전형	합계
민족사관고	계열(국제, 일반) 구분 없이 150			150
전주상산고	120		240명(전북지역 우수자 60명 선발)	360
현대청운고	학교 성적 우수자	30	126	180
	교과 특기자	12		
	영재교육원 수료자	8		
	재능 우수자	4		
	계	54		
포항제철고	136		319	455
광양제철고	90		306	396
해운대고			180	180
합계				1,721

이렇게 해야 특목고 갈 수 있다

전형 방법에 따른 지원 전략

일단 지원 자격이 갖춰졌다고 생각되는 학교가 있다면 그 학교의 전형 방법에 따라 전략을 짜야 한다. 특목고 및 자사고의 전형은 일반 전형과 특별전형으로 나눌 수 있는데 특별전형은 부문에 따라 선발 방법이 다르다.

먼저 일반전형의 경우 외고는 학교 내신, 영어듣기, 구술면접(경기 도는 학업적성검사)으로 선발하고 있으며, 과학고는 학교 내신, 수학, 과학 구술면접, 각종 가산점으로 선발한다. 자립형 사립고는 학교별 로 다른데 민사고는 계열 구분 없이 1단계 서류전형, 2단계 영재판별 검사, 3단계 면접 및 체력검사로 선발한다. 상산고는 학교 내신과 국·영·수 심층면접으로 선발한다.

특별전형은 과학고의 경우 별도의 시험을 보지 않고 100% 서류전형으로만 선발한다. 경시대회 수상자는 수상 실적으로, 학교장 추천자는 학교 내신으로만 선발하게 된다. 외고는 전형 부문별, 학교별로 선발 방법이 다르다.

외고의 특별전형에는 학교 내신으로만 선발하는 전형, 구술면접으로 선발하는 전형, 영어평가를 실시하는 전형, 일반전형과 마찬가지로 학교 내신과 영어평가, 구술면접 모두 실시하는 전형 등이 있다. 특별전형에서 영어듣기를 실시하는 학교는 대원외고, 외대 부속외고, 명지외고 3개교뿐이며, 나머지 학교는 영어듣기를 실시하지 않는다.

서울 6개 외고의 경우 학교 내신으로만 선발하는 전형은 학교 성적 우수자 전형뿐이다. 대일외고, 명덕외고는 성적 우수자, 서울외고는 심화교과 성적 우수자, 한영외고는 학교장 추천자 1단계가 학교 내신으로만 선발하고 있고 이화외고는 성적 우수자, 서울외고는 전 교과 성적 우수자를 학교 내신과 구술면접으로 선발한다. 대원외고에는 성적 우수자 전형이 없다.

별도 교과형 구술면접을 실시해 선발하는 대표적인 전형으로는 학교장 추천자 전형을 들 수 있는데 대일외고, 명덕외고, 서울외고, 이화외고, 한영외고 등이 이렇게 하고 있으며, 대원외고는 학교 내신, 구술면접 이외에 영어듣기를 추가로 실시한다.

외국어 특기자는 외국어 인터뷰, 외국어 에세이, 외국어 공인점수 등으로 선발한다.

자립형 사립고의 특별전형은 상산고의 경우 학교 내신과 특기자 성적으로 선발하고, 현대청운고는 특기자 성적으로 선발한다. 부산해운대고는 특별전형 없이 일반전형으로만 선발한다.

외국어고등학교 전형 방법

구분	특별전형					일반전형
	학교 내신으로만 선발	구술면접으로 선발	영어평가로만 선발	학교 내신+구술면접+영어평가	기타	
대원외고				• 국제화 전형 (55명) • 영어 능력 우수자(25명) • 학교장 추천자(42명)		학교 내신+듣기+구술면접 (지원자 공통)
대일외고	• 교과 성적 우수자(50명)	• 학교장 추천자 (27명) • 회장, 부회장 (21명)	• 외국어 특기자 (10명) • 글로벌 리더 2단계(20명)		• 글로벌 리더 1단계(10명)/학교 내신+공인점수	
명덕외고	• 교과 성적 우수자(24명)	• 학교장 추천자 (48명)	• 영어 우수자 (8명)		• 글로벌 리더(36명)/구술면접+공인점수 • 전공어 우수자(12명)/에세이+인터뷰	
서울외고	• 심화교과 성적 우수자 (25명)	• 전 교과 성적 우수자(30명) • 리더십 전형 (20명)	• 외국어 우수자 (10명)		• 글로벌 전형(25명)/내신+공인점수	
이화외고		• 학교장 추천자 (9명) • 성적 우수자 (42명)			• 영어 특기자(20명)/공인점수+구술면접	
한영외고	• 학교장 추천자 1단계(20명)	• 학교장 추천자 2단계(50명)			• 영어 능력 우수자(20명)/내신+인증점수+영어평가 • 외국어 특기자(15명)/ • 인증점수+에세이+인터뷰	

학교 내신 반영 방법

1 _ 학교별 학교 내신 실질 반영 비율

2008학년도 서울 6개 외고 입학 전형 방법이 확정, 발표되었다. 특이할 만한 점은 학교 내신 실질 반영 비율이 평균 30~35%대로 상향 조정되었다는 것이다. 이는 2007학년도 6개 외고 평균 수준인 8%에 비하면 매우 높아진 수치다.

따라서 2008학년도 입시에서는 전 교과 2학년 1학기에서 3학년 1학기 학교 내신이 20~30% 이내에 드는 학생들은 사실상 합격이 불투명해지게 되며, 학교 내신이 10~20% 이내에 드는 학생들은 점수 차이를 극복하기 위해 영어듣기와 구술면접에서 치열한 경합을 벌일 것으로 예상된다.

❶ 대원외고, 학교 내신 실질 반영 비율 5.6%에서 30.0%로 상승

대원외고의 경우 일반전형은 50명이 늘어난 290명을 선발하고, 학교 내신 실질 반영 비율은 전년도 5.6%에서 30.0%로 올라간다. 반면에 영어듣기는 54.6%에서 37.5%로, 구술면접은 27.3%에서 25.0%로 각각 줄어든다.

중요도 순은 전년도 영어듣기 – 구술면접 – 학교 내신에서 금년도에는 영어듣기 – 학교 내신 – 구술면접 순으로 변화된다.

국제화 전형, 영어 능력 우수자, 학교장 추천 등의 특별전형에서는 전년도 학교 내신을 전혀 반영하지 않았지만 금년도에는 반영되므로 유의해야 한다.

❷ 한영외고, 일반전형 학교 내신을 통한 단계별 전형으로 전환

한영외고는 일반전형 학교 내신 실질 반영 비율이 전년도 7.5%에서 30.0%로 올라가고, 학교 내신 10% 이내에서는 최고점과 점수 차가 3점, 20% 이내에서는 8점, 30% 이내에서는 12점으로 석차 백분율에 따라 내신 점수 차가 더욱 벌어지게 된다.

일반전형에서는 단계별 전형이 처음 도입되어 1단계로 학교 내신으로만 5배수를 선발하게 되며, 2단계에서 학교 내신 성적과 영어듣기와 구술면접을 실시해 최종 선발한다. 결국 학교 성적이 나쁘면 영어듣기와 구술면접에 응시할 기회조차 사라지는 것이다.

특별전형은 전년도 45명을 선발하던 글로벌 인재 전형이 없어지고 학교장 추천자 전형이 55명에서 85명으로 대폭 늘어나며, 학교 내신이 우수한 20명을 1단계에서 우선 선발한다.

❸ 명덕외고, 교과 성적 우수자 대폭 축소, 글로벌 리더 전형 36명 신설

명덕외고는 일반전형에서 학교 내신을 6등급에서 20등급으로 조정했다. 학교 내신 반영 비율 또한 전년도 4.0%에서 30.0%로 올라간다. 영어듣기와 구술면접 반영 비율은 각각 43.1%에서 22.7%로 줄어들었다.

전년도에 96명을 선발한 교과 성적 우수자의 경우 금년도에는 24명으로 대폭 줄였고, 전형 요소에 있어서도 구술면접을 없애고 학교 내신으로만 선발한다.

❹ 대일외고, 일반전형 국·영·수 과목 학교 내신 중요도 3배 증가

대일외고는 일반전형에서 국·영·수 과목 가중치가 전년 30점에서 금년도 90점으로 올라간다. 학교 내신 실질 반영 비율은 전년도 6.7%에서 30.0%로 올라간 반면 영어듣기는 58.8%에서 41.7%로, 구술면접은 29.4%에서 20.8%로 각각 줄어들었다. 특히 2학년 1학기 학교 내신도 전년 20%에서 25%로 확대되었음에 유의해야 한다.

❺ 서울외고, 학교 내신 실질 반영 비율 서울 6개 외고 중 가장 높아

서울외고 일반전형 학교 내신 실질 반영 비율은 35.7%로 서울 6개 외고 중 가장 높다. 전년도는 22.2%였다. 영어듣기는 전년 30.8%에서 22.2%로, 구술면접은 23.1%에서 22.2%로 각각 줄어들었다.

일반전형 가중치 과목은 국·영·수 과목에서 국·영·수·사·과 과목으로 확대되었으므로 이 부분의 준비도 게을리 해서는 안 된다.

❻ 이화외고, 학교 내신 20% 이내에 들면 불이익 없다

이화외고는 학교 내신이 20% 이내에 들면 2007학년도보다 불이익은 없다. 학교 내신은 13.5%에서 30.0%로 상향 조정되었지만 학교 내신 30% 이후 학생들의 점수 차를 크게 했기 때문에 사실상 30% 이내에 들면 별다른 영향을 받지 않는다.

일반전형 학교 내신 실질 반영 비율(학교 내신 최고점과 최저점 적용하여 산출) (단위 : %)

구분	2008년					2007년				
	전형총점	교과 성적				전형총점	교과 성적			
		만점	기본점수	실질반영점수	실질반영비율		만점	기본점수	실질반영점수	실질반영비율
대원	200	60	0	60	30.0%	600	450	386.7	33.3	5.6%
대일	300	120	30	90	30.0%	300	120	100	20	6.7%
명덕	400	260	140	120	30.0%	400	260	244	16	4.0%
한영	200	100	40	60	30.0%	400	250	220	30	7.5%
서울	280	190	90	100	35.7%	270	190	130	60	22.2%
이화	340	200	98	102	30.0%	340	200	154	46	13.5%

* 비교과 성적 제외

일반전형 영어듣기, 구술면접 실질 반영 비율(학교 내신 기본점수를 차감하여 전형 총점으로 산출)

(단위 : %)

NO	2008년				2007년			
	내신 실질 반영 점수	영어듣기	구술면접	총점	내신 실질 반영 점수	영어듣기	구술면접	총점
대원	60 (37.5%)	60 (37.5%)	40 (25.0%)	160	33.3 (18.1%)	100 (54.6%)	50 (27.3%)	183.3
대일	90 (37.5%)	100 (41.7%)	50 (20.8%)	240	20 (11.8%)	100 (58.8%)	50 (29.4%)	170
명덕	120 (54.6%)	50 (22.7%)	50 (22.7%)	220	16 (13.8%)	50 (43.1%)	50 (43.1%)	116
한영	60 (40.0%)	60 (40.0%)	30 (20.0%)	150	30 (20.0%)	70 (46.7%)	50 (33.3%)	150
서울	100 (55.6%)	40 (22.2%)	40 (22.2%)	180	60 (46.1%)	40 (30.8%)	30 (23.1%)	130
이화	102 (50.5%)	50 (24.75%)	50 (24.75%)	202	46 (31.5%)	50 (34.25%)	50 (34.25%)	146

※ 비교과 성적 제외

2 _ 학교 내신 학기별 반영 비율

학교 내신은 서울 및 수도권 외고, 과고 모두 2학년 1학기에서 3학년 1학기까지 반영되는데 각 학기별로 반영 비율이 동일한 안양외고를 제외하고 모두 3학년 1학기 학교 내신 비중이 높다. 3학년 1학기 학교 내신은 안양외고가 가장 낮은 33.3%를, 대원외고는 가장 높은 60%를 반영하고 있다. 명덕, 서울, 고양, 과천, 명지, 수원, 성남외고 등 7개 외고는 40%, 대일, 한영, 이화, 김포, 동두천, 외대 부속외고 등 6개 외고는 50%를 반영하고 있다.

과고는 서울의 2개 과학고의 경우 3학년 1학기 학교 내신이 47%

서울 및 수도권 외고 일반전형 학교 내신 학기별 반영 비중 (단위 : %)

학교 명	2학년 1학기	2학년 2학기	3학년 1학기	합계
대원외고	20%	20%	60%	100%
대일외고	25%	25%	50%	100%
명덕외고	30%	30%	40%	100%
한영외고	20%	30%	50%	100%
서울외고	30%	30%	40%	100%
이화외고	20%	30%	50%	100%
고양외고	30%	30%	40%	100%
과천외고	30%	30%	40%	100%
김포외고	20%	30%	50%	100%
동두천외고	20%	30%	50%	100%
명지외고	30%	30%	40%	100%
수원외고	30%	30%	40%	100%
성남외고	30%	30%	40%	100%
외대부속	20%	30%	50%	100%
안양외고	33.3%	33.3%	33.3%	100%

서울 2개 과고 일반전형 학교 내신 학기별 반영 비중 (단위 : %)

학교 명	2학년 1학기	2학년 2학기	3학년 1학기	합계
서울과고	20.0%	30.0%	50.0%	100.0%
한성과고	26.5%	26.5%	47.1%	100.0%

이상 반영된다. 서울과학고는 2학년 1, 2학기 학교 내신 반영 비중이 다른 반면 한성과학고는 동일하고, 3학년 1학기 학교 내신 반영 비중은 한성과학고에 비해 서울과학고가 높다.

3 _ 외고, 학교 내신 어떻게 적용되나?

❶ 서울 6개 외고와 외대부속외고, 학교 내신에 전 과목 반영

서울 6개 외고와 경기권 외고 중 외대부속외고는 2학년 1학기부터 3학년 1학기까지 학교 내신에 예 · 체능을 포함한 전 과목을 반영하고 있다. 한문, 컴퓨터 등 선택과목 유무에 따라 최소 11개 과목에서 최대 12개 과목이 반영되고 있는 것이다.

전 과목이 반영되는 서울 및 수도권 외고 중 가중치를 적용할 경우 대일외고가 국 · 영 · 수 비중이 전체의 81.3%로 가장 높고, 다음으로 한영외고 58.5%, 이화외고 42.6%, 서울외고 41.7%, 대원, 명덕이 각각 39.9%, 외대부속외고가 38.1% 순이다.

음악, 미술, 체육 과목 반영 비중은 대원외고가 가장 높다. 반면 대일외고는 예 · 체능 비중이 6.3%로 서울 6개 외고 중 가장 낮다.

전 과목을 반영하는 7개 외고 중 사회, 과학 과목의 비중이 가장 높은 학교는 이화외고로 28.4%에 달하고, 대일외고가 4.2%로 가장 낮다. 대원외고는 13.4%를 반영한다.

서울 6개 외고에서는 선택과목을 최대 2과목까지 반영하고 있기 때문에 지원하려는 학생들은 예 · 체능뿐만 아니라 선택과목에도 신경을 써야 한다. 한편 외대부속외고는 1과목만 반영하고 있다.

❷ 경기권 8개 외고 국·영·수·사·과만 반영

외대부속외고를 제외한 경기권 8개 외고에서는 국·영·수·사·과 만 반영하고, 예·체능 등 나머지 과목은 반영하지 않는다. 고양, 과 천외고에서는 사회, 과학 두 과목 중 한 과목만 선택 반영하고 있다.

김포외고의 국·영·수 반영 비중은 81.9%로 서울, 경기 15개 학교 중에서 가장 높다. 다음으로 고양외고 71.6%, 과천외고 75.0% 순이다.

사회, 과학 과목은 명지, 수원, 성남, 안양외고에서 40%, 동두천외 고에서 33.6%, 김포외고에서 18.2%를 반영하고 있다.

❸ 해외파 학생 학교 내신 적용방법

외국에서 공부한 학생들은 우선 외고 지원 시점에는 반드시 국내 중 학교에 재학 중이어야 한다. 다시 말해 최소한 중학교 3학년 2학기 때 는 국내 중학교에 적을 두고 있어야 한다는 뜻이다. 국내 중학교에 재 학 중이면서 3학년 1학기까지 한 학기 이상의 학교 내신을 가지고 있 는 경우 이를 3개 학기에 적용시켜 학교 내신을 산출하고 있기 때문이 다. 2학기 이상 성적을 보유한 학생들도 학교 내신을 학교별 학교 내 신 산출 규정에 의해 3개 학기로 추정하여 산출한다.

그러나 한 학기 학교 내신 성적만으로는 특별전형 성적 우수자 전형 에는 지원할 수 없다. 성적 우수자 전형에 지원하려면 2학년 1학기부터 3학년 1학기까지의 학교 내신을 모두 갖추고 있어야 하기 때문이다.

국내 성적이 없다면 명덕, 과천, 명지, 성남, 김포, 동두천외고의 경우 일반전형에 지원할 수 없다. 그리고 이외의 학교는 영어듣기와 구술면접 성적을 토대로 학교 내신을 산출하게 되는 일종의 비교 내신을 적용한다. 한편 대원외고는 국내 성적이 없는 학생들의 석차 백분율 하락에 따른 내신 점수 감점의 폭이 국내 성적 소지자들에 비해 크다는 점에 유의해야 한다.

결과적으로 해외유학생일지라도 국내 성적을 가지고 있는 것이 유리하다고 할 수 있다. 또한 구술면접 자체가 국내 중학교 교과학습 상태를 체크하는 것이므로 국내 학교 내신이 없는 학생은 구술면접에서 불리하다는 점을 인식해야 할 것이다.

해외유학파 학생, 국내 성적이 없을 경우 지원 가능 유무

학교	국내 성적이 없을 경우	
	특별전형 지원 시	**일반전형 지원 시**
대원	전 부문 지원 가능	지원 가능
대일	학교 내신 반영 부문 지원 불가	지원 가능
명덕	학교 내신 반영 부문 지원 불가	지원 불가
서울	전 부문 지원 불가	지원 가능
이화	외국어 특기자 지원 가능	지원 가능
한영	학교장 추천자 지원 불가	지원 가능
외대부속	학교 내신 반영 부문 지원 불가	지원 가능
고양	학교 내신 반영 부문 지원 불가	지원 가능
과천	전 부문 지원 불가	지원 불가
명지	전 부문 지원 불가	지원 불가
안양	학교 내신 반영 부문 지원 불가	지원 가능(학교 내신 기본점수만 부여)
성남	전공어 우수자를 제외한 타 부문 지원 불가	지원 불가
수원		지원 가능
김포		지원 불가
동두천		지원 불가

특별전형에서는 국내 성적이 없다면 대원외고 외의 서울과 수도권 외고의 경우 외국어 특기자 부문을 제외한 나머지 부문에는 사실상 지원이 불가능하다는 점도 염두에 두어야 한다.

❹ 학교 내신 실질 반영 비율 증가에 따른 내신 점수 차 극복 방안

학교 내신 10%대를 벗어날 때에는 영어듣기, 구술면접으로 내신 점수 차를 극복하는 것이 매우 어려워 보인다.

서울 6개 외고의 2008학년도 학교 내신 실질 반영 비율은 2007학년보다 6배 정도 높아졌다. 따라서 예년의 경우 학교 내신 20%대 학생들이 일반전형의 내신 점수 차를 영어듣기와 구술면접에서 충분히 만회할 수 있었지만 앞으로는 상당히 어려워질 것으로 보인다. 그러나 대부분의 외고 일반전형에서 상위 10% 이내에서는 전년도와 비교해 내신 점수 차가 거의 없다고 할 수 있다.

일반전형 기준으로 학교 내신 20% 이내에 드는 학생이 10% 이내에 드는 학생(일반전형 학교 내신 합격자 평균 석차 백분율)과의 내신 점수 차를 만회하기 위해서는 대원외고의 경우 2008학년도에는 영어듣기 45문항 중에서 1.7문항(2007학년도 1.5문항) 또는 구술면접 11문항 중에서 1.6문항(2007학년도 0.8문항)을 더 맞아야 한다. 한영외고는 영어듣기 30문항 중에서 2.5문항(2007학년도는 1.3항목) 또는 구술면접 10문항 중에서 1.7문항(2007학년도 0.6항목)을 더 맞아야 한다.

이러한 점수 차는 2007학년도에는 극복이 가능했지만 합격자 평균 점수가 대체로 100점 만점 중에서 영어듣기는 90점, 구술면접 65점이

2008 서울 6개 외고 학교 내신 석차 백분율에 따른 최고점과의 내신 점수 차 극복 문항 수 분석

(단위 : 문항 수, %는 석차 백분율)

학교 명 / 석차 백분율		2학년 1학기	2학년 2학기	3학년 1학기	합계
대원외고	영어듣기(45문항)	1.5	6.2	13.8
	구술면접(11문항)	0.6	2.2	5.0
명덕외고	영어듣기(30문항)	2.4	4.7	5.9
	구술면접(11문항)	0.9	1.8	2.2
한영외고	영어듣기(30문항)	1.5	4	6
	구술면접(10문항)	1	2.7	4
대일외고	영어듣기(60문항)	1.2	3.5	5.9
	구술면접(10문항)	0.4	1.2	2.0
서울외고	영어듣기(30문항)	4.6	10.8	17.7
	구술면접(12문항)	1.8	4.2	7.0
이화외고	영어듣기(33문항)	2.7	8.0	14.7
	구술면접(11문항)	0.9	2.7	4.9

라는 점을 감안한다면 2008학년도의 경우 학교 내신 20%대의 학생들이 학교 내신 점수 차를 영어듣기나 구술면접을 통해 만회하는 것은 사실상 불가능할 것으로 보인다. 따라서 학교 내신이 10% 이내에 들 수 있도록 관리하는 것이 반드시 필요할 것으로 분석된다.

4 _ 과학고는 학교 내신 관리에 성공해야 합격 가능

❶ 내신 지원 자격에서 벗어날 경우 영재교육원 출신이거나 올림피아드 수상 경력 없으면 지원 불가능

과학고는 외고에 비해 특별전형, 일반전형 모두 학교 내신 지원 자격

이 매우 엄격하다. 특별전형에서는 서울, 한성, 인천과학고 등 전국 15개 학교에서 학교 내신 지원 자격을 요구하고 있으며, 일반전형에서는 충남과학고를 제외한 전국 18개 학교에서 수학, 과학, 영어, 국어 과목에 대해 학교 내신 지원 자격을 요구하고 있다.

따라서 지원하고자 하는 학교의 학교 내신 과목별 지원 자격이 석차 평균을 요구하는 것인지, 각 과목별 석차를 모두 요구하는 것인지 꼼꼼히 체크해야 한다. 과목별 각 석차를 모두 요구하는 경우 단 한 학기, 한 과목이라도 지원 자격에서 벗어난다면 실력이 아무리 좋다 해도 지원 자체가 불가능해지기 때문이다.

그러나 영재교육원 출신이거나 올림피아드 수상 경력이 있는 학생들의 지원 자격은 일반학생들보다 덜 엄격하다. 따라서 2학년 1학기부터 특별, 일반전형 학교 내신 지원 자격이 한 학기에서라도 벗어난 학생들은 영재교육원 수료 경력, 올림피아드 수상 경력 등을 반드시 갖추어야만 지원이 가능하다.

❷ 수학, 과학, 영어, 국어 반영 / 예 · 체능 등 기타 과목 미반영

전국 19개 과학고 중에서 유일하게 충북과학고에서만 학교 내신에서 전 과목이 반영된다. 서울과학고와 한성과학고를 포함한 전국 17개 과학고에서는 수학, 과학, 영어, 국어가 모두 반영되고, 의정부과학고에서는 수학, 과학, 영어 3과목이 반영된다.

서울과학고에서는 수학, 과학 70%, 영어, 국어 30%가 반영되고, 한성과학고에서는 수학, 과학 60%, 영어, 국어 40%가 반영된다. 의정

부과학고에서는 수학, 과학 80%, 영어 20%가 반영되어 수학, 과학 반영 비율이 전국과학고 중에서 가장 높다. 수학, 과학 반영 비중이 가장 낮은 학교는 충북과학고로 44.4%가 반영된다.

학기별 학교 내신은 충북과학고에서만 유일하게 1학년 내신이 반영되고, 나머지 18개 학교는 모두 2학년 1학기에서 3학년 1학기가 반영된다.

❸ 석차 백분율에 따른 학교 내신 점수 차 분석

서울과학고와 한성과학고의 경우 일반전형에서 학교 내신 5% 이내 구간에서의 점수 차가 70점 만점 중 최대 8.5점까지 발생하고, 학교 내신 10% 이내 구간에서는 최대 점수 차가 17점까지 발생한다. 따라서 석차 10%에 드는 학생이 5%에 드는 학생을 따라잡기 위해서는 서울과학고의 경우 구술면접 25점 만점 중에서 8.5점을 극복해야 하며, 한성과학고는 구술면접 27점 만점 중에서 8.5점을 극복해야 합격이 가능하다.

그러나 과학고 지원자들의 전반적인 수준을 감안할 때 학교 내신 10%대의 학생들이 내신 점수 차를 구술면접으로 극복하는 것은 불가능할 것으로 보인다. 결국 서울권의 경우 5 ~10% 구간의 학생들은 학교 내신으로 인한 점수 차를 구술면접으로 만회하겠다는 전략보다는 2학년 1학기부터 특별전형 지원 자격에 해당하는 석차 백분율 2~3% 이내에 들 수 있도록 관리하겠다는 전략이 필요할 것으로 분석된다.

학교별로는 대구과학고의 경우 5~10% 구간의 학교 내신 점수 차가 최대 22.5점이고 구술면접이 30점 만점에 불과해 전국 19개 과학고 중에서 가장 학교 내신 점수 차를 만회하기 어렵다. 충북과학고와 경북과학고, 경산과학고 역시 5~10% 구간 학생들이 학교 내신 점수 차를 구술면접으로 만회하기 힘든 학교다. 충북과학고는 구술면접 40점 만점 중에서 학교 내신 점수 차 19.5점을, 경북과학고는 구술면접 200점 만점 중에서 39.8점을, 경산과학고는 구술면접 200점 만점 중에서 39.7점을 극복해야만 한다.

한편 학교 내신 5~10% 구간 학생들이 학교 내신 점수 차를 극복하기가 다소 쉬운 학교로는 경기과학고와 의정부과학고, 광주과학고, 제주과학고 등을 들 수 있다. 경기과학고는 구술면접 110점 만점 중에서 7.5점을, 의정부과학고는 구술면접 90점 만점 중에서 7.5점을, 광주과학고는 구술면접 400점 만점 중에서 15점을, 제주과학고는 구술면접 300점 만점 중에서 10점을 극복하면 된다.

대전과학고는 1단계 서류전형에서만 학교 내신이 반영된다. 최종 합격자를 뽑을 때는 학교 내신을 보지 않고 구술면접 성적으로만 선발하게 된다.

과학고는 외고보다 학교 내신에 따른 지원 자격과 석차 백분율에 따른 점수 차가 훨씬 크게 나타난다. 따라서 학교 내신이 정해진 학교 규정에서 벗어날 경우 지원 자체가 불가능하다는 점을 처음부터 알고 준비에 임해야 하며, 학교 내신 관리에 더욱 신경 써야 할 것이다.

| 학교 내신 석차 백분율에 따른 학교별 점수차 분석 |

서울 및 수도권, 광역시 소재 과학고등학교　　　　　　　　　　(단위 : 점수)

학교 내신 석차 백분율	서울과고	한성과고	경기과고	의정부과고	인천과고
내신 최고 점수	170	170	300	300	350
1%	168.3	168.3	298.5	298.5	346.5
2%	166.6	166.6	297.0	297.0	343.0
3%	164.9	164.9	295.5	295.5	339.5
4%	163.2	163.2	294.0	294.0	336.0
5%	161.5	161.5	292.5	292.5	332.5
6%	159.8	159.8	291.0	291.0	329.0
7%	158.1	158.1	289.5	289.5	325.5
8%	156.4	156.4	288.0	288.0	322.0
9%	154.7	154.7	286.5	286.5	318.5
10%	153.0	153.0	285.0	285.0	315.0
10% 이내 최대 점수 차	17.0	17.0	15.0	15.0	35.0
5~10% 구간 최대 점수 차	8.5	8.5	7.5	7.5	17.5
구술면접 점수	25.0	27.0	110.0	90.0	130.0

학교 내신 석차 백분율	대전과고	대구과고	울산과고	장영실과고	광주과고
내신 최고 점수	200	450	250	150	300
1%	198.0	445.5	247.5	148.5	297.0
2%	196.0	441.0	245.0	147.0	294.0
3%	194.0	436.5	242.5	145.5	291.0
4%	192.0	432.0	240.0	144.0	288.0
5%	190.0	427.5	237.5	142.5	285.0
6%	188.0	423.0	235.0	141.0	282.0
7%	186.0	418.5	232.5	139.5	279.0
8%	184.0	414.0	230.0	138.0	276.0
9%	182.0	409.5	227.5	136.5	273.0
10%	180.0	405.0	225.0	135.0	270.0
10% 이내 최대 점수 차	20.0	45.0	25.0	15.0	30.0
5~10% 구간 최대 점수 차	10.0	22.5	12.5	7.5	15.0
구술면접 점수	500	30.0	80.0	100.0	400.0

도 소재 과학고등학교 (단위 : 점수)

학교 내신 석차 백분율	강원과고	충북과고	충남과고	경북과고	경산과고
내신 최고 점수	180	540	300	797	794
1%	178.2	536	297.0	789.0	786.06
2%	176.4	532	294.0	781.1	778.12
3%	174.6	528	291.0	773.1	770.18
4%	172.8	524	288.0	765.1	762.24
5%	171.0	521	285.0	757.2	754.3
6%	169.2	517	282.0	749.2	746.36
7%	167.4	513	279.0	741.2	738.42
8%	165.6	509	276.0	733.2	730.48
9%	163.8	505	273.0	725.3	722.54
10%	162.0	501	270.0	717.3	714.6
10% 이내 최대 점수 차	18.0	39.0	30.0	79.7	79.4
5~10% 구간 최대 점수 차	9.0	19.5	15.0	39.8	39.7
구술면접 점수	60.0	40.0	150.0	200.0	200.0

학교 내신 석차 백분율	경남과고	전북과고	전남과고	제주과고
내신 최고 점수	400	280	400	200
1%	396.0	277.2	396	198.0
2%	392.0	274.4	392	196.0
3%	388.0	271.6	388	194.0
4%	384.0	268.8	384	192.0
5%	380.0	266.0	380	190.0
6%	376.0	263.2	376	188.0
7%	372.0	260.4	372	186.0
8%	368.0	257.6	368	184.0
9%	364.0	254.8	364	182.0
10%	360.0	252.0	360	180.0
10% 이내 최대 점수 차	40.0	28.0	40.0	20.0
5~10% 구간 최대 점수 차	20.0	14.0	20.0	10.0
구술면접 점수	200.0	75.0	140.0	300.0

학교 내신 과목별 반영 비율 분석 (단위 : %)

학교	수학	과학	영어	국어	도덕	사회	기술,가정	체육	음악	미술	선택1	선택2	합계
서울	35.0	35.0	15.0	15.0									100
한성	30.0	30.0	20.0	20.0									100
경기	30.0	30.0	20.0	20.0									100
의정부	40.0	40.0	20.0	미반영									100
인천	30.0	30.0	20.0	20.0									100
대전	30.0	30.0	20.0	20.0									100
대구	33.3	33.3	20.0	13.3									100
울산	30.0	30.0	20.0	20.0									100
장영실	30.0	30.0	20.0	20.0			미반영						100
광주	30.0	30.0	20.0	20.0									100
강원	33.3	33.3	16.7	16.7									100
충남	30.0	30.0	20.0	20.0									100
경북	30.0	30.0	20.0	20.0									100
경산	30.0	30.0	20.0	20.0									100
경남	30.0	30.0	20.0	20.0									100
전북	26.8	26.8	23.2	23.2									100
전남	35.0	35.0	15.0	15.0									100
제주	30.0	30.0	20.0	20.0									100
충북	22.2	22.2	13.0	13.0	3.7	3.7	3.7	3.7	3.7	3.7	3.7	3.7	100

학교별 학교 내신 지원 자격(비수상자 기준)

구분	특별전형	일반전형
서울	2학년 매학기 수, 과 모두 3%, 3학년 2%	2학년 매학기 수, 과 모두 10%, 3학년 7%
한성	2학년 1, 2학기 수, 과 4개 중 3개 3%, 3학년 모두 3%	2학년 1,2학기 수, 과 4개 중 3개 10%, 3학년 모두 7%
경기	수상자 출신자만 선발	2, 3학년 매학기 수, 과, 영 모두 7%
의정부	수상자 출신자만 선발	2, 3학년 수, 과 6개 중 4개 7%
인천	2, 3학년 수, 과 6개 중 5개 1%	2, 3학년 매학기 수, 과, 영 모두 7%
대전	수상자, 영재교육원 출신자만 선발	2, 3학년 3개 학기 중 2개 학기 수, 과 모두 10%, 국, 영 20%
대구	2, 3학년 매학기 수, 과 모두 3%, 국, 영 5%	2, 3학년 수, 과 6개 중 5개 모두 10%
울산	2, 3학년 수, 과 6개 중 5개 모두 3%	2, 3학년 수, 과 6개 중 5개 모두 10% 또는 평균 10%
장영실	2, 3학년 매학기 수, 과 모두 3% 또는 평균 1%	2, 3학년 매학기 수, 과 모두 15% 또는 평균 10%
광주	2, 3학년 수, 과, 국, 영 평균 2%	2, 3학년 수, 과 과목별 평균 모두 10%
강원	수상자 출신자만 선발	2, 3학년 전 과목 평균 10% 또는 매학기 수, 과, 국, 영 모두 8%
충북	수상자 출신자만 선발	3학년 수, 과, 국, 영 평균 10%
충남	2, 3학년 매학기 수, 과 모두 4%, 국, 영 2개 학기만 모두 4%	지원 자격 없음
경북	수상자 출신자만 선발	2, 3학년 과목별 평균 수, 과 모두 10%, 국, 영 20%
경산	수상자 출신자만 선발	2, 3학년 과목별 평균 수, 과 모두 10%, 국, 영 20%
경남	2학년 2학기 또는 3학년 1학기 수, 과 모두 5%, 국 ,영 10%	2학년 2학기 또는 3학년 1학기 수, 과 모두 5%, 국, 영 10%
전북	수상자 출신자만 선발	2, 3학년 3개 학기 중 1개 학기 수, 과 모두 10%
전남	2, 3학년 중 1개 학년 수, 과, 국, 영 중 수, 과 포함 3개 교과 모두 10%	2, 3학년 중 1개 학년 수, 과, 국, 영 중 3개 교과(수, 과 포함)모두10%
제주	수상자, 영재교육원 출신자만 선발	2, 3학년 매학기 수, 과 모두 20%

경시대회를 통한 구술면접 실전 연습

특목고의 내신 성적 반영률이 올라간다는 발표가 나오면서 경시대회 수상 실적을 통해 도전하는 방법을 찾아보는 수험생들이 늘고 있다. 경시대회 수상 경력은 외고보다는 과학고에 진학하려는 학생들에게 더욱 유리할 것이다.

외고는 경시대회 수상자에게 서류전형 또는 전형부문별 지원 자격을 주기도 하지만 경시대회 수상 실적 하나만으로 뽑아주는 경우는 없다. 반면에 과학고는 경시대회 수상 실적 여부에 따라 특별전형에 지원할 수 있느냐 없느냐가 1차적으로 판가름 난다. 뿐만 아니라 일반전형에 있어서 학교 내신이 상당히 엄격하게 적용됨에도 불구하고 그 기준에서 벗어났다 할지라도 경시대회 수상 실적이 있다면 지원이 가능하다. 특별전형 시 한국수학올림피아드대회처럼 학교에서 인정하는 경시대회 수상 실적만 사정해서 뽑는 제도가 있고, 선발 인원도 상대적으로 많다.

따라서 과학고, 특히 영재학교를 준비하는 학생들은 경시대회 수상 실적이 필수불가결한 요소라 생각하고 처음부터 경시대회에 대한 대비를 철저히 하는 것이 좋다. 실제로 과학고 교사들도 경시대회를 통해 합격한 학생들이 과학고에서 가장 두각을 나타낸다고 말한다.

앞에서도 말했듯이 외고는 경시대회 수상 실적으로 뽑는 전형이 극히 일부에 불과하다. 그러나 외고에 지원하는 학생들 역시 수학경시대회나 영어경시대회 준비 자체가 구술면접에 대비하는 것으로 생각해야 한다.

특목고를 준비하는 학생이라면 경시대회를 특목고 진학을 위한 일종의 모의고사로 생각하는 것이 바람직하다. 경시대회에 참가해 보지 않은 학생들이 특목고에 합격한 사례가 극히 드물다는 사실이 이를 입증하고 있다. 즉 '경시대회 수상 실적은 특목고 합격을 위한 길'이라는 논리로 접근하지 말고 경시대회에 자주 참가하는 것 자체를 실전에 대비한 모의 트레이닝으로 받아들여야 한다.

입시를 코앞에 둔 중학교 3학년 학생들은 지원하고자 하는 특목고의 입학전형을 꼼꼼히 살펴 어떤 경시대회에 응시해야 하는지 판단한 후에 가장 적합한 경시대회를 선택하는 것이 좋다. 중2 이하 학생들은 수상 실적보다는 공신력 있는 경시대회를 선택하고, 도전할 때는 횟수나 시기를 적절히 선택해 시험 스트레스를 받지 않도록 해야 한다.

특목고 수험생들이 도전해 볼 만한 영어, 수학학력평가 및 경시대회로는 다음과 같은 것들이 있다.

1 _ 국내 주요 경시대회 비교 분석

경시대회		MBC 학력평가	성균관대 전국 영어/수학 학력경시대회	한국수학경시대회(KMC)		한국수학올림피아드 (KMO : 중등부)	
				예선	본선	1차	2차
연 시행 회수		전기, 후기 (연 2회)	전기, 후기 (연 2회)	전기, 후기 (연 2회)	전기, 후기 (연 2회)	연 1회 시행	
대상 학년 및 지원 자격		초1 ~ 중3	초1 ~ 고3	초1 ~ 고3	예선 전국 상위 10% 이내 또는 지역 상위 10% 이내	초등~중등3 (지원 자격 제한 없음)	① 중등부 1 차 시험 성적 우수자로 2차 응시 자격 부 여받은 자(전 국, 지역상 수상자 모두 포함) ② 한국수학 올림피아드위 원회에서 추 천한 자
응시 부문		학년별 별도 시험	학년별 별도 시험	학년별 별도 시험	학년별 별도 시험	중, 고 2종 분류	중, 고 2종 분류
문제 출제 형태		5지선다형 객관식	5지선다형 객관식 (20문항), 단답형 주관식(10문항)	주관식 단답형	서술형 주관식	단답형 주관식	서술형 주관식
문항 수		25문항	30문항	30문항	6문항	20문항	8문항
시험 시간		60분	90분	2시간	2시간	4시간	5시간
출제 난이도 (중3 기준)	출제 내용	해당 교과 학습 성취 평가	중등 교과 심화	중등 교과 심화	중등 교과 심화	고등 10- 가, 나 내용 포함	고등 10- 가, 나 내용 포함
	선행 학습 정도	해당 교과 심화 정도	본인 학년 심화 수준	고등 10- 가, 나	고등 10- 가, 나 심화 선행	고등 10- 가, 나	고등 수 I

2 _ 특목고 준비생들이 가장 많이 응시하는 경시대회

● 성균관대 경시대회 (5월경 실시)

- 대학 총장상은 일부 시·도 교육청에서는 장관상에 준하는 등급
  부여하고 있다.

- 객관식 형태의 20문항이 출제되고 있는 것이 특징이며, 단답형
  주관식이 10문항 출제되고 있다.

 - 각 학년의 교과 과정에서 출제되기 때문에 선행학습보다는 각
   학년 개념에 대한 심화학습 위주로 준비할 필요가 있다.

● KMC 예선 (한국수학인증시험) (4월경 실시)

 - 전 문항이 주관식 단답형 형태로 출제되고 있다.

 - 각 학년의 교과 과정에서 출제되므로 심화학습 위주로 준비할
   필요가 있고 문제를 해결하는 데 있어서 고등 10-가, 나 정도의
   선행이 도움이 된다.

● KMC 본선 (한국수학경시대회)

 - 전 문항이 서술형 주관식 형태로 출제되어 정확한 답을 구하더
   라도 풀이 과정에 있어서 논리적 사고 능력이 요구된다.

● KMO 1차 (예선)

 - 전 문항이 주관식 단답형 20문항 형태로 출제된다.

 - 중등부의 경우 예선이지만 내용은 고등 10-가, 나 형태로 출제

되고 있어 중등 교과 개념의 심화학습뿐만 아니라 고등 10-가,
나 정도의 선행학습이 필요하다.

● KMO 2차 (본선)
- 전 문항이 서술형 주관식으로 출제되고 있고, 중등부라 하더라
  도 문제를 해결하는 데 고등 수I 정도의 선행학습이 되어 있어야
  한다.

● MBC아카데미 주최, 중앙일보 후원 학력평가
- 전국 규모 학력평가로 현행 학교 교과 선행 또는 심화학습에 대
  해 정확히 평가할 수 있다는 데 의미가 있다.

성균관대 전기 영어/수학 학력경시대회 중1	한국수학인증시험(KMC) 예선 중1	한국수학올림피아드(KMO) 중등부 1차
M은 한 자리의 자연수이고, $M^{2006}+2006^M$이 5의 배수일 때, 다음 중 M의 값이 될 수 없는 것은? ① 2 　　② 3 　　③ 7 ④ 8 　　⑤ 9	집합 $S=\{n \mid n^{400}<10^{600}$, n은 자연수에서 서로 다른 두 수 x와 y를 임의로 택하여 와 의 최소공배수를 구할 때, 최소공배수의 최댓값은 얼마인가?	정수 2006^{2006}을 100으로 나눈 나머지를 구하여라.
어떤 수의 일의 자리의 수가 0 또는 5이면 그 수는 5의 배수이다. $M^{2006}+2006^M$이 5의 배수가 되려면 M^{2006}의 일의 자리의 수가 4나 9이면 된다. M=9일 때, 9를 거듭제곱해보면 일의 자리의 수는 9, 1이 반복되므로 M^{2006}의 일의 자리의 수는 1이다. 따라서 은 $9^{2006}+2006^9$은 5의 배수가 아니다. 정답 ⑤	$n^{400}<10^{600}$에서 $\left(\dfrac{n^2}{1000}\right)^{200}<1$이므로 $n^2<1000$이고 n=1, 2, … , 31이다. 따라서 이 집합 S의 서로 다른 두 수의 최소공배수가 가장 큰 경우는 두 수가 30, 31일 때이므로, 구하는 값은 30×31=930이다. 정답 930	2006은 몇 제곱하더라도 일의 자리의 수는 항상 6이다. 그런데, 6의 거듭제곱의 끝 두 자리는 6, 36, 16, 96, 76, 56, 36, 16, 96, 가 반복되므로 2006^{2006}을 100으로 나눈 나머지는 56이다. 정답 56
중 1에 나오는 수의 성질에 대한 개념을 심화시킨 형태로 거듭제곱의 규칙성과 배수의 성질을 이용하여 문제를 해결	중등 2학년의 지수법칙과 부등식의 개념을 심화시킨 형태로 부등식의 원리와 지수의 원리를 이용하여 문제를 해결	중등 1학년의 거듭제곱의 규칙에 대한 원리를 이용하여 문제를 해결

① 대회별로 문제의 수준에 차이가 있지만 한국수학인증시험 (KMC)와 한국수학올림피아드(KMO)는 문제 수준과 시험 패턴 이 동일하다.

② 성균관대 경시대회는 한국수학인증시험(KMC)보다 다소 쉽게 느껴질 수 있다.

4 _ 경시대회별 시험 난이도 분석

❶ 영어 부문(성균관대 경시대회)

대체로 평균 점수 50점~60점대 수준으로 출제

학년별 평균

(단위 : 점수)

학년	성균관대 경시대회			
	제10회	제11회	제12회	평균
초3	64.7	51.9	50.5	55.7
초4	64.4	58.7	56.8	60.0
초5	59.8	55.3	59.9	58.3
초6	66.7	57.9	63.1	62.6
중1	64.1	49.1	51.5	54.9
중2	71.0	62.0	63.1	65.4
중3	63.0	56.3	52.0	57.1

영어의 경우 대상과 장려상의 점수 편차가 그다지 큰 편이 아니다. 이는 성균관대 경시대회에만 국한되는 내용이 아니라 전체적으로 영어는 최상위권 학생들 사이에서는 점수 차가 크게 나타나지 않아 변별력이 거의 없다고 봐야 한다.

수상권 진입 커트라인 (단위 : 점수)

구분	초3			초4			초5			초6		
	10회	11회	12회	10회	11회	12회	10회	11회	12회	10회	11회	12회
대상 (1명)	97	97.1	94.1	100	100	973.	100	97.3	100	100	100	100
금상 (2명)	94.2	96	93	–	–	94.3	–	–	97.3	–	97	97
은상 (5명)	94.1	91.1	88.1	97.3	97	91.5	97.1	94.6	94.4	–	94.3	94.4
동상 (9명)	91.2	88.1	84.2	97	–	88.8	91.4	91.6	94	97	91	94
장려상 (상위 10%)	88.2	81.4	78.1	94.1	91	81.7	88.3	85.3	88.3	94	84	87.1

구분	중1			중2			중3		
	10회	11회	12회	10회	11회	12회	10회	11회	12회
대상 (1명)	100	96.1	94.4	100	100	98.4	98	96	98
금상 (2명)	98.4	96	94	98.4	96.8	98	92.4	94.3	94.1
은상 (5명)	96	92.4	92	96.4	93.9	96.4	90.7	91.9	87.6
동상 (9명)	94.4	89.5	87.5	94.4	91.4	94.5	88.2	88.8	84
장려상 (상위 10%)	88.4	78	77	90	85.9	88.9	–	82.4	–

❷ 수학 부문(성균관대 경시대회, KMC)

수학은 영어에 비해 평균점수가 KMC의 경우 20~30점대, 성균관대 경시대회는 30~50점대로 매우 낮게 나타남

학년별 평균
(단위 : 점수)

학년	성균관대 경시대회				한국수학인증시험(KMC)			
	제10회	제11회	제12회	평균	제12회	제13회	제14회	평균
초1	51.0	36.1	60.3	49.1				
초2	65.9	36.7	41.6	48.1				
초3	49.1	40.7	52.8	47.5	27.5	20.1	33.7	27.1
초4	51.3	37.2	50.8	46.4	29.7	29.2	36.0	31.6
초5	34.4	29.2	37.2	33.6	27.9	35.0	32.7	31.9
초6	45.1	49.8	35.2	43.4	25.3	29.6	33.6	29.5
중1	27.6	24.4	34.6	28.9	35.6	37.2	52.5	41.8
중2	32.2	34.8	33.3	33.4	33.9	33.6	38.6	35.4
중3	38.5	34.9	40.5	38.0	43.6	33.8	41.3	39.6

영어에 비해 수학은 수상권 진입 학생일지라도 점수 편차가 매우 크다. 결국 상위권 학생의 경우 영어보다는 수학에서 학력 차가 크게 나타나고, 대학입시에서도 수학 과목에 대한 변별력이 매우 크다고 할 수 있다.

수상권 진입 커트라인 – 성균관대 경시대회 (단위 : 점수)

구분	초1			초2			초3			초4			초5		
	10회	11회	12회	10회	11회	12회	10회	11회	12회	10회	11회	12회	10회	11회	12회
대상 (1명)	95	79	100	100	84	87	93	96	100	100	89	89	81	85	92
금상 (2명)	93	78	97	–	83	80	87	90	97	–	81	86	80	75	85
은상 (5명)	89	69	93	93	77	76	80	79	96	94	76	83	75	65	83
동상 (9명)	83	62	87	89	73	72	77	73	90	93	71	82	68	59	78
장려상 (상위10%)	78	56	83	85	60	62	70	60	79	81	60	73	57	47	59

구분	초6			중1			중2			중3		
	10회	11회	12회	10회	11회	12회	10회	11회	12회	10회	11회	12회
대상 (1명)	98	100	87	79	85	84	91	89	89	77	81	96
금상 (2명)	98	–	84	75	81	80	71	87	79	73	80	79
은상 (5명)	93	94	81	70	71	74	66	75	74	65	76	66
동상 (9명)	87	90	75	61	63	68	60	69	67	58	70	60
장려상 (상위10%)	69	75	56	44	41	50	48	53	53	58	56	60

본선 진출 커트라인(전국 기준, KMC) (단위 : 점수)

구분	세12회	제13회	제14회	평균
초3	48	38	59	48.3
초4	52	50	56	52.7
초5	54	60	55	56.3
초6	46	54	57	52.3
중1	61	59	77	65.7
중2	60	58	66	61.3
중3	71	58	66	65.0

수상권 진입 커트라인 – 한국수학인증시험(KMC) (단위 : 점수)

구분	초3			초4			초5			초6		
	12회	13회	14회	12회	13회	14회	12회	13회	14회	12회	13회	14회
대상(초등 1명, 중등 1명, 고등 1명)	97	–	–	–	–	–	–	96	–	–	–	95
최우수상(초등 1명, 중등 1명, 고등 1명)	–	–	–	–	–	99	–	95	–	96.5	–	–
금상 (1명)	92	93	96	97.5	97	98	100	86	96	95	99	83
은상 (2명)	91	90	95	95.5	91	97	97	80	–	90	93	82
동상 (4명)	83	88	93	91	87	93	90	74	–	86	87	78
장려상 (상위 10%)	29	33	26	41	20	26	9	22.	27	12	24	34

구분	중1			중2			중3		
	12회	13회	14회	12회	13회	14회	12회	13회	14회
대상(초등 1명, 중등 1명, 고등 1명)	97.5	–	–	–	–	–	–	98	90
최우수상(초등 1명, 중등 1명, 고등 1명)	95.5	–	–	–	–	–	–	96	85
금상 (1명)	92.5	93	90	97	79	100	92	83	84
은상 (2명)	89	89.5	87	95	77	98	89	80	67
동상 (4명)	79.5	88	85	90	70.5	93	84	76	61
장려상 (상위 10%)	10	20	23	20	9	27	17	1	33

| 최근 2개 학년도 경시대회 수상자 최다 배출 학교 |

초등부

순위	순위	지역	성대	KMC	KMO	합계
1	포항제철지곡초등학교	경북	118	24		142
2	포항제철서초등학교	경북	48	31		79
3	대곡초등학교	서울	29	22		51
4	영신초등학교	대구	36	1		37
5	충암초등학교	서울	37			37
6	포항제철 동초등학교	경북	29	1		30
7	형곡초등학교	경북	1	28		29
8	대현초등학교	서울	5	23		28
9	광양제철초등학교	전남	23	4		27
10	가평초등학교	부산	*			
11	대도초등학교	서울	12	12		24
12	대치초등학교	서울	23		1	24
13	내정초등학교	경기	15	7		22
14	목원초등학교	서울	10	12		22
15	압구정초등학교	서울	10	12		22
16	탄천초등학교	경기	10	10		20
17	반포초등학교	서울	14	6		20
18	영도초등학교	서울	16	4		20
19	창신초등학교	충북	14	6		20
20	서울가원초등학교	서울				
21	용산초등학교	대구	3	15		18
22	서울가주초등학교	서울	3	14		17
23	탑산초등학교	서울	1	16		17
24	서울갈산초등학교	서울	14	2		16
25	월촌초등학교	서울	16			16
26	경인초등학교	서울	14	1		15
27	서울교육대학교부설초등학교	서울	9	6		15
28	서울신동초등학교	서울	5	10		15
29	신성초등학교	서울	0	15		15
30	영본초등학교	서울				

순위	순위	지역	성대	KMC	KMO	합계
31	수내초등학교	경기	7	7		14
32	원명초등학교	서울	13	1		14
33	귀인초등학교	경기	8	5		13
34	목동초등학교	서울	13			13
35	신서초등학교	서울	12		1	13
36	원묵초등학교	서울	1	12		13
37	소사벌초등학교	경기	2	9	1	12
38	평촌초등학교	경기	4	7	1	12
39	오륜초등학교	서울	5	7		12
40	연성초등학교	인천	5	7		12

| 최근 2개 학년도 경시대회 수상자 최다 배출 학교 |

중등부

(단위 : 명)

순위	순위	지역	성대	KMC	KMO	합계
1	포항제철중학교	경북	37	33	3	73
2	월촌중학교	서울	29	6	17	52
3	귀인중학교	경기	9	17	16	42
4	대청중학교	서울	11	11	12	34
5	목일중학교	서울	14	8	9	31
6	양정중학교	서울	14	1	16	31
7	신목중학교	서울	15	1	14	30
8	대덕중학교	대전	4	11	14	29
9	신서중학교	서울	11	11	7	29
10	전주서신중학교	전북			1	
11	문정중학교	대전	5	8	11	24
12	단국대사범대학부속중학교	서울	3	8	13	24
13	오마중학교	경기	8	6	17	23
14	서일중학교	서울	8	12	3	23
15	경신중학교	대구	2	10	4	22

순위	순위	지역	성대	KMC	KMO	합계
16	대전어은중학교	대전	19	11	9	22
17	남원용성중학교	전북	11	3	4	22
18	분당중학교	경기	4	6	12	21
19	이매중학교	경기	9	4	6	20
20	중동중학교	서울			12	
21	광양제철중학교	전남	1	11	11	20
22	대화중학교	경기	3	6	12	19
23	범계중학교	경기	3	5	14	19
24	신일중학교	경기	4	4	8	19
25	정발중학교	경기	3	1	4	19
26	평촌중학교	경기	6	8	9	19
27	목동중학교	서울	4	8	8	18
28	보성중학교	서울	5	9	2	18
29	발산중학교	경기	1	5	9	17
30	미덕중학교	충북			8	
31	동북중학교	서울	3	6	8	16
32	대명중학교	서울	6	5	5	15
33	휘문중학교	서울	4	4	6	15
34	제주중학교	제주	1	9	7	15
35	중앙중학교	제주	7	6	8	15
36	백석중학교	경기	5	7	2	14
37	기전중학교	전북	1	7	6	14
38	원주삼육중학교	강원	1	8	6	13
39	과천중학교	경기	7	5	8	13
40	저동중학교	경기				
41	천천중학교	경기	4	4		13
42	대왕중학교	서울	1	3		13
43	중원중학교	서울		3		13
44	부평서중학교	인천		4		13

| 최근 2개 학년도 경시대회 수상자 최다 배출 학교 |

고등부 (단위 : 명)

순위	순위	지역	성대	KMC	KMO	합계
1	서울과학고등학교	서울	10	1	62	73
2	대구과학고등학교	대구	52	11		63
3	안양외고등학교	경기	36	20	5	61
4	경기과학고등학교	경기	12	1	44	57
5	대원외고등학교	서울	33	16		49
6	명덕외고등학교	서울	37	12		49
7	상산고등학교	전북	32	13		45
8	민족사관고등학교	강원	26	11	5	42
9	고양외고등학교	경기	19	22		41
10	한국과학영재학교	부산	1	2	35	38
11	인천과학고등학교	인천	4	1	28	33
12	현대청운고등학교	울산	12	18		30
13	의정부과학고등학교	경기	25	1	3	29
14	포항제철고등학교	경북	5	24		29
15	대전과학고등학교	대전	10	3	16	29
16	장영실과학고등학교	부산	18	1	9	28
17	신목고등학교	서울	10	16		26
18	한성과학고등학교	서울	9	14	17	26
19	한일고등학교	전북	11	6		25
20	경신고등학교	대구	18	14		24
21	강서고등학교	서울	8	12		22
22	양정고등학교	서울	10	1		22
23	경북과학고등학교	경북	9	13	11	21
24	포항영신고등학교	경북	7	5		20
25	낙생고등학교	경기	14	8		19
26	한국외국어대학교부속외고등학교	경기	10	9		18
27	서현고등학교	경기	8	11		17
28	경기고등학교	서울	6	5		17
29	수성고등학교	경기	11	8		16
30	대일고등학교	서울	8	6		16

순위	순위	지역	성대	KMC	KMO	합계
31	숙명여자고등학교	서울	10	1		16
32	한영외고등학교	서울	13	3		16
33	유신고등학교	경기	14	5		15
34	동북고등학교	서울	8	5	4	15
35	휘문고등학교	서울	10	7		15
36	군포고등학교	경기	9	6		14
37	정화여자고등학교	대구	7	3		14
38	중앙대사범대학부속고등학교	서울	8	3		14
39	명지외고등학교	경기	9	6		12
40	부천고등학교	경기	9	3		12
41	해운대고등학교	부산	6	6		12
42	반포고등학교	서울	9			12
43	영동고등학교	서울	6			12
44	한일고등학교	충남	12			12

수학, 과학 정보올림피아드대회 현황

구분	한국수학올림피아드(KMO)	한국지구과학올림피아드(KESO)	한국물리올림피아드(KPhO)	한국생물올림피아드(KBO)	한국화학올림피아드(KChO)	한국천문올림피아드(KAO)	한국정보올림피아드(KOI)
주최	대한수학회	한국지구과학회	한국물리학회	한국생물교육학회	대한화학회	한국천문학회	정보통신부
응시 과목	수학	지구과학	물리	생물	화학	천문학	정보 분야
응시 대상/응시 부문	중등, 고등부 (초, 중, 고 지원 가능)	중등, 일반고, 과학고 (중, 고 지원 가능)	중등, 고등부 (중, 고 지원 가능)	중등, 고등부 (중, 고 지원 가능)	중등, 고등부 (중, 고 지원 가능)	중등, 고등부 (중, 고 지원 가능)	초등, 중등, 고등부 (초, 중, 고 지원 가능)
개최 시작 연도	1987	2003	1998	1997	1999	2001	1984
연간 실시 횟수	연 1회	연 1회	연 1회	연 1회	연 1회	연 1회	연 1회
시행 시기	1차 : 5월. 2차 : 9월 최종(3차) : 3월	1차 : 7월 2차 : 8월(실습)	9월~10월	9월	매년 9월	5월	7월
지원 자격	응시 자격 제한 없음	① 학교당 5명 이내 학교장 추천 ② 전년도 수상자 참가 불가 ③ 민사고, 한국과학영재학교는 과학고부에 응시	공통 지원 자격: ① 시·도대회 출전자 ② 전년도 KPhO 장려상 이상 ③ 전국과학전람회 물리 분야 출전 ④ 영재교육원 재학생 및 수료자 / 중등 : 과학 과목 한 학기 이상 수를 받은 학생 고등 : 일반고는 재학생 100명당 3명 이내 (과고는 재학생 20% 이내)	중등 : 중 1, 2, 3학년 학생으로 학교당 5명 고등 : 일반고는 고 1, 2학년으로 학급 수에 따라 학교당 3~5명 과고, 민사고 영재학교는 고 1, 2학년	공통 지원 자격: ① 시·도대회 출전자 ② 전년도 KChO 장려상 이상 ③ 전국과학전람회 화학 분야 출전자 ④ 영재교육원 재학생 및 수료자 / 중등 : 과학 과목 2학기 이상 수를 받은 학생 고등 : 일반고는 재학생 100명당 3인 이내 (과고는 재학생의 10~20% 이내)	중등 : 중 1, 2, 3 학생 중 학교장 추천 (1, 2학년/3학년) 고등 : 고 1, 2학년 중 학교장 추천	초, 중, 고 학교 대표로 선발 후 시도 예선 및 본선을 거친 자

구분	한국수학 올림피아드 (KMO)	한국지구과학올림피아드(KESO)	한국물리 올림피아드 (KPhO)	한국생물 올림피아드 (KBO)	한국화학 올림피아드 (KChO)	한국천문 올림피아드 (KAO)	한국정보 올림피아드 (KOI)
				으로 학급당 2명 영재교육기관 : 기관당 3명			
시상	1차 : 상위 10% (전국상 기준) 금상 36명 은상 100명 동상 142명 장려상 612명 (이상 전 대회 중등부 기준) 지역상 별도 금, 은, 동, 장려상 2차 시험 : 금, 은, 동, 장려상	상위 20% 이내 입상 대상 : 1명 금상 : 22명 은상 : 49명 동상 : 65명 장려상 : 90명 (이상 전 대회 중등부 기준)	최우수상 : 1명 금상 : 83명 은상 : 182명 동상 : 216명 장려상 : 355명 (이상 전 대회 중등부 기준)	최우수상 : 1명 금상 : 39명 은상 : 82명 동상 : 126명 장려상 : 161명 (이상 전 대회 중등부 기준)	대상 : 1명 금상 : 113명 은상 : 248명 동상 : 343명 장려상 : 465명 (이상 전 대회 중등부 기준)	대상 : 1명 금상 : 5명 은상 : 9명 동상 : 15명 장려상 : 20명 (인원수별 입상)	상위 50% 이내 입상 대상 : 1명 (1%) 금상 : 3명 (3%) 은상 : 18명 (15%) 동상 : 29명 (50%)

6 _ 경시대회 대비 전략

❶ 경시대회는 학교 교과 선행 심화 정도부터 체크하면서 시작한다

3개월 동안 1학기 선행학습, 3개월 동안 1학기 심화학습을 번갈아 가
면서 하는 사이클을 유지해야 한다.

❷ 경시대회 준비 시기부터 선행학습, 심화학습, 사고력학습을 병행한다

최소 1개 학년 정도 선행학습 목표를 설정하고 대비해야 한다.

❸ 수상 실적에 지나치게 연연하지 않는다

앞에서 언급한 정도로 준비해야 고등학교 3학년 때 전국 최상위권 2~3% 이내(전국 60만 명 기준으로 1만 2,000~1만 8,000등. TOP5 대학이나 TOP10 대학 최고 인기학과에 지원이 가능한 수준이다)에 진입이 가능하다는 인식이 필요하다.

그리고 경시대회 준비 자체를 외고 사고력 구술면접, 과학고 수학, 과학 구술면접, 국제중학교 캠프 내용 중 수학, 과학, 영재교육원 1, 2차 시험 등에 대한 대비 과정으로 인식해야 한다.

❹ 초등 3학년 때부터 본격적으로 경시대회를 준비하고, 실전 경험을 쌓아라

초등학교 3학년 때부터 본인에게 적합한 대회에 연 1~2회 정도 출전하는 것이 바람직하다.

한 문제만 맞췄다 하더라도 절대 스트레스를 받지 않도록 하는 것이 중요하다.

인내심을 가지고 꾸준히 준비하면서 출전하는 것이 가장 중요하며, 준비 자체의 필요성을 항상 머릿속에 인식해 두는 것이 좋다.

❺ 경시대회를 통해 시험에 대한 강한 승부욕을 기르는 것도 중요하다

경시대회를 통해 실제 시험에서도 중요한 시간 안배, 답안 표기 기술 등을 익힌다.

새로운 문제를 접하며 문제 유형 변화에 따른 체감 난이도를 완화하는 조절 능력을 키운다.

학부모들은 아이가 시험을 못 봤다 하더라도 아이 스스로 이에 대해 분석하고 도전 의욕을 가질 수 있도록 도와주어야 한다.

경시대회는 최상위권 학생들에게는 학교 시험만으로는 채워지지 않는 부족한 부분을 채워주고, 중상위권 학생들에게는 상위권 진입을 위한 계기를 마련해 준다. 즉 자극을 주는 것이다.

영어, 학년별 대비 방법

영어를 유창하게 잘한다는 것과 학교 영어 성적이 뛰어나다는 것은 같다고 볼 수 없다. 영어 실력이 뛰어난 학생일지라도 성실하게 학교생활에 임하지 않는다면 시험 점수 100점을 받기 힘들다. 실제로 외국에서 오래 살다 온 학생들이 좋은 점수를 받지 못하는 예를 종종 볼 수 있다.

영어시험 성적은 특목고, 특히 외고입시에서 중요한 비중을 차지하기 때문에 소홀히 하고 넘어가서는 절대로 안 된다. 그렇다면 각 학년별로 어떻게 준비해야 내신에서 좋은 점수를 받을 수 있을까?

1 _ 중학교 1학년 – 상위권 진입 판가름 단계

1학년 영어시험은 비교적 매우 쉬운 편이다. 그리고 대부분의 학생들이 좋은 점수를 얻는다. 게다가 공부에 대한 열의도 대단해 열심히 한다. 그러나 영어 점수가 90점이 넘는다고 영어를 잘한다고 착각해선 안 된다. 교과 내용도 쉽고 양도 적어 조금만 노력하면 누구나 좋은 점수를 얻을 수 있는 것이 바로 이 시기이기 때문이다. 역으로 말하면 이 시기에는 다른 학년에 비해 상대적으로 상위권 진입이 용이하다고 볼 수 있다.

그러므로 중학교 1학년 때는 가능한 한 공부를 많이 해두어야 한다. 실력에 상관없이 기본적으로 중학교 2학년 수준의 어휘, 문법은 미리 공부해 두는 노력이 필요하다. 2학년 때부터는 갑자기 공부 양이 많아지므로 1학년 때 탄탄하게 실력을 키워놓지 않으면 크게 당황할 것이다. 차후 특목고에 진학하고자 하는 상위권 학생들은 적어도 이 시기부터 전략을 세워 중학교 3학년 수준 이상의 선행학습을 하는 것이 필요하다.

2 _ 중학교 2학년 – 단어와 문법에 대한 철저하고 전략적인 학습이 필요한 단계

1학년 때의 공부 방식으로는 2학년 학습을 감당할 수 없다. 문법이나 어휘의 수준이 상당히 높아지고 양도 많아지기 때문이다. 그만큼 더 많이 노력해야 한다는 뜻이다. 많은 학생들이 특별한 전략 없이 2학년을 보내다가 가장 중요한 3학년 때 중하위권으로 처지는 것을 보면 안타깝기만 하다.

문법은 상위권의 경우 고등학교 수준의 기본 문법책을, 중하위권 학생들은 중학교 3학년 수준의 기본 문법책을 선정하고 반복학습을 통해 완벽히 이해해 두어야 한다.

어휘는 상위권의 경우 수능 수준의 단어를 2,000~4,000개 정도는 암기해 두고, 중위권은 고1 수준의 단어, 하위권은 중3 수준의 단어를 완벽하게 습득해 놓는다면 3학년이 되었을 때 자신이 원하는 위치에 설 수 있을 것이다.

독해는 중1 때부터 자신의 어휘 수준에 맞는 책들을 선정해 매일 꾸준히 읽어 나가야 한다. 어휘나 문법을 공부하는 이유가 독해 능력을 향상시키려는 데 있음을 잊지 말아야 한다. 또한 정확하고 빠르게 읽어 내려가는 독해 연습은 듣기 능력도 향상시켜 주므로 매우 중요하다.

3 _ 중학교 3학년 – 고등학교 진학 준비 단계

중학교 3학년은 자신의 진로, 즉 특목고냐 인문계냐, 실업계냐를 결정해야 하는 시기다.

상위권 학생들은 특목고에 진학하지 않더라도 영어에 있어서만큼은 고등학교 3학년 수준의 어휘와 문법을 기본적으로 갖추고, 더 나아가 수능 수준의 많은 문제들을 공부해 놓으면 좋을 것이다. 중하위권의 학생들이라면 고등학교에 진학하기 전에 무슨 일이 있어도 수능 수준의 영어 단어 2,000개 정도는 암기하고 있어야 한다. 중등부 단계에서 이미 고등학교 수준의 어휘를 습득하고 있어야 고등학교 때 상위권 진입이 용이하기 때문이다.

과학고 선발 방법

1 _ 과학고의 **특별전형과 일반전형**

수학과 과학에 관심이 있는 학생이라면 누구나 한번쯤은 과학고를 꿈꿔 봤을 것이다. 하지만 과학고는 다른 특목고에 비해 전형 방법이 까다로워 감히 도전할 엄두를 내지 못하는 학생들도 있을 것이다. 그러나 과학고의 선발 방법을 꼼꼼히 들여다보면 자신의 실력에 따라 도전해 볼 수 있는 길이 보일지도 모르니 미리 포기하지 말았으면 한다.

과학고는 특별전형을 마친 후에 일반전형을 실시한다. 따라서 수험생들에게는 특별전형에 합격하지 못했다 하더라도 해당 학교 또는 다른 학교 일반전형에 지원이 가능하다는 장점이 있다.

특별전형은 크게 경시대회 수상자와 학교장 추천 전형으로 선발하는데 경시대회 수상자는 수학, 과학, 정보 올림피아드 등 학교가 인정하는 대회의 수상 실적을 요구받게 된다. 경시대회 수상자들은 수상 실적, 학교장 추천자들은 학교 내신 성적만으로 선발하며 별도의 시험은 없다.

일반전형은 학교 내신과 구술면접으로 선발한다. 특별전형보다 엄격하진 않지만 일반전형에서도 학교 내신 지원 자격을 반드시 갖추어야 한다. 단 한 과목이라도 지원 자격에서 벗어나면 원서조차 낼 수 없다. 예를 들어 서울과학고는 2학년 때의 수학과 과학이 모두 10% 이내에, 3학년 1학기에는 두 과목 모두 7% 이내에 들어야 한다. 그러나 경시대회 수상자의 경우 수학과 과학의 학교 내신이 10% 이내에만 들면 된다.

구술면접은 대부분의 학교에서 수학, 과학 심층면접으로 선발하는데 사실상 학교 내신보다는 구술면접에 합격 여부가 달려 있다.

2 _ 과학고 지원을 위한 사전 점검 포인트

❶ 지원 자격 요건을 갖추었는지 점검

과학고 지원자들은 우선 중학교 2학년 때부터 특별전형 또는 일반전형의 수학, 과학 등 특정 과목에 대한 학교 내신 지원 자격을 반드시 충족시켜야 한다. 즉 학교 내신의 충족 조건이 수학, 과학 과목의 평균을 말하는 것인지 각각의 과목 석차에 대한 요구 조건인지를 사전에 파악해 두어야 한다. 학교 내신 지원 자격에 못 미치면 원서를 낼 수 있는 기회조차 없을 수 없다는 점에 유의해야 한다.

❷ 실제 합격 사정 시 수학, 과학, 국어, 영어 모두 반영

서울권 소재 과학고는 학교 내신 지원 자격이 매우 까다롭다. 서울과학고는 학교 내신이 특별전형에서는 2학년 3%, 3학년 2% 이내에 들어야 하며, 일반전형에서는 2학년 10%, 3학년 7% 이내에 들어야 한다. 일반전형에서 학교 내신이 1% 하락할 때마다 전형 총점 200점 중에서 1.7점씩 감소한다.

한성과학고는 2학년 1, 2학기 때 수학, 과학 중에서 단 1회, 단 한 과목에 한해 본 범위를 벗어났을 때에만 지원이 가능하다.

경기 및 지방 소재 학교들도 해당 학교에서 요구하는 학교 내신 지원 자격을 반드시 갖추어야만 지원이 가능하며 수학, 과학뿐만 아니라 국어, 영어 과목도 대부분의 학교에서 반영하고 있다는 점을 인식해야 한다.

❸ 수학, 과학 구술면접 중학교 범위 내에서 쉽게 출제

수학, 과학 구술면접은 2007학년도부터 중학교 범위 내 수준으로 출제되어 합격 점수가 2배 이상 높아지고 있는데 2008학년도에도 2007학년도와 같은 출제 패턴을 유지한다는 방침이므로 무리한 선행학습보다는 중학교 교과 내에서 심화학습과 창의사고력학습을 하는 것이 중요할 것으로 보인다.

그러나 중학교 범위 내에서 출제된다고 해도 과학고에 지원하는 학생들 수준을 감안할 때 결국 합격 여부는 변별력이 요구되는 고난이도 문항에서 결정된다고 봐야 한다. 따라서 과학고 구술면접이 쉽게 출제된다고 해서 학습 수준을 현재보다 낮추는 것은 금물이다.

실제 과학고에 합격한 학생의 80% 정도는 고등학교 1학년 수준 이상의 학습 상태에 도달해 있다고 봐야 한다.

❹ 경기 및 지방 소재 과학고 구술면접 예년 수준 유지

2007학년도에 경기 및 지방 소재 과학고는 서울 소재 과학고와는 달리 수학이나 과학 등 구술면접 문제 수준에 큰 변화가 없었고, 2008학년도에도 특별한 변화가 없을 것으로 보인다. 따라서 경기 및 지방 소재 학생들은 구술면접이 예년 수준으로 까다롭게 출제될 것에 대비해 수학, 과학 선행학습과 심화학습을 병행해야 한다. 특히 경기권의 경우 영어문제는 수능형 독해 수준에 가까운 문제들이 출제되고 있음에 유의해야 한다.

❺ 구술면접 실시 과목 사전 체크

수학, 과학 구술면접에서 대체로 과학이 수학보다 비중이 높고, 경기과학고와 의정부과학고는 구술면접 과목에 영어 과목이 포함되어 있음에 유의한다.

❻ 영재교육원 학생들도 학교 내신을 철저히 관리

영재교육원 학생들도 2학년 1학기에서 3학년 1학기까지 수학, 과학, 국어, 영어 학교 내신을 철저히 관리해야 하고 일반전형에 지원한다는 자세로 준비해야 한다. 영재교육원 출신 학생들에 대해서도 학교 내신에서 특별한 지원 자격을 요구하는 학교들이 많아지고 있기 때문이다.

자립형 사립고 선발 방법

1_ 자립형 사립고의 현황

현재 자립형 사립고는 총 6개교가 있다. 자립형 사립고는 특목고도 일반고도 아닌 독자적인 범주에 속해 있지만 인지도나 대학 진학 실적 등에 있어서는 특목고 못지않은 수준을 자랑한다. 민족사관고, 포항제철고, 광양제철고가 자립형 사립고로 지정된 후 2002학년도에 최초로 학생들을 선발했고, 현대청운고, 해운대고, 전주상산고는 2003학년도부터 선발했다.

외고나 과학고와는 달리 졸업 후 인문계와 자연계 양쪽 모두 진출이 가능하며, 독자적인 커리큘럼을 짜서 학습한다는 매력 때문에 많은 수재들의 관심이 자립형 사립고에 몰리고 있다.

자립형 사립고의 현황 (단위 : 점수)

구분	민족사관고	전주상산고	현대청운고	해운대고	포항제철고	광양제철고
최초 모집 연도	2002학년도	2003학년도	2003학년도	2003학년도	2002학년도	2002학년도
모집 단위	전국	전국	전국	전국	경북	전남
남녀공학 여부	남녀공학	남녀공학	남녀공학	남자 학교	남녀공학	남녀공학
모집 인원	150 계열 구분 없음	360 특기자 120/ 일반 240	180 특별 54/ 일반 126	180 일반 180	455 특별 136/ 일반 319	396 특별 90/ 일반 306
학급	10학급 (국제, 일반)	12학급(인문 4, 자연 8)	6학급(인문 3, 자연 3)	6~7학급 (인문 2, 자연 5)	13학급 (인문 6, 자연 7)	11학급(인문 5, 자연 6)
재단법인	민족사관학원	상산학원	현대학원	동해학원	포스코교육재단	
이사장	최명재	홍성대	정몽준	양길용	이대공	
교장	이돈희	이현구	한태형	서수교	강석윤	최병옥
개교 연도	1996년 3월	1981년 3월	1981년 3월	1980년 3월	1981년 3월	1986년 3월
공납금 (수업료+학교운영 지원비)	375만 원/분기	105만 5,700원 /분기	77만 9,100원/ 분기	121만 7,100원/ 분기	32만 7,900원/ 분기	30만 8,000원/ 분기
장학금	22% 내외	15%이상	15% 이상	15% 이상	90% 내외	90% 내외
기숙사비	약 70만 원/월 급식비 포함	입사비 : 5만 원 운영비 : 13만 원/월 급식비 : 7,500 원/일	운영비 : 10만 2,000원/월 급 식비 : 9,000원 /일	신관 : 24만 원/ 월 구관 : 22만 원/ 월 급식비 : 9,500 원/일	-	-

    그럼 이제부터 자립형 사립고의 재단은 어디이며 각 학교마다 어
떤 특성을 지니고 있는지, 진학을 위한 자격 요건에는 어떤 것들이 있
는지 살펴보도록 하자.

2 _ 자립형 사립고의 특성

자립형 사립고는 특목고에 속하지 않으며, 일반 학교와는 달리 별도로 독립된 특수학교로 봐야 한다. 즉 학교에 따라 커리큘럼이 바뀔 수 있고, 정규 특목고의 커리큘럼을 쫓아가지 않아도 된다는 특성을 지니고 있다. 또한 특목고 및 일반계 외고에 비해 등록금이 2~3배 정도 비싸지만 20~30% 학생들에게 장학금을 줘야 한다는 규정이 있어 이를 보완해 주기도 한다.

❶ 국민공통 기본교육 과정 이수하면 나머진 자율적으로 수업 구성

자립형 사립고의 특징 중 하나는 교과 커리큘럼을 자율적으로 운영한다는 점이다. 고등학교 1학년 때 국민공통 기본교육 과정 56단위를 이수하면 고등학교 2, 3학년 때에는 학교 재량에 의해 자율적으로 구성한 수업을 받을 수 있다. 학교에 따라 조기졸업이 가능한 곳도 있고 연구수업 프로그램인 R&E 수업과 대학 이수 학점을 사전에 취득할 수 있는 AP 제도를 실시하는 곳도 있다.

❷ 인문계열과 자연계열 1:1 또는 1:2 정도로 반 편성

자사고는 6~13학급으로 구성되어 있고, 학급당 인원수는 30명 내외다. 해외 대학 진학 준비 유무에 따라 국제계열과 일반계열로 분리되어 있는 민사고를 제외한 5개 자사고에서는 인문계열과 자연계열을

1:1 또는 1:2 정도로 편성하고 있다. 따라서 대학 진학 시 동일계 특별 전형에만 특전이 주어지는 외고, 과고에 비해 대학 선택의 폭이 넓다고 볼 수 있다. 교과용 도서 또한 국민공통 과정 과목 외에는 학교에서 자율적으로 과목을 선정할 수 있기 때문에 수업에 맞는 교재를 학교별로 자체 제작하여 수업을 실시하고 있다.

❸ 산학 겸임 교원 교원 정원의 3분의 1까지 채용 가능, 전문적이고 심화된 수업 실시

자사고는 교원자격증이 없더라도 교장으로 근무할 수 있기 때문에 경영 능력이 있는 각계 인사를 초빙해 교장 직을 맡기고 있다. 또한 교감과 교사는 교원자격증이 있어야 하지만 산학 겸임 교원의 경우 교원자격증이 없더라도 교원 정원의 3분의 1까지 채용할 수 있기 때문에 수학, 과학 분야 등의 유명 교수나 학자 등을 초청하여 수업을 실시할 수 있어 학생들은 전문적이고 심화된 교과수업을 받을 수 있다.

❹ 등록금은 일반고의 3배까지 책정 가능, 민족사관고의 경우 375만 원 내외

자사고는 재정적으로 자립되어 있어 학교 재단법인이 매년 학교 운영비의 20% 이상을 부담해야 한다. 등록금은 일반 고등학교의 3배까지 책정이 가능한데 민족사관고는 분기당 370만 원, 해운대고는 120만 원, 전주상산고는 100만 원 정도다.

기숙사를 운영하는 학교는 민족사관고, 전주상산고, 현대청운고, 해운대고 등이고, 포항제철고와 광양제철고에는 기숙사가 없다. 기숙사비는 급식비를 포함하여 민족사관고의 경우 월 70만 원, 해운대고는 50만 원, 전주상산고는 40만 원 정도로 학교마다 다르다.

장학금은 전체 학생 중에서 15% 이상의 학생에게 지급하도록 의무화되어 있다. 이에 따라 민족사관고는 22% 정도, 해운대고는 15% 이상의 학생에게 장학금을 지급하고 있다. 포항제철고와 광양제철고의 경우 포스코 직원 자녀에게는 공납금 전액을 장학금으로 지급하기 때문에 장학금 지급률이 90%에 이른다.

3 _ 선발 방법

선발 방법

학교명	선발 방법
민족사관고	• 1차 서류전형, 2차 영재판별검사, 3차 면접 및 체력검사 • 2차 영재판별검사 : 인문, 사회/수리, 과학 문제 • 3차 면접, 인성면접: 서류전형 시 제출된 서류를 토대로 해당 면접 실시, 중학교 전 과정에 해당하는 학업 능력 측정
전주상산고	• 특별– 학교 내신과 특기자 성적 • 일반– 학교 내신과 심층면접(국, 영, 수 교과면접)
현대청운고	• 특별– 학교 내신으로만 선발(재능 우수자는 서류전형가 심층면접 실시) • 일반– 1차 서류전형, 2차 학업적성검사
포항제철고	• 특별– 지원 분야에 따라 수상 실적이나 성적순 • 일반– 학교 내신과 논술
광양제철고	• 특별– 지원 분야에 따라 수상 실적이나 성적순 • 일반– 학교 내신
해운대고	학교 내신, 가산점, 심층면접(수학구술평가)

4 _ 자립형 사립고 준비 시 유의할 점

① 지원 자격에 경시대회 수상 실적이 포함되어 있는 학교도 있다. 따라서 필요로 하는 공인시험을 미리 챙겨야 한다.

② 선발 시기가 일반 특목고에 비해 빠른 학교들이 있다. 하지만 반드시 진학하고자 하는 학생만 응시해야 한다. 외고 또는 과학고를 희망하는 학생은 일단 합격하면 다른 학교에 지원이 불가능하다는 것을 알고 있어야 한다.

③ 등록금과 기숙사 비용이 일반 학교에 비해 월등히 높다.

④ 포항, 광양제철고처럼 해당 지역 소재 중학교에 재학 중이어야 한다는 특별한 조건이 있는 학교가 있다. 따라서 반드시 그 학교에 진학하고자 한다면 초등 고학년 때부터 전학을 고려할 수도 있다. 이는 다분히 전략적인 접근이므로 학생의 적성과 희망 사항을 고려해서 신중히 결정해야 한다.

⑤ 상산고의 경우 일반전형 240명 중에서 60명을 전북 도내 학생들로만 선발한다.

⑥ 민사고 영재판별시험 언어, 사회, 수리, 과학 과목 중에서 학생들이 가장 많은 부담을 느끼는 과목은 과학이다. 민사고를 지원하는 학생들은 과학 과목에서 고등학교 1학년까지 선행학습을 마쳐야 하고, 수학 또한 수학 10-가, 나 정도의 선행학습을 마쳐야 한다는 것에 유의해야 한다.

⑦ 민사고에 지원하려면 2007학년도까지는 민사고 주최 경시대회를 반드시 봐야 했지만 2008학년도부터는 필수 사항이 아니다. 따라

서 민사고를 지원하는 학생 수가 많아질 수 있음에 유의해야 한다.

⑧ 민사고 지원자는 1학년 때부터 학교 내신을 관리하는 한편 학교 생활기록부, 각종 수상 실적 등 서류전형 자료를 최대한 많이 갖춰 놓는 것이 유리하다. 민사고 서류전형은 1단계에서만 보는 것이 아니라 최종 3차 심층면접 시까지 반영되고 있다. 따라서 설사 지필고사를 다소 못 봤다고 해도 서류전형 점수가 매우 높을 경우 합격할 수 있다는 점을 알고 있어야 한다.

⑨ 민사고 지원 시 토플, 텝스, 토셀 중 하나와 국어능력인증시험 성적표는 필수 제출 서류다. 따라서 반드시 사전에 응시해 놓아야 한다.

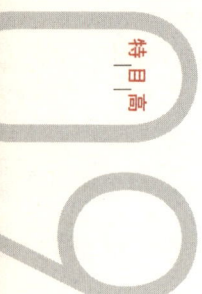

외고 선발 방법

외고 특별전형은 지원 부문에 따라 전형 방법이 각각 다르다. 특별전형에서 외국어 특기자는 영어와 비영어(독일어, 프랑스어, 스페인어, 중국어, 일본어, 러시아어) 특기자로 구분된다. 외국어 특기자 부문에서는 주로 해당 외국어 인터뷰와 에세이 평가가 동시에 진행되는데 영어에서는 토플, 텝스 등의 공인점수를 요구하고 있다.

학교 성적 우수자와 학교장 추천자의 경우는 학교 내신으로만 선발하는 학교, 학교 내신과 교과형 구술면접을 보는 학교, 학교 내신과 교과형 구술면접, 영어듣기를 실시하는 학교로 나누어진다.

따라서 특별전형에서는 본인이 어느 학교, 어느 부문에 지원하느냐에 따라 합격을 위한 전략을 달리할 필요가 있다.

일반전형에서는 지원자 공통으로 학교 내신, 영어듣기, 구술면접을 실시하는 학교가 있고, 영어듣기에 영어독해 부문을 포함하는 학교가 있으며 학교 내신으로만 선발하는 일부 지방 학교들도 있다. 서울 및 수도권 소재 외고는 모두 학교 내신, 영어, 구술면접(학업적성검사) 시험을 보고 있는데 학생들이 가장 어려워하는 분야는 구술면접(학업적성검사)인 것으로 나타나고 있다.

1 _ 서울 및 수도권 외고 특별전형 입시 종합 분석

❶ 지원 경향

2007학년도 특별전형에서는 대부분의 학교가 학교장 추천자 전형에서 초강세 경쟁률을 보였다. 학교마다 경쟁률이 20대 1을 넘나들었다. 서울에서는 서울외고가 28.40대 1로 가장 높았고, 경기권에서는 김포외고가 34.75대 1로 가장 높았다. 반면 지원 자격이 엄격한 영어 우수자 부문과 학교 내신만으로 선발하는 성적 우수자 전형의 경쟁률은 평균 약 2.7대 1 수준이었다.

❷ 출제 경향

서울 및 수도권 외고 중 특별전형에서 영어듣기평가를 실시한 학교는 대원, 외대부속, 동두천외고 등 3개 학교였는데 문제 난이도는 2006학년도보다 다소 쉽게 출제되어 수험생들의 체감 난이도는 낮은 편이다.

향후 영어듣기는 중학교 과정에서 출제하기 때문에 쉽게 출제될 전망이지만 변별력 확보를 위해 난이도 있는 문제가 일부 출제될 수 있음에 유의해야 한다.

구술면접을 실시하는 학교에서는 영어독해, 언어, 사고력, 통합사회 영역에 대한 구술면접이 실시되었는데 특히 사고력 유형에서는 예년에 출제되지 않았던 다양한 문제들이 나왔다.

언어는 시, 문학작품의 소재가 많이 다루어져 교과서 학습 및 독서량이 무엇보다 중요해졌고, 사자성어 문제는 2007학년에도 여전히 출제되었다. 영어 지문의 경우 어휘력 수준이 높아졌고, 장문 독해력이 중요해졌다. 사회 관련 부문에서는 교과 특정 단원에 대한 개념 정도를 물어보는 것이 아니라 언어와 영어, 시사적인 문제가 결합된 통합형으로 출제되었다.

대원외고의 영어듣기는 2006학년도와 동일하게 50분 동안 45문항이 출제됐는데 동·서양이과 영어듣기는 들려주는 속도가 빨랐던 2006학년도와는 달리 문제와 문제 사이에 어느 정도 시간 간격이 주어져 수험생들이 정답을 고르는 데 다소 여유가 있었다.

구술면접은 10문제가 출제되었는데 인성면접 1문항이 새롭게 출제되었다. 출제 내용은 국제화 시대에 대비하여 본인의 앞으로의 계획을 말하라는 것이었다. 수험생이 가장 어려워한 것은 사고력 문제로 복잡하게 얽힌 9개 막대기의 특정 부분을 실로 묶어 공중에 매단 그림을 보고 실을 풀었을 때 떨어지는 5개와 남아 있는 4개의 막대기를 고르는, 공간 지각 능력을 물어보는 문제였다고 한다.

대일외고는 구술면접에서 사고력 4문제, 언어 4문제, 영어 2문제로 총 10문항이 출제되었다. '수주대토(守株待兎 ; 어떤 착각에 빠져 되지도 않을 일을 공연히 고집하는 어리석음을 비유하는 말)' 라는 사자성어의 뜻을 물어보는 문제와 영어 지문 제시형에서는 수요, 공급, 인플레이션에 관한 경제 용어를 물어보는 문제 등이 특이했다. 사고력 문제에서는 일정한 수의 규칙성이 주어진 4개 층의 회전이 가능한 원통형 숫자 퍼즐에서 각 층마다 수의 규칙성을 알아내고, 각 층을 회전시켰을 때 나타날 수 있는 숫자를 찾는 문제에서 수험생들이 가장 부담을 느꼈다.

한영외고는 구술면접에서 사고력 4문제, 언어 3문제, 영어 3문제로 총 10문항이 출제되었다. 사고력은 2006학년도에 출제된 것과 유형이 다른 문제들이 출제되어 수험생들이 상당한 어려움을 느꼈다. 특히 특정 무늬가 일정 간격으로 떨어져 있는 색 테이프를 동일 무늬가 2개씩 포함되도록 자를 때의 간격을 묻는 문제가 어려웠다.

명덕외고는 구술면접에서 서울 6개 외고 중 유일하게 사회가 2문항 출제되었고, 언어, 영어 등에서는 시사적 소재를 활용한 문제들이 다수 출제됐다. 언어의 경우 영화 〈진주만〉 포스터를 보고 그와 관련된 시대를 배경으로 쓰이지 않은 작품을 고르는 문제, 사회 영역에서는 북한 핵실험 기사와 일기예보도, 한반도 기후 특성 등에 대한 자료를 주고 잘못 설명한 사람을 고르는 문제가 출제되었다. 사고력에서는 주어진 조건에서 대졸 취업자가 취업 후 벌어들이는 총소득이 고졸 취업자를 능가하는 시점을 구하라는 문제에서 어려움을 느꼈다.

서울외고는 구술면접에서 12문항이 출제되었고, 사고력 문항이 전년도 3문제에서 5문제로 늘어났다. 반면 사회 관련 문제는 2007학년도에는 출제되지 않았다. '삼순구식(三旬九食 ; 30일 동안 아홉 끼니밖에 먹지 못한다는 뜻으로, 몹시 가난함을 이르는 말)' 의 사자성어를 현진 건의 〈운수좋은 날〉의 아내가 죽는 부분과 연결시킨 문제가 나왔고, 사 고력에서는 1번 카드 1장, 2번 카드 2장, 3번 카드 3장의 형태로 10번 카드까지 주어질 때 최소한 몇 번을 뽑아야 같은 카드가 3장 나오는가 와 같이 경우의 수와 규칙성을 찾는 문제가 주를 이루었다. 영어 지문 제시형에서는 어휘력 수준이 높아야만 자료 해석이 가능했다고 한다.

이화외고는 2006학년도에는 언어와 영어문제만 출제했으나 2007 학년도에는 사고력 문제가 처음으로 3문항 출제되었다. 반면 언어는 2문제 줄어든 8문제, 영어는 3문제가 감소한 7문항이 출제되어 총 18 문항으로 서울 6개 외고 중 문항 수가 가장 많았다. 수험생들이 가장 어려워한 문제로는 반지름이 4배 작은 원이 큰 원 안쪽을 따라 돌 때, 일정 시간이 흐른 후 작은 원의 위치와 모양을 묻는 문제였다.

외대부속외고 영어듣기는 2006학년도와 같은 시간 동안 실시되었지 만 들려주는 속도가 약간 느려져 수험생의 체감 난이도는 다소 낮아졌 다. 2007학년도에 처음 실시된 글로벌 학업적성검사에서는 통합언어 5 문항과 통합탐구 15문항이 출제되었다. 언어와 통합탐구 모두 수험생들 의 체감 난이도는 낮았다. 그러나 주어진 조건들을 꼼꼼히 챙기지 않았 을 경우 정답에서 벗어날 가능성이 높았다는 점에 유의할 필요가 있다.

명지외고는 영어듣기평가를 2007학년도에 처음 실시했는데 수능 형 태의 문제들이 주류를 이루었다. 학업적성검사에서는 서울외고의 구술 면접이 사고력 위주의 구술면접이었던 것에 반해 명지외고는 수학교과 와 사고력을 결합한 형태의 문제가 출제된 것이 특징이라고 볼 수 있다.

2 _ 서울 및 수도권 외고 일반전형 입시 종합 분석

❶ 지원 경향

2007학년도 일반전형에서는 경기권 소재 9개 외고 대부분의 경쟁률이 2006학년도보다 대폭 올랐다. 이는 대부분의 학교가 기숙사 시설을 보유하고 있다는 점과 교통 시설이 편리하다는 점, 합격을 위한 하향 지원 등이 복합적으로 작용했기 때문이다. 반면에 최근 2개 연도까지 인기가 높았던 외대부속외고의 지원자 수가 2006학년도보다 절반으로 뚝 떨어진 점도 주목할 만하다. 서울 6개 외고는 모두 전년 수준을 유지하거나 소폭 상승했는데 전체적으로 특목고 지원자 수가 매년 증가하고 있다는 점에 유의해야 한다.

❷ 출제 경향

2007학년도 서울 6개 외고 일반전형 영어듣기의 경우 대원, 명덕, 한영외고는 2006학년도보다 들려주는 속도가 빨라졌고 어휘력 수준이 높아져 수험생들의 체감 난이도가 매우 높아졌다. 구술면접은 전년도와 유사하게 사고력, 언어, 영어독해, 통합사회 관련 영역이 출제되었고 문제 수준은 2006학년도와 비슷했다. 구술면접에서 서울 6개 외고 모두특정 중학교 수학교과 단원을 물어보는 문제는 단 하나도 없었다. 그러나 규칙성 찾기, 공간 지각 능력을 물어보는 사고력 문제는 2007학년도에도 여전히 출제되었는데, 이는 모든 수험생들이 어려워한 분야였다.

대원외고의 경우 영어듣기는 55분 동안 45문항이 출제되었다. 들려주는 속도가 전년에 비해 매우 빨라졌고 어휘력 수준도 높아졌다. 수험생들은 영어듣기 지문이 들리기는 했지만 내용을 파악하기 어려운, 생각을 요하는 것이어서 큰 부담을 느꼈다고 한다. 구술면접은 전체 11문항 중에서 사고력이 5문항으로 사고력 문항의 비중이 매우 높았다. 사고력의 경우 'BESETO(동북아시아 경제, 문화권을 지칭하는 말)', 'UNCTAD(국제연합 무역 개발협의회)' 등 사회교과 관련 내용을 규칙성 찾기, 경우의 수, 사고력과 연결시킨 문제가 출제되었다. 이는 최근 구술면접 문제와는 차이가 있는 독창적인 문제로 사회 관련 용어를 정확히 알고 있는 학생들에게 유리했는데 수험생들은 이 문제에서 가장 어려움을 느꼈다고 한다.

한영외고 영어듣기는 60분 동안 30문항이 출제되었다. 들려주는 지문의 길이가 2006학년도에 비해 상당히 길어졌고, 듣기 30문항 중 5문항은 창의사고력 문제가 출제되었는데 최근 연도 구술면접 사고력 문제가 영어듣기 지문으로 변환되어 출제된 것이 특징이다. 창의사고력 문제 중에서 수험생이 가장 어려워한 것은 알파벳이 적혀 있는 10개의 카드에 고유 숫자를 부여한 뒤 특정수를 만들기 위해 사용하지 않은 카드를 찾는 문제로 시간이 절대적으로 부족했다고 한다. 구술면접은 전체 10문항이 출제되었는데 사고력 4문제 중 영어독해 지문을 통한 경우의 수 관련 사고력 문제도 출제되었다.

명덕외고 영어듣기는 40분 동안 30문항이 출제되었다. 어휘력 수준이 전년에 비해 상당히 높아졌고, 문장의 길이가 길어졌다. 정답을 고르는 데 있어서도 다음 문제를 바로 들려주기 때문에 시간적으로 여유가 많이 부족했다고 한다. 또한 한영외고처럼 영어듣기에서 창의 사고력 문제가 하나 출제되었다. 구술면접 전체 11문제 중에서 4문제가 사고력 문제였는데 전년도 문제보다 난이도가 대폭 높아졌다.

대일외고 영어듣기는 50분간 60문항을 실시했다. 전년도보다 문제를 들려주는 시간 간격이 길어져 수험생들의 체감 난이도는 다소 낮아졌다. 선정 도서에서 20항목 내외로 출제한 어휘문제의 경우 난이도는 쉽지만 들려주는 내용이 짧아 집중해서 들어야 풀 수 있었다고 한다. 구술면접에서는 총 10문제가 출제되었지만 언어 관련 1문제는 시간 관계상 풀지 않도록 하여 실제로는 9문제로 평가했다. 수험생들이 가장 어려워했던 과목은 사고력으로 특히 분수대에 물이 켜지는 규칙을 주고 난 후 일정 시간 동안 분수대의 물이 특정 모양을 나타내는 경우의 수를 묻는 문제를 어려워했다.

이화외고 영어듣기는 50분간 33문항 내외로 출제되었다. 전년도에 비해 어휘가 쉬워진 반면 속도는 비슷했기 때문에 전체적인 체감 난이도는 낮았다. 수험생들이 어려워한 문제로는 다섯 개의 그래프를 보여주고 들려주는 내용에 맞는 그래프를 찾는 것이었다. 구술면접은 전체 11문항으로 언어 3문제, 영어 3문제, 사고력 3문제, 사회교과 2문제가 출제되었다. 언어와 영어는 전년에 비해 지문이 길었지만 난이도는 평이했던 반면 사고력은 조건 해석에 있어 수험생들이 많은 어려움을 겪었다고 한다.

서울외고는 영어듣기, 구술면접에서 모두 전년도와 유사한 유형으로 출제되어 수험생들의 체감 난이도 역시 비슷했다고 한다.

경기권 외고 중 외대부속외고를 제외한 고양, 명지, 과천, 안양, 김포외고 등 5개 학교는 전년도와 마찬가지로 수리사고력 문제 중에서 6문제 내외를 공동으로 출제했는데 공동 문제 3문제는 사고력 유형으로, 나머지 3문제는 교과형 심화 형태로 출제되었다.

외대부속외고의 경우 영어듣기는 전년도와 비슷한 난이도의 문제가 출제되었다. 2007학년도에 처음 실시한 글로벌 학업적성검사에서 통합언어는 문학과 사회교과 위주의 문제로, 난이도는 중학교 수준으로 출제되었다. 통합탐구 문제는 지구의 공전과 관련된 지문 속에서 달에서 태양의 거리를 구하는 문제와 휴대전화의 키패드에서 어떤 특정 번호를 가장 빨리 찾아내는 확률 구하기 문제 등이 출제되었다. 점수에 반영되는 인성면접에서는 효에 대한 생각을 물어보는 문제가 출제되었다고 한다.

명지외고의 영어평가는 듣기 20문항, 독해 20문항 전체 40문항으로 50분간 실시되었다. 문장의 길이는 전년도와 비슷했지만 어휘가 다소 쉽게 출제되어 수험생들의 체감 난이도는 낮아졌다. 그러나 독해의 경우 문법과 어법이 어려워 해석이 안 되는 문제도 있었다고 한다.

학업적성검사의 경우 수리창의력이 20문항으로 50분, 언어가 20문항으로 40분 동안 실시되었다. 수험생들은 특히 수리창의력에서 어려워했다. 그 이유는 문제를 푸는 데 시간이 오래 걸리고, 반드시 교과 심화 관련 지식이 있어야 문제를 풀 수 있었기 때문이었다고 한다.

2008학년도부터 구술면접에서 수학·과학 과목이 출제되지 않는다고 해서 사고력을 소홀히 해서는 안된다. 사고력은 논리 과목이어서 자체 영역뿐만 아니라 다른 영역과 연결되기 때문에 중요하다고 할 수 있다.

3 _ 전체 대비 전략

❶ 목표 학교를 조기에 설정해야 한다

목표 학교를 조기에 설정하는 것이 유리하다. 그 이유는 우선 목표 학교 시험 출제 유형에 적응하는 훈련 기간이 길어질 수 있기 때문이다. 특별전형에서의 선발 방식, 일반전형에서의 영어듣기, 구술면접이 학교마다 다소 차이가 있어 목표하는 학교에 맞는 입시 전략이 필요하다.

특히 서울권과 경기권이 나누어져 있어 서울권 대비 방법과 경기권 대비 방법에 차이가 있다는 점을 인식해야 한다. 따라서 크게는 서울권과 경기권 중 어느 지역을 선택하느냐를 우선적으로 결정해야 한다.

일단 서울권이냐 경기권이냐를 선택하게 되면 자기 권역에 있는 최상위권 학교를 목표로 공부를 시작하고, 최상위권 학교로 갈 것인지 중위권 학교로 갈 것인지는 시간을 두고 본인의 실력에 따라 결정하는 신중함이 필요하다.

❷ 영어듣기 속도가 빨라지고 어휘력 수준이 높아지는 것에 유의해야 한다

2007학년도 상위권 학교의 영어듣기와 어휘력 수준이 대부분 높아졌다고 수험생들은 말하고 있다. 이러한 추세는 2008학년도 입시에도 그대로 반영될 전망이다.

따라서 평소 꾸준히 어휘를 학습해 두어야 한다. 최소한 고교 3학년 이상의 어휘까지 학습해야 한다는 마음가짐으로 도전해야 한다. 듣기 속도와 관련해서는 지문이 길어짐과 동시에 속도도 빨라지고 있기 때문에 평소에 본인이 원하는 학교의 기출문제보다 더욱 빠른 속도로 연습하는 습관을 들여놓아야 한다. 또한 문제를 들려준 뒤 답을 선택하는 시간이 짧아지고 있으므로 미리 질문의 의도를 파악해 가면서 주의 깊게 듣는 연습을 해야 한다.

❸ 먼저 희망 학교 구술면접 기출문제 유형을 파악해야 한다

매년 입시에서 수험생들이 가장 어려워하는 부분은 학교별 구술면접인데 사실상 일반전형에서는 구술면접이 합격 여부를 좌우한다고 봐야 한다. 구술면접 사고력에서 수험생들은 문제의 절반 이상을 풀지 못하고 있으며 사고력의 경우에도 매년 새로운 유형의 문제들이 출제되고 있다.

따라서 수험생들은 최근 3개년도 서울, 경기권 구술면접 기출문제를 숙지하고 있어야 하고, 과년도 구술면접 기출문제가 영어듣기 문제에 출제되고 있음을 간과해서는 안 된다. 남은 기간 동안 유사한 유형의 문제들을 많이 접해 보는 것이 최선의 방법이라고 할 수 있다.

❹ 창의사고력 학습은 반드시 해야 한다

구술면접에서는 사고력 문항 수가 절반 가까이를 차지하고 있다. 이는 수험생들이 가장 부담을 느끼는 분야로 중학교 교과에서 출제한다는 원칙을 가지고 있지만 다양한 문제들이 나올 가능성이 높다.

구술면접에서 사고력 문제를 얼마만큼 자신 있게 푸느냐에 따라 합력 여부가 달려 있다고 봐도 좋다. 따라서 외고를 지원하고자 하는 학생들은 창의사고력 문제를 풀지 못하면 합격이 불가능하다고 여기고 많은 시간과 노력을 투자해야 한다. 이러한 사고력 문제는 비단 사고력에만 국한되지 않고 언어, 사회 등을 통합한 형태로도 출제되고 있다는 점과 영어듣기에서도 사고력 문제가 출제되고 있는 추세라는 점을 인식해야 한다.

❺ 수학, 국어에 자신 없는 학생은 특별전형을 노리는 전략이 필요하다

서울 및 수도권 일반전형에서는 수학, 국어 실력이 부족하면 사실상 합격이 불가능하다. 그 이유는 구술면접 때문이다. 따라서 이러한 학생들은 우선 영어 또는 외국어 특기자 부문으로 방향을 잡고 준비하는 것이 바람직하며, 학교 내신이 강한 학생들은 영어, 구술면접 시험을 별도로 보지 않는 특별전형 성적 우수자 전형 등에 지원하는 전략이 필요하다.

❻ 학교 내신, 외국어 특기자, 수상 실적 등 특별전형 지원 자격을 갖춰야 한다

일반전형에서는 학교 내신 실질 반영 비율이 상대적으로 낮기 때문에 학교 내신이 합격에 미치는 영향력은 그다지 크지 않다. 하지만 특별전형에서 가장 많이 선발하고 있는 학교 성적 우수자의 경우 지원 자격에 학교 내신이 일정 수준 이내에 들어야 한다는 것이 명시되어 있다. 따라서 최소한의 학교 내신 요건을 갖추기 위해선 3학년 1학기까지 학교 내신을 철저히 관리해야 한다. 학교 내신을 잘 관리하는 것이 구술면접에도 대비하는 길이다.

또한 2008학년도 입시에서는 외고의 경우 내신 반영 비율이 대폭 높아진다. 따라서 일반전형을 준비하는 학생들도 내신에 충분한 시간과 노력을 투자해 상위권을 유지하는 것이 중요하다.

이외에 토플, 텝스 등의 외국어 공인점수와 전국 규모 경시대회 수상 실적 등을 갖추면 그만큼 지원 기회가 많아진다는 점도 알고 있어야 한다.

❼ 독서량을 늘리고 신문, 잡지 등을 활용해야 한다

구술면접 언어 문제의 지문은 대부분 교과서가 아니라 교과서 밖에서 나온다. 따라서 평소 독서량이 얼마나 되느냐에 따라 체감 난이도가 달라진다.

한자성어도 꾸준히 학습해야 한다. 한자성어 문제가 구술면접뿐만 아니라 영어듣기에도 출제되고 있기 때문이다. 이외에도 구술면접 통합사회 영역은 시사, 상식과 관련된 부분들이 많이 출제되고 있기 때문에 평소 신문 등을 활용하여 국내외 주요 이슈 등을 빼놓지 않고 체크해 두어야 한다.

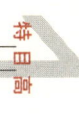

국제고 선발 방법

1 _ 국제고의 현황

현재 국제고는 영어듣기 능력을 물어보는 문제 위주로 출제하고 있지만 중하위권 외고보다는 인기가 높아질 수 있다. 기존의 부산국제고교와 청심국제고교 외에 2008학년도에 서울 혜화동에 또 하나의 국제고가 설립될 예정이기 때문이다. 입시요강은 아직 정확히 발표되지 않은 상태지만 새로 설립될 국제고는 첫해 모집이며 경쟁률 자체도 그리 높지 않을 가능성이 있어서 노려볼 만한 학교로 떠오르고 있다.

신설 국제고에 지원할 생각이 있는 학생이라면 학교 내신과 영어듣기를 소홀히 하지 않는 것이 중요하다. 그리고 공립학교 특성상 학교장 추천을 제외할 수 없기 때문에 학교장 추천을 받을 수 있는 지원 자격을 갖추는 데 주안점을 두어야 한다. 그 자격이란 영어경시대회 수상 실적이 될 수도 있고, 영어 공인점수가 될 수도 있다. 다시 말해 국제고의 특성에 맞는, 내세울 만한 국제적인 능력을 갖추는 것이 유리하다.

2 _ 청심국제고등학교 입시 전략

청심국제고의 전형 일정은 경기 및 서울 지역 외고와 동일하므로 이 점을 감안해 지원 전략을 수립해야 한다.

청심국제고의 전형 역시 특별전형과 일반전형으로 구분되는데 특별전형은 국제 인재와 학교장 추천으로 이원화된다. 특별전형 국제 인재 전형은 영어와 외국어 우수자, 외국인을 선발하고 있는데 외국어 공인점수 이외에도 해외 체류 경험, 외국 국적(부모나 본인), 해외 입상 경력 등을 가지고 있어야 지원이 가능하다.

특별전형 국제 인재 전형은 영어듣기, 에세이, 구술면접으로 학교장 추천 전형은 영어듣기, 구술면접, 서류심사로 선발한다. 합격에 가장 큰 영향을 미치는 전형 방법은 구술면접으로 전년도의 경우 수리력 문제들이 출제되었다.

일반전형은 학교 내신, 영어듣기, 에세이, 구술면접으로 선발하게 된다.

3 _ 청심국제고 입시에 대한 대담

(질의 : 하늘교육, 답변 : 청심국제고 교감 선생님)

❶ 지난해 입시에 비해 눈에 띄게 달라진 점이 무엇입니까?

서면 답변 입시요강은 원래 초중등교육법시행령에 의거 10개월 전에 교육청으로부터 승인을 받아야 합니다. 그러나 학교를 새로 세워 처음으로 학교 운영을 시작하느라 어수선한 가운데 그 시기를 놓쳐 작년 입시에 다소 어려움이 있었습니다. 올해는 그 문제점을 해소하는 입시요강을 마련하여 경기도 교육청으로부터 승인을 받았습니다.

내신 반영 비율 조정 내신 반영 비율이 작년 타 학교에 비해 10배까지 높아 우수 학생들이 지원을 망설이는 것 같았습니다. 올해는 용인외고의 절반 수준으로 반영 비율을 조정하여 서울의 우수 학생들이 지원할 수 있도록 하였습니다.

모집 정원 확대 소수 정예 인원 100명이 내신성적에는 다소 불리할 수도 있다는 판단을 하는 모양입니다. 따라서 모집 인원을 50명 늘여 내년 개교하는 서울의 국제고와 동일한 150명으로 확대합니다. 이는 특히 본교에서 우수한 프로그램으로 영어식 교육을 받고, 국내 대학 진학을 원하는 학생을 배려하는 차원에서 실시한 것입니다.

영어 인터뷰 폐지 영어로 수업하는 학교의 특성이 오해를 불러일으키는 모양입니다. 청심은 영어를 잘해야 들어가는 학교라고요. 본교는 외국인학교가 아닙니다. 국내 교육 과정을 갖추고 있는 국내의 특목고입니다. 에세이나 회화 능력이 다소 부족하더라도 학업 능력만 갖추고 있다면 충분히 따라갈 수 있습니다. 학교에서는 영어가 기준에 이르지 못하는 학생들을 위해 별도의 영어 프로그램을 제공하고 있습니다.

입시에서도 영어 에세이와 인터뷰의 상관관계가 높아 둘 다 하기에는 부담스러운 국내 학생들을 고려해 인터뷰를 폐지했습니다. 다만 일반전형에서는 에세이가 선택적입니다.

특별전형 일반전형 분리 실시 청심국제중고의 입시를 동시에 진행해야 하는 학교의 사정을 고려해 작년에는 특별전형 일정에 맞추어 한 번만 시험을 봤습니다. 그러나 올해는 타 학교처럼 특별전형과 일반전형으로 나누어 두 번을 봅니다.

❷ 지난해 구술면접과 영어듣기의 유형 및 난이도가 궁금합니다. 그리고 지난해와 비교해 올해 큰 변화가 있다면 무엇입니까?

서면 답변 영어과 입시는 듣기, 면접(구술시험, 국제전형만 해당), 쓰기(에세이)로 나눠서 치러졌습니다. 국내전형의 경우 듣기와 쓰기만 적용됐고 국제전형의 경우 듣기, 면접, 쓰기 모두 적용됐습니다.

시험 시간

교시	영역	시간	배점	비고
준비	수험생 입실	~08 : 40		
0	교사 입실	08 : 50~09 : 20		본인 확인 작업, 소지품 수거 수험생 유의 사항 고지 컴퓨터용 사인펜 배부 등
1	영어 Essay	09 : 20~10 : 10 (50분)	국제전형 - 20 일반전형 - 15	
2	영어듣기	10 : 30~11 : 00 (30분)	국제전형 - 20 일반전형 - 15	점심시간 이후 모든 물품은 체육관에 보관

듣기의 경우 총 25문항으로 구성됐는데 이 중에서 15문항은 IBT TOEFL의 듣기 수준으로 출제됐으며 단문, 중문 및 장문의 듣기 문제로 구성됐습니다. 학생들이 영어로 수업하는 데 지장이 없는지, 평소에도 Listening이 생활화되어 있는지를 점검하는 데 주안점을 두고 문제를 출제했습니다. 나머지 10문항은 평상시에 영자 신문, 국내 일간지 등을 꾸준히 읽으면서 국내 뉴스나 해외 뉴스를 듣고 있는지를 평가하는 것에 중심을 두었습니다.

문맥을 통해 어휘를 정확히 파악할 수 있는지와 뉴스와 관련된 지문을 통해 수험생이 정확히 국내 및 해외 동향에 관심을 갖고 있으며 세계정세에 대해서도 일반적으로 알아야 할 상식을 가지고 있는지를 묻는 것에 주안점을 두었습니다.

또한 시험 당시 차기 유엔 사무총장으로 선출된 반기문 장관의 연설문을 골라서 반기문 장관이 유엔에서 이루고자 하는 개혁의 내용에 대해 질문했고, 그와 관련해서 생각을 유추할 수 있는지를 체크했습니다.

전반적으로 듣기의 난이도는 하급의 문항이 40%, 중급의 문항이 30%, 상급의 문항이 30%로 구성되도록 만들었고 총 시험 시간은 약 50분이었습니다.

구술면접(Interview)의 경우는 정치, 경제 분야를 기초로 이관유 싱가포르 총리의 발언을 유추해서 답하는 고난이도의 질문과 일반적인 생활영어 수준의 질문들로 구성됐습니다. 면접에서는 일상적인 생활영어 수준의 영어를 구사하고 정확히 이해할 수 있는지를 점검했고 고난이도 문제의 경우 지원자가 실제로 평소에 다양한 독서를 통해 국제고등학교에 맞는 세계적인 감각을 갖고 있는지를 측정했습니다. 총 면접 시간은 약 10분이었습니다.

쓰기(Essay)의 경우는 두 가지 형태로 출제했는데 지원자가 한 가지 지문을 택해 작문을 하도록 했습니다. 하나는 문학작품을 인용한 글을 이용해 지원자가 평소 다양한 문학작품을 읽고 이를 통해 창작 능력을 갖추고 있는지 체크하는 문제였고, 다른 하나는 《손자병법 The Art of War》에서 손자(孫子)가 한 말을 인용해 북핵문제의 해결을 위해 군사적 행동을 취하는 것이 한국에 유리한가 아닌가에 대해 논의하는 문제였습니다. 총 배당 시간은 50분이었는데 실제로 지원자의 절반 정도가 각기 다른 형태를 선택했습니다.

이 중에서 손자병법을 인용한 문제의 경우, 정치경제학적 용어를 구사하면서 정확하게 국제정세를 분석한 뒤 나름대로 해법을 제시한 글이 특히 눈길을 끌었습니다. 이 글을 쓴 학생이 평소에 많은 글을 읽으면서 〈International Herald Tribune〉이나 다른 영자지를 주기적으로 읽었다는 것을 확연히 알 수 있었습니다. 또한 자기 나름대로 논리가 분명한 대안을 제시한 것이 눈길을 끌었습니다. 그리고 양비론(兩非論)을 통해 찬반으로 의견을 나누지 않고 중립적인 견해를 제시하는 글도 특히 채점 과정에서 눈길을 끌었던 것으로 기억됩니다.

❸ 구술면접은 경기권 외고의 학업적성검사와 비슷합니까?

서면 답변 청심국제고는 외국어고와는 다른 특목고이기 때문에 타 외고와 공동으로 문제를 출제하지 않습니다. 그러나 수도권의 특목고 대비 학생들의 편의를 위해 서울과 경기권 학업적성검사와 유사한 방향으로 출제 가닥을 잡을 예정입니다.

❹ 청심국제고 합격생들의 해외 체류 경험자는 몇 %입니까?

서면 답변 1년 이상 유학 경험자가 44% 정도 됩니다.

❺ 제출하는 외국어 공인시험 성적에 따라 가산점이 주어집니까? 또 시험 종류에 따라 입시에 끼치는 영향이 다르지는 않습니까? (예 : 텝스보다 토플)

서면 답변 인증시험 종류별, 그리고 점수대별 가산점수는 확정하여 공지하겠습니다.

❻ 에세이의 평가 기준은 무엇이고 지난해 주제는 무엇이었습니까?

서면 답변

에세이 주제

You are required to write ONE essay question. Choose ONE essay topic from the list below and write on the essay answer sheet provided. You will have a total of 50 minutes to write an essay between 200-250 words.

Note: Writing more than 250 words will NOT increase your mark.

Choose from ONE of the following:

Write an essay on one of the following:

1. The first line we are giving you is "Once upon a time," and the last line is "happily ever after." Write the story that goes in between.
OR

2. "Military action is important to the nation — it is the ground of death and life, the path of survival and destruction, so it is imperative to examine it."

Master Sun Tzu (孫子) in his Great Book 'The Art of War (孫子兵法)'

Based on the words of Sun Tzu, what do you think about the

possibility between a military action (the position of hawks) and a peaceful solution (the position of pigeons) to resolve the issue of the North Korean nuclear program? Choose one standpoint and deliver your thought freely.

에세이 평가 기준

Exceptional　　　**A: 35-40 points**

　Has a clear focus

　Has a logical organization

　Connects ideas well

　Supports ideas with examples

　Has well formed sentences

　Uses appropriate vocabulary

　Contains almost no errors

Commendable　　　**B: 30-34 points**

　Organization is predictable, does not flow well

　Lack the depth and logical organization

　Exhibit appropriate sentence variety and vocabulary

　Contains a few errors in usage, mechanics, and spelling

Proficient　　　**C: 25-29 points**

　Has a fairly clear focus but becomes obscured

Relationships between ideas are difficult to understand

Does not fully develop ideas or have supporting evidence

Has complete and varied sentences most of the time

Contains some errors but that do not confuse meaning

Basic   **D: 0−24 points**

Has a vague focus

Shows an attempt at structure and organization

Lacks important supporting evidence

Shows little sentence variety

Contains several serious errors

Confusion about meaning

❼ 합격자의 수학 선행 정도는 어떻습니까?

서면 답변 고등학교 1학년 정도입니다.

❽ 학교장 추천의 서류심사는 무엇으로 합니까?

서면 답변 학교 내신, 경력 및 수상 실적이 주된 서류심사 내용입니다.

❾ 서류전형에서 경시대회 같은 수상 실적이 영향을 끼칩니까? 만약 그렇다면 주관처나 규모에 따라 비중이 달라집니까?

서면 답변 구체적인 기준은 조율 중이지만 수상 실적 등을 반영할 예정입니다.

❿ 해외 체류 기간이 길었던 학생들과 전혀 없었던 학생들의 수업 적응도에 차이가 있습니까? 만약 그렇다면 각각 어떤 점을 보완해야 합니까?

서면 답변 해외 체류 기간이 길었던 학생들의 경우 한국 학교에서 공교육을 받은 경험이 없기 때문에 한국의 시스템에 적응하는 부분에서 힘들어하지만 국어 국사 과목을 제외한 모든 수업이 영어로 진행되기 때문에 크게 문제가 되진 않고 있습니다.

해외 체류 경험이 전혀 없었던 학생들의 경우에는 일부 과목을 제외하고 영어로 수업을 받는다는 자체가 처음에는 스트레스였을 수도 있지만 학교에서의 EOP(English Only Policy) 정착과 영어수업을 통해 영어 실력이 향상됨을 느낄 수 있었다고 합니다.

학습이라는 것은 학생 개개인의 노력과 성실도에 따라 차이가 생깁니다. 해외 체류 경험자와 비경험자 모두 장/단점이 있지만 결국 모든 것은 학생의 수업 의지에 달려 있습니다.

⓫ 분반이 어떻게 되는지 궁금합니다. 입학하자마자 국제/국내로 나뉘어 준비하게 됩니까? 만약 그렇다면 커리큘럼과 운영 방식이 전혀 다른지 궁금합니다.

서면 답변 국내 대학들은 수시모집에서 토플은 기본이고 점차 SAT, AP 등을 요구하고 있는 추세입니다. 다시 말해 국제반과 국내반 구별이 모호해지고 있다는 얘기입니다. 이런 추세에 따라 1학년은 구별 없이 운영하고 2학년부터는 희망하는 진로에 따라 분반을 합니다.

국내 교육 과정상 커리큘럼은 정규 과정에서 다르게 운영할 수가 없습니다. 다만 일부 선택과목은 다르게 운영할 수 있기 때문에 방과 후 시간에 특성에 따른 선택과목을 집중 편성해서 운영합니다. 예를 들어 국내반을 위해서는 통합논술, 언어, 사회탐구, 수리 영역 등을, 국제반을 위해서는 English Literature, US History, Economics, Biology, Chemistry, Calculus 등을 편성하여 운영합니다.

국제중 선발 방법

1 _ 국제중의 현황

특목중은 현재 국제중학교밖에 없다. 그것도 부산에 있는 부산국제중학교와 가평에 있는 청심국제중학교 2개가 전부다.

2 _ 청심국제중학교 선발 방법

부산국제중은 부산 지역 학생들만, 그것도 주로 학교 내신으로 선발하고 있기 때문에 여기서는 전국 단위로 선발하고 있는 청심국제중학교의 선발 방법에 대해서만 이야기하기로 한다.

청심국제중학교의 경쟁률은 첫해 연도에 19대 1을 기록했고, 다음
해 일반전형에서는 52대 1이라는 역대 최고의 경쟁률을 기록했다. 53
명을 선발하는 일반전형에 무려 2,766명의 지원자가 몰린 것이다.

27명을 선발하는 특별전형 영어 우수자 전형에도 445명이 지원해
17.8대 1의 경쟁률을 기록했다. 2007학년도에 청심국제중학교는 특
별전형으로 47명을 선발했고, 일반전형으로 53명을 선발했다.

청심국제중학교는 다른 특목고와 마찬가지로 특별전형, 일반전형
으로 나누어 선발하고 있으나 특별전형과 일반전형을 같은 날짜에 실
시해 단 한 번밖에 지원하지 못한다. 따라서 청심국제중학교에 지원
하고자 하는 학생들은 우선 본인의 지원 부문을 하나로 정해야 한다.

지원 자격에 있어서는 이전에 학교장 추천자 수에 있어서 학교별 4
명이라는 제한이 있었지만 2007학년도부터 사실상 제한 규정이 폐지
되어 학교장 추천만 받으면 누구나 지원이 가능하다.

청심국제중학교 선발 방법을 보면 1차는 서류전형으로 정원의 4배
수를 선발하며, 2단계로 2박 3일간 합숙 형식으로 심층면접 및 다면
평가를 실시한다. 따라서 서류전형에서 최대한 많은 요건을 갖추는
것이 1차적인 대비 전략이 될 것이다.

1차 서류전형에서는 자기소개서와 학교 생활기록부에 기재되어 있

청심국제중학교 선발 방법

단계	방법
1단계 : 서류전형	제출된 학교 생활기록부, 자기소개서 등을 근거로 정원의 4배수(400명) 선발
2단계 : 심층면접 및 다면평가 방법	2박 3일간 합숙 형식의 심층면접으로 최종 선발

는 각종 경시대회 수상 실적, 영어 능력, 학업 능력, 교내 활동 등을 종합적으로 심사한다. 또한 검증 가능한 대회의 수상 실적 및 공인된 기관에서 실시한 토익, 토플 등의 영어 성적에 대해 가산점을 부여한다. 자기소개서를 작성할 때는 모든 방면에 재능이 있다는 것을 보여주기보다는 특정 분야에 재능이 있다는 것을 보여주는 것이 보다 효과적일 것이며, 입학한 학생들이 영어 수업이 가능한지 여부에 대해서도 집중 체크하기 때문에 영어 관련 실적을 챙겨놓는 것도 중요하다.

청심국제중학교의 경우 아무리 학업 성적이 우수하다 하더라도 단체 및 기숙사 생활에 적응하지 못할 가능성이 높은 학생은 선발 과정에서 제외시킨다는 것이 근본 방침이라는 것도 알고 있어야 한다. 단체생활 여부가 집중 체크되기 때문에 학교 회장, 학급 회장 등과 같은 학생회 임원 경력도 도움이 될 것이다. 또한 자기소개서에 본인의 장단점 및 단점 극복 노력, 특기, 흥미 등도 적게 되어 있는데 단체생활에 초점을 맞춰 쓰는 것이 도움이 될 것이다.

2차 심층면접 및 다면평가에 대비해서는 특목고 구술면접과 마찬가지로 사회, 수학, 과학 등의 학업적성검사에 대비해 다양한 관련 교과 지식을 익혀놓는 것이 필요하다. 또한 신문기사, 잡지 등을 읽어두는 것이 도움이 된다. 실제로 출제된 문제들을 보면 단순한 교과 지식을 묻기보다는 일상생활에 나타나는 소재를 바탕으로 교과 지식을 묻는 문제들이 많았다. 영어면접은 개별면접, 단체면접으로 이루어지고 있으며, 실제 외고 영어 인터뷰와 같은 형식으로 진행되기 때문에 많은 연습이 필요하다.

3 _ 청심국제중 입시에 대한 대담

(질의 : 하늘교육, 답변 : 청심국제고 교감 선생님)

❶ 서류전형에서 가장 우선시하는 것이 무엇입니까? 예를 들어 외국어 공인점수가 가장 중요하다면 토플이나 텝스 같은 공인시험별로도 입시에 끼치는 영향이 달라집니까? 경시대회의 경우도 규모나 주관처에 따라 다른지요?

서면 답변   영어 능력이 가장 중요하겠지요. 내신성적이 없는 초등학교 생활기록부로 서류전형을 한다는 게 여간 고역이 아닙니다. 국부 유출 문제나 지적 수준 문제로 토플 등을 반영한다는 것은 쉽지 않은 일인 것 같습니다.

교육청의 협조 공문에 따라 EBS에서 다루고 있는 토셀을 반영할 수 있는 방안을 심도 있게 검토하고 있습니다. 더불어 고려대 등과 함께 경시대회도 추진하고 있습니다. 그러나 아직 확정된 것은 없습니다. 4월 중에 최종 모집요강이 나올 것으로 기대합니다.

전화 보충 질의 답변

1. 초등학교 학교 내신은 사실상 반영하지 않습니다.
2. 1차 서류전형에서 토플점수를 가지고 있었던 인원은 극히 일부에 불과하며, 사실상 초등학교에서 토플을 본다는 것은 학교 입장에서도 쉽지 않다고 생각합니다.

따라서 서류전형을 위해 반드시 토플시험을 보아야 한다는 일부 주장은 학교의 입장에서 보면 근거 없는 주장입니다.

3. 서류전형에서는 증빙서류가 매우 중요합니다. 수학 분야, 영어 분야, 과학 분야, 예체능 분야에서 특기적 재능을 보유하고 있음을 증명하는 각종 수상 실적 자료 등을 매우 중요하게 보고 있습니다.

❷ 심층면접을 처음 실시하셨는데 학교에서는 어떻게 평가하고 계십니까? (평가 기준이나 분야별 출제 비중, 유형, 난이도, 운영 등)

서면 답변 작년에 심층면접 출제위원장으로 교육대 교수님을 모셨는데, 문제 출제는 철저하게 초등학교 교육 과정에서 한다는 원칙을 세웠습니다. 초등학교 교과서를 옆에 두고 문제를 출제했습니다.

교과서 내의 주제나 내용에 대해 깊이 생각하고 그 생각을 논리적으로 설명하고 표현하는 데 주안점을 두었습니다. 물론 생각의 깊이가 제일 중요한 요소이겠지요.

4배수 중에서 1배수는 일단 영어 능력에서 탈락하고 나머지는 학업 능력으로 최종 선발했습니다. 본교는 영어가 아니라 학업 능력이 뛰어난 아이를 필요로 하기 때문이죠. 혹시 영어가 다소 부족하더라도 본교 영어보충 프로그램을 통해 자연스럽게 해결할 수 있습니다.

전화 보충 질의 답변

1. 심층면접에서는 학업 능력에 대한 평가를 가장 우선적으로 합니다.

2. 영어는 인터뷰 등으로 4배수 중에서 1배수는 일단 탈락시키고, 나머지 분야는 수학+사회, 수학+과학에 관련된 학업 능력을 집중 평가하고 있는데 원칙적으로 지필고사는 실시하지 않고 있습니다.

❸ 인터뷰로만 영어 능력을 평가하는 데 어려움이 있지는 않습니까? 지필고사에 대한 의견들도 있었던 걸로 알고 있습니다.

서면 답변 아시다시피 지필고사는 금지되어 있습니다. 자기 생각을 발표하는 능력도 중요하다고 볼 때 문제는 없는 것으로 봅니다. 다만 시간이 많이 소요되는 관계로 아이들에게 충분한 시간을 두고 말 그대로 심층면접을 할 수 없다는 단점은 있겠지요. 그러나 현재로서는 만족합니다.

❹ 지난해와 크게 달라지는 점은 무엇입니까? 선발 방식이나 평가 방법에 변화는 없습니까?

서면 답변 토론을 통해 일정 인원수의 아이들을 선발했으면 합니다만, 어려운 점이 많아 고민 중입니다. 그 외는 현재로서는 큰 변화가 없을 것으로 봅니다. 그리고 경기권에 속한 학교로 경기도 지역에 우선하여 일정 수의 아이들을 선발하는 방안도 협의 중이지만, 쉽지는 않을 것 같습니다.

❺ 지난해와 비교하여 심층면접의 평가 항목이나 방법, 유형, 난이도 변화는 어떨 것으로 예상하십니까?

서면 답변 작년의 결과에 만족하기 때문에 위 항목 이외의 큰 변화는 없을 것 같습니다.

❻ 1년 등록금은 얼마입니까? 또 기숙사 비용은요?

서면 답변 등록금은 분기별 87만 7,000원이고 기숙사비는 한 달에 60만 원입니다. 따라서 1년 총 학비는 908만 4,000원입니다.

❼ 수업은 100% 영어로만 진행됩니까?

서면 답변 국어와 국사를 제외한 모든 과목이 영어로 진행됩니다. 교사 채용 시에 반드시 영어 공개수업을 하도록 하고 있는데 전체 교사의 30% 이상이 원어민입니다.

❽ 중도 탈락 또는 전학하는 학생의 비율은 어느 정도입니까?

서면 답변 일부 기숙사 생활에 적응하지 못하거나 과학고 진학을 위해 전학 혹은 유학 가는 학생들이 있습니다. 작년 한 해 동안 10명 정도의 전학생이 있었습니다.

❾ 특정 종교라서 불이익을 받았다는 이야기가 있는데, 특정 종교와의 연관성은 어떻게 이해해야 합니까?

서면 답변 학생 선발 및 학교생활에서 특정 종교를 배타하거나 강요하지 않습니다. 다만 국제문화의 이해 측면에서 1주일에 1시간 종교 시간이 배정되어 있습니다. 이 시간에 학생들은 교목이 아닌 문학박사인 외국인 교사로부터 영어 원서를 교재로 불교, 기독교 등 여러 종교를 배우게 됩니다.

청심국제중 심층면접 문제

다음 표는 우리나라 수출 상품의 그룹별 변화를 나타낸 것이다.

우리나라 수출 상품의 그룹별 변화   (단위: %)

연도 산업 그룹	1980	1985	1990	1995	2000	2005
1차 산업 제품	7	6	5	5	2	7
경공업 제품	47	38	39	24	20	11
중화학·첨단 제품	46	56	55	71	78	82

질문에 답하시오.

(1) 1차 산업의 특징을 제품의 예를 들어 설명해 보시오. 그리고 최근 경공업 제품의 수출 변화 양상을 설명하고, 그 변화의 이유를 말하시오.

(2) 1982년의 중화학·첨단 제품의 수출 비중(%)을 예상하고, 그

이유를 설명하시오.

그리고 이런 추세가 지속됐을 때 2010년의 경공업 제품의 수출 비중(%)을 예상하고, 그 이유도 설명하시오.

(3) 1995년과 2005년 수출 상품의 그룹별 변화를 비교하고자 한다. 1995년 1차 산업 제품에 대한 중화학·첨단 제품의 비율과 2005년 1차 산업 제품에 대한 중화학·첨단 제품의 비율을 구하고, 이 결과를 이용하여 1995년과 2005년도의 위 두 그룹 간의 변화를 설명하시오.

**특목고와 국제중을 위한 해외유학, 이득인가?
독인가?**

이득이라고도 독이라고도 쉽게 단정 지을 수 없다. 여기에는 현재 해외유학 사업에 종사하는 사람들이 국제중과 특목고 입시의 전형 방법, 특히 지원 자격을 가지고 장난을 치는 경우가 많다는 것도 하나의 원인으로 작용한다. 국제중 특별전형의 경우 2개국 이상에서 해외유학을 하면 유리하다든지, 외고 특별전형의 경우 국제 전형, 글로벌 인재 전형이 점차 늘어나고 있다든지 하는 것을 이용해 무작정 유학을 보내는 쪽으로 유도하고 있는 업체들이 많은 것이다.

이들은 크게 두 부류로 나누어진다. 그중 하나는 특목고 입시를 정확하게 분석하지 않은 상태에서 해외유학을 호도하는 부류인데 10년 넘게 단기 캠프나 방학 동안의 어학연수 프로그램을 운영해 온 업체들이 대부분 여기에 속한다. 다른 하나는 특목고 입시에 유리하다는 이유로 아이들을 끌고 해외로 나가는 부류인데 입시를 꾸준히 운영해

왔고 현재도 운영하고 있지만 해외유학 쪽에 실무 경험이 거의 없는 업체들이 대부분 여기에 속한다.

해외유학의 가장 큰 문제점 중의 하나가 기대한 만큼 어학 실력이 높아져서 온다는 보장이 없다는 것이다. 또한 공인된 시험을 보고 오는 경우가 거의 없기 때문에 실력이 향상되었는지 객관적으로 평가하기도 힘들다. 사정이 이렇다 보니 구술면접에서 대부분 합격 여부가 결정되는데 해외유학에 시간을 들이느라 수학 등 기초 과목까지 망치고 오는 경우가 종종 있다.

또한 "수학과 국어까지 해주겠다", "모든 것이 다 된다"며 무슨 중국집 메뉴처럼 다양하게 제시하는 사항들을 따라 하다가 실패한 학생과 학부모들이 많은데 그와 함께 사업 운영에 실패하는 업체들도 덩달아 늘어나고 있다.

학생들을 유학 보내 본 경험도 없이 특목고 입시에 영향이 있다는 이유만으로 끌고 나간다든지, 특목고 입시가 무엇인지 정확히 인지하지도 못한 상태에서 무조건 유학을 보내는 것 모두 위험하기 짝이 없는 일이다.

지금은 해외유학을 해서 국내 특목고를 거쳐 국내 대학에 진학하겠다는 것보다는 차라리 해외유학을 가서 그 나라의 대학까지 가겠다는 쪽으로 판도가 바뀐 상황이다. 해외유학 갔다가 다시 특목고에 들어와 국내 대학에 가겠다는 것은 옛날 생각인 것이다.

해외에 나갔다가 아예 그 나라 대학에 진학하겠다는 결심을 하고 장기 계획을 세우는 것은 올바른 방법이다. 그런데 다시 돌아와 국내 대학에 가겠다는 것은 유학사나 특목고 입시기관들이 지나치게 자기 중심적으로 만든 상업성에 휘둘린 탓이라고 볼 수 있다. 다만 가족 중에 유학이나 해외 체류 경험이 있는 사람이 있어서 믿을 만한 정보를 가지고 움직인다거나 믿을 만한 곳을 통해 유학을 가서 어학 실력을 높인다는 포인트만 확실하다면 유리한 고지를 점할 수 있다는 점은 부인할 수 없는 사실이다. 그러나 해외유학은 시간과 노력이 많이 소요되기 때문에 영어 외의 과목들의 실력을 한국에서처럼 쌓을 수 있는가, 그 부분의 실력이 떨어지지 않을 자신이 있는가를 신중하게 생각해야 한다.

책만 싸들고 가면 해외유학 현장에서 방과 후에 가르쳐준다는 말을 믿어서는 안 된다. 어느 정도 수준의 강사가 유학 현장까지 따라가서 가르쳐줄 수 있는지 알 수 없고, 또한 핵심 과목들에 대한 지도는 국내 프로그램을 쫓아갈 수 없기 때문에 이 모든 면을 종합적으로 고려해서 판단해야 한다.

해외 체류 경험 학생의 특목고 공략법

외국에서 살다 들어와 영어로 유창하게 대화할 수 있다는 것만으로는 부족하다. 공인점수가 있느냐 없느냐에 따라 특목고 입시 성공 여부가 갈리기 때문이다. 영어는 유창하게 잘하지만 공인점수가 없는 상태라면 우선 자신의 수준이 어느 정도인지, 특목고에 지원할 수 있는 수준에 이르러 있는지, 공인시험을 보면 높은 점수를 받을 수 있는지하는 것부터 점검해 보는 것이 필요하다. 일단 공인점수를 가지고 있는 것이 가장 유리하고, 공인점수가 없다면 선발시험에 있어서 유리한지 불리한지, 지원하고자 하는 학교의 전형을 꼼꼼히 체크해 봐야 한다.

영어는 잘하지만 국어는 평균 이상의 수준에 못 미치는 아이들도 있다. 이들에게는 일단 공인점수를 갖추고 외국어 특기자나 국제화 전형, 글로벌 인재 전형 등을 염두에 두고 해당 외국어의 에세이와 인터뷰 위주로 준비하는 방법을 권하고 싶다. 에세이 쓰기는 많은 신문, 잡지 등을 통해 배경 지식을 넓히는 것이 중요하다.

또한 일반 학생들과 겨루었을 때 외국어 실력만으로는 이기기 어렵다는 것, 구술면접에서는 수학과 국어를 많이 물어보는데 현재로서는 많은 수험생들이 어려워하는 사고력 문제에서 국어 문제가 많은 부분을 차지하고 있다는 것 등을 인지하고 있어야 한다. 다시 말해 구술면접에서 만회해야 하지만 국어 수준이 부족하면 만회하기 힘들다는 것이다. 따라서 이런 아이들은 해외유학 경험이 없는 국내파 학생들이 합격하기 힘든 외국어 특기자 쪽으로 가는 것이 유리하다.

국어나 수학이 일정 수준 이상이라면 특목고에 들어갈 수 있는 기회는 그만큼 많아진다. 특별전형에서 외국어 특기자로 지원했다가 떨어졌을 경우 일반전형을 노릴 수도 있기 때문이다. 국어나 수학 구술면접에서 높을 점수를 받는다면 해외유학 경험이 없는 학생들보다 합격할 가능성이 더 많은 것이다.

특례입학 지원 시에는 특별전형과 일반전형이 같은 날 실시되면 동시에 지원할 수 없다는 점도 염두에 두어야 한다.

대원, 명덕, 서울, 이화외고 등은 특례입학이 일반전형과 같은 날짜에 실시되기 때문에 둘 중 하나를 골라 지원해야 한다. 대일, 한영, 외대부속외고 등은 특별전형과 같은 날짜에 일반전형을 실시한다. 특별전형과 일반전형을 같은 날짜에 실시하는 학교의 경우 해외 체류 경험자는 특별전형에서 외국어 특기자에 지원하는 것이 좋다.

해외 체류 경험이 있는 학생들이 일반전형에 지원할 때는 대원, 대일, 한영, 서울, 이화, 외대부속외고 등의 경우 국내 소재 중학교 학교 내신이 없어도 지원이 가능하다. 그러나 명덕외고, 과천, 명지외고는 반드시 국내 학교 1학기 성적이 있어야 지원이 가능하다.

국내 중학교 성적이 없는 학생이 대일, 한영, 외대부속외고에 지원하고자 할 때는 별도의 시험 없이 해외 학교 성적만 제출하면 되지만 명덕, 이화외고에 지원하고자 할 때는 서울시 교육청에서 9월 말에 실시하는 비교 평가에 응시해 반드시 국내 성적을 보유해야 한다. 비교 평가 실시 과목은 체육 과목을 제외한 국민공통 기본교과다.

저, 잠깐 어디 좀 다녀올게요

정수근(서울 오산중, 2007학년도 대원외고 일반전형 합격)

난 단순하다. 영화를 보다 멋진 직업이 나오면 대번에 "나 저거 할래"란 말을 내뱉고는 꿈 목록에 올린다. 그래서 영화 장르가 많은 만큼 내 꿈도 많다.

〈프레스티지〉의 마술사, 〈007시리즈〉의 첩보원, 〈오션스 일레븐〉의 도둑 등 매력적인 직업이 많지만 가장 상큼한 건 〈공공의 적 2〉의 꼴통 검사였다. 강철중. 통쾌한 그의 정의 실현은 무모한, 좋게 말하면 욕심 많은 내 가슴에 가차 없이 방화를 저질렀고, 내 일생일대의 목표는 사법고시 합격으로 바뀌었다.

이전의 꿈인 국제변호사가 되기 위해 외고 진학을 생각하던 중에 갑자기 검사로 꿈이 바뀌다 보니 혼란이 왔다. 내신에 불리한 외고에 진학하면 법대에 가기 힘들다는 말을 많이 들었기 때문이다.

'차라리 일반계고로 갈까?'

이런 고민에 시달리던 도중, 우연히 사법고시 합격자 중에 대원외고 졸업생 수가 압도적으로 많다는 내용의 기사를 보게 되었다. 앞서 말했듯이

나의 일생일대의 목표는 사법고시 합격! 기회다 싶어 대원을 내 것으로 만들기로 결심을 굳히고 특별, 일반 오직 대원만 팠다.

〈공공의 적 2〉는 3학년 때 TV에서 설날 특집으로 해주는 것을 봤지만 본격적인 준비는 뒤늦게 3학년 여름방학 후반, D-100일부터 시작했다. 그 이전에는 그냥 등수에 드는 것을 좋아해서 상위권을 유지하고 있었을 뿐이었다. 집안 형편도 좋은 편이 아니어서 합격 때까지 일편단심 하늘교육 한 곳만 고집했다. 그래서 입시 관련 정보도 학원에서밖에 얻지 못했고, 학원에서 시키는 대로만 했다. 당시에는 타이틀이 선행반이라 기본실력 향상 위주 선행학습 외의 집중 트레이닝은 없었다. 당연히 별도의 유학과 해외연수는 눈에 들어오지도 않았다.

공부 방법에 대해 말하자면 난 무슨 시험이든 몰아서 한다. 단기간이라는 점에서는 벼락치기와 같지만, 연구가 필요하다는 점에서 다르다. 사전조사와 집중력의 엘레강스한 조화를 요구하는 섬세한 작업이다. 절대로 핑계가 아니다.

방법은 우선 준비 기간을 정한다. 평소에는 축구도 해야 하고 노래방도 가야 했기 때문에 예습, 복습할 시간이 없었다. 그래서 딱 정해 놓고 기간 내에 모든 것을 쏟아 부었다. 1학년 동안 4번의 시험을 거쳐 알게 된, 나에게 딱 맞는 준비 기간은 2주였다.

기간을 정했다면 그 안에 순서를 세운다. 수학 3일, 국어 2일 이런 식의 기간은 필요 없다. 순서가 중요한 법. 각 과목 시험 날짜에 따라 주요 과목 → 암기 과목의 순서를 적절히 배열하고 한 과목을 완성할 때까지 전력질

주한다. 주요 과목의 경우 보통 3일에 걸쳐 완성시켰고, 암기 과목의 경우 과목당 1일 잡고 그날 다 암기했다. 응용문제가 많고 기초가 중요한 수학에는 특히 시간을 많이 투자했다.

투자 방법에 있어 가장 중요한 것은 '느끼기'이다. 이 과목은 '어떻게 문제가 나오고, 어떤 능력이 필요하다.'는 것을 정확히 느껴야 한다. 크게는 주요 과목과 암기 과목에 따라 다른데, 주요 과목은 문제를 마구 푸는 것이다. 3,000제 수학문제집을 보면 '수학시험에서 100점을 맞는 길은 오직 팔이 아프도록 문제를 많이 풀어보는 것'이라고 쓰여있다. 난 그 말대로 수학이든 국어든 팔이 아프도록 문제를 풀었다. 학원에서 시험 기간마다 기출문제들을 대량으로 공급해 주기 때문에 문제 얻기는 쉬웠다.

암기 과목의 경우 응용문제가 별로 없고 대부분 교과서 그대로 나오므로 교과서만 확실히 해놓으면 된다. 첫 번째는 집중해서, 두 번째는 중요한 내용을 체크하며, 마지막으로 중요한 내용을 되새기며 교과서를 정독하면 그것만으로도 높은 점수를 기대할 수 있다. 수업 시간에 너무 졸지만 않았다면 말이다.

외고시험 때도 마찬가지였다. 외고 모의고사와 학원 수업을 연구하는 도중에 느낌이 오자마자 내 방식대로 만들었다. 구체적으로 설명하자면 듣기 > 수학 > 국어 > 독해 순으로 비중을 두었고, 난이도와 중요도를 참고해 순서를 반복해서 완성을 시도했다.

듣기의 경우 가장 먼저 속도를 올리는 데 시간을 투자했다. 속도 변환이 가능한 어학기를 사서 단문의 토익 문제로 가볍게 귀를 풀어준 후 학원에서 준 장문의 문제들로 고문시켰다. 귀를 다듬은 후엔 머리를 다듬을 차례. 듣기 단어를 외우고 유형별 문제집을 풀었다. 듣기 문제의 궁극은 토익 파트 4유형인데, 그 유형을 풀 때 꼭 필요한 것은 손과 귀와 두뇌의 메커니즘이다. 귀로 들렸다면 얼른 손으로 적고 머리로 다음 내용을 준비해야 한다. 옴팡지게 빠른 속도와 그 메커니즘을 익혔다면 듣기는 이미 득도한 것이나 다름없다.

수학은 언제나 한결같다. 그냥 손 저리게 풀고 또 풀면 된다. 그러나 워낙 유형이 방대해서 득도는 없다. 최대한 생각하며 문제를 많이 풀고 오답노트를 만들어 가능한 한 많은 유형을 내 것으로 소화해야 한다. 학원에서 내준 책을 처음부터 끝까지 여러 번 보고 안 풀리는 것은 하나도 빠짐없이 오답노트를 작성하는 것만이 실력 향상의 지름길이다.

국어는 가장 잘 느껴야 하는 과목이다. 문제를 풀다 보면 헷갈릴 때가 정말 많은데, 머릿속의 주관적 외침을 묵살하고 출제자와 교감하며 느껴야 한다. 국어의 여러 요소들을 실컷 외우고 원 없이 풀다 보면 자연스럽게 문제 냄새만 맡아도 풀 수 있게 되고 출제자의 마음을 읽을 수 있기 때문에, 많이 푸는 것이 중요하다. 가장 추상적인 과목이지만 답은 정해져 있다. 그러기에 가장 어렵고도 쉬운 과목이다.

독해는 속도와 단어와 추리력, 정확히 이 세 가지가 중요하다. 단어와 추리력이 어느 정도 완성됐다면 남는 시간에는 속도에만 투자해도 자연적으로 실력이 함께 상승한다. 학원에서 유형별로 독해 정리를 해준 것도 상당히 도움이 됐다.

시사, 한자성어, 구술면접 요령 등은 학원에서 나눠준 프린트를 시험 막바지에 집중적으로 외워 내 것으로 만들었다. 단순 암기이기에 시간을 많이 투자할 필요는 없었다.

가끔 공부할 양이 너무 많아, 벽이 너무 높아 자제력을 잃을 때도 있을 것이다. 포기하는 친구들도, 우는 친구들도 많이 봐 왔다. 나 또한 예외 없이 후반에 가서는 자제력을 잃었다. 특별전형 30일 전부턴 원서를 쓰느라 들뜨고 떨렸고 아예 돌아버릴 지경이 되었다. 펜 던지고, 책상 던지고 난리를 부렸다. 심지어는 수업을 빼먹고 노래방에 가기도 했다. 그러다가 특별전형에 떨어진 20일 전부터 눈물이 앞을 가렸다. 그래서 실제로 공부한 일수는 70일이 채 못 된다.

한때는 모의고사도 150점 만점에 98점 맞고는 "넌 절대 대원 못 간다.", "네가 가면 외고 수준이 말이 아닌 거다" 라는 말도 들었지만 나는 지금 그렇게 말한 사람들에게 자신 있게 말할 수 있다. 난 분명 70일 동안 매일 학원에 출근해 새벽 2시까지 친구들과 자습했고, 그것도 모자라 집에 돌아와서는 새벽 4시까지 공부해서 합격했다. 4당 5락! 4시간 자면 붙고 5시간 자면 떨어진다는 말을 되새기며 아침에 일어나고, 이 악물고 버텼다. 너무 엎드려 자서 장 트러블이 생기기까지 했다.

매일 데려다주시는 부모님, 직접 공부하는 나와 친구들, 안쓰럽게 지켜보시는 선생님 모두가 고생했다. 나는 친구들을 억지로 질투하며 '~보다 잘하자' 라는 쪽지를 붙여놓기도 했다. 여행 가서 발생한 결석 일수 때문에 3점이 감점되고, '떨어지면 어떡하나' 하는 혼란을 수없이 겪으면서도 "난다 이겨낼 수 있어. 뭣도 아냐.", "떨어져 봤자 3개월 어디 갔다 온 것뿐이야" 란 말을 입에 달고 다니며 억지웃음을 지었다.

그랬다. 우리 모두 잠시 어디 갔다 온 것뿐이었다.

외고 지망생들에게 공부법이 중요한 게 아니라는 걸 말해 주고 싶다. 중요한 것은 친구와 자신이다. 곁에서 함께해 줄 친구라는 든든한 버팀목을 딛어야 한다. 친구만큼 커다란 응원단이 없고, 자신만큼 믿을 만한 것이 없다.

오기로 버티고, 질투로 달리고, 자신감으로 부숴라.

무조건 어금니 꽉 깨물어!

노력으로 이룬 외고 입성

김지훈(서울 영원중, 외대부속외고 외국어 우수자 전형)

2007년 10월 24일 오전 10시. 그때 느꼈던 긴장감과 감동은 몇 달이 지난 지금도 생생하게 기억되고 있다. 그토록 꿈에 그리던 한국외국어대학교 부속 외국어고등학교(이하 외대외고)에 합격한 것이다. 2006년 중3, 1년의 대부분을 외고입시에 쏟아 부은 노력이 합격이라는 최고의 결과로 돌아온 것이 너무나도 기뻤다. 지금부터 내가 외고입시에 임한 준비 과정을 쓰도록 하겠다.

외국어

나는 외국어 우수자 전형으로 외고에 합격했다. 초등학교를 일본에서 보냈기 때문에 어느 정도 외국어에 대한 감각은 살아 있었다. 때문에 외국어를 대비하는 일은 그리 어려운 일이 아니었다. 하지만 중학교 3년 동안 일본어를 사용할 기회가 많이 줄어들어 일본어의 사용 기회를 늘리는 것을 중요하게 여겼다. 그래서 일본 친구들과 이메일이나 전화를 주고받았고 우리나라에서 시청 가능한 일본 위성 TV의 뉴스를 들으며 일본어에 대한 감각을 시험 전까지 100%로 끌어올렸다.

시험평가로는 외국어 인터뷰와 에세이가 있었는데, 인터뷰는 발음과 내 주장을 뚜렷하게 펼치는 것을 염두에 두고 연습했고 에세이는 시험 당일과 비슷한 상황을 만들어서 실전과 같은 연습에 임했다. 인터뷰는 내가

한 말을 녹음해서 들어보고 발음과 주장과 논거를 점검했고 에세이는 틀린 한자는 없는지, 문법에 맞게 썼는지, 내용 전개가 알맞게 이루어져 있는지를 꼼꼼하게 점검했다. 에세이의 주제는 시사 문제가 나올 것에 대비해 시사 전문지나 시사 프로그램을 많이 봤다.

이렇게 철저하게 대비한 결과 시험 당일에는 떨지 않고 인터뷰와 에세이에서 연습 때보다 훨씬 더 잘할 수 있었고, 좋은 성과를 거둘 수 있었다.

언어 및 사고력

외국어 우수자의 경우 외국어를 능통하게 다룰 수 있는 학생들이 모이는 전형이라서 외국어 능력은 거의 비슷하다고 봐야 한다. 그렇기 때문에 당락을 좌우하는 것은 언어 및 사고력 부분이라고 생각한다. 나는 언어의 경우 학교에서 시험 볼 때는 하나하나의 지문의 형태, 지문을 통해 독자에게 말하려는 의도를 다 외워 가며 문제를 풀었다. 하지만 외고시험에서는 평소에 보지도 듣지도 못한 지문이 나오기 때문에 여태까지 해온 문제 풀이 습관을 180도 바꿔야만 했다. 처음에는 많이 힘들었지만 문제를 많이 푸는 과정에서 차차 독해 방법을 습득할 수 있었다.

이러한 방식으로 언어 영역에 대한 두려움을 씻었지만 사고력이라는 커다란 장벽이 내 앞길을 가로막고 있었다. 창의력수학이라는 새로운 형태의 수학문제가 그렇지 않아도 수학을 잘하지 못하는 나를 괴롭혔다. 10문제 중 2~3문제밖에 못 맞추는 경우도 많았다. 이런 취약점을 극복하게 해준 것은 바로 '오답노트'였다. 틀린 문제는 내가 왜 틀렸는지 꼼꼼히 알고 넘겼고, 맞은 문제 중에서도 운으로 맞은 문제는 오답노트에 정리해서 풀이 방법을 익혔다. 이런 과정을 되풀이하자 차츰 사고력 부분에서도 어느 정도의 수준에까지 오르게 되었다.

인성면접

인성면접은 외국어 인터뷰를 준비할 때와 비슷하게 준비했다. 자신의 의견을 보다 정확하게 전달하는 데 중점을 두고 연습했다. 예상되는 질문을 스스로 생각해 보는 것도 큰 보탬이 되었다. 질문자가 어떤 답변을 원하고 있는지 직접 문제를 만들면서 깨달을 수 있었기 때문이다.

시험 당일 컨디션 조절 방법

밀려오는 긴장감으로 인해 숙면을 취할 수는 없을 것이다. 하지만 억지로라도 잠을 청해 수면을 취해야 한다. 그리고 시험 당일 날 아침에는 엄청난 중압감으로 인해 밥이 제대로 넘어가지 않을지도 모르지만 꼭꼭 씹어서 먹는 것이 좋다. 시험장으로 향하는 도중에는 잠을 자거나 시험 요령 등을 요약해 놓은 프린트를 읽는 것이 좋다. 그리고 잊지 말아야 할 것은 정신안정제 같은, 평소에 먹지 않던 약을 복용해서는 안 된다는 것이다. 최대한 평소처럼 시험에 임하는 게 가장 좋다. 복장은 단정한 교복이 무난할 것이다.

외고 준비에 대한 마음가짐

솔직히 함께 외고를 준비하던 친구들에 비해 내 성적이 그리 좋은 편은 아니었다. 그럼에도 내가 외대외고에 합격할 수 있었던 이유는 무엇일까? 그것은 바로 자신감 때문이었던 것 같다. 내 성적은 모의고사에서 반 하위권에 머물렀던 적도 있었지만 나는 낙담하지 않았다. 오히려 더욱 분발하는 계기로 삼았다. '난 할 수 있다' 라는 믿음만큼 큰 힘이 되는 것도 없다.

학원 선생님께서 "경쟁률은 항상 1대 1이다"라는 말씀을 하신 적이 있다. 자기 자신을 이기라는 뜻이다. 나는 이 말을 몇 번이나 되새기며 나 자신을 이기려고 노력했고, 결국 이겼다. 이 글을 보시는 여러분들도 하루 빨리 목표를 잡고 자기 자신과 경쟁하여 이길 수 있다면 반드시 좋은 결과를 얻을 수 있을 것이다.

대원외고 가족이 되다

고유진(서울 목일중, 2007학년도 대원외고 성적 우수자 합격자)

"대원외고의 가족이 되신 것을 축하드립니다."

  기대하지도 않았던 결과에 잠시 정적이 흐른 후, 환호와 함께 내 눈에서는 눈물이 흘러내리고 있었다. 어머니와 얼싸안은 채 울고 있자니 지난날의 일들이 눈앞을 스쳐갔다.

  내가 맨 처음 외고를 알게 된 것은 중학교 2학년 때였다. 미국에 다녀온 지 얼마 되지 않아 학교에 적응하는 데 신경 쓰고 있을 무렵, 어머니에게서 외고에 대해 듣게 되었다. 잘 알지는 못했지만 왠지 가고 싶다는 마음이 생겼고, 그때부터 나에게 외고라는 새로운 목표가 생겼다.

  외고에 지원하려면 먼저 학교 성적이 좋아야 한다고 했다. 중학교 시험을 한 번도 쳐보지 않은 나로서는 걱정이 태산이었다. 하지만 주변 친구들에게 시험에 대해 물어보고 학원에 나가 시험 대비 특강을 들으며 문제를 푼 덕분에 첫 시험치고는 괜찮은 성적이 나왔다.

  내신은 3학년 1학기까지 외고입시에 반영되기 때문에 계속 신경을 써야 했다. 평소에는 하늘교육 학원 수업과 학교 수업을 열심히 들었다. 학원에서는 학교에서 배울 것을 예습한다는 기분으로 중심 내용을 파악하는 것에 중점을 두었고, 학교에서는 선생님이 말씀하시는 세세한 사항까지 알아두려 애썼다.

내신은 주로 3주 전부터 준비했다. 먼저 교과서를 읽고 문제집을 보면서 내용 정리를 했고, 그래도 이해가 되지 않는 부분은 시험 대비 특강을 들어서 해결했다. 그 후에는 문제를 풀면서 내가 아직 모르고 있는 부분이 무엇인지 체크했다. 시험 하루 전까지 계속 몇 백 개씩 되는 기출문제를 푸는 게 힘들고 지치기도 했지만 그 대신 문제 유형을 파악할 수 있었고, 문제를 푸는 것에 적응이 되어 시험 때에도 여유 있게 풀고 검토할 수 있었다.

본격적인 외고입시 준비는 2학년에서 3학년으로 올라가는 겨울방학 때부터 하기 시작했다. 아침이면 학원에 나가 친구들과 함께 영어듣기를 했다. 잠깐 미국에 다녀오기는 했지만 그렇다고 해서 영어듣기를 잘하는 것은 아니었다. 토플듣기에서는 잘 들리지 않는 표현들도 많았고, 내용을 다 알고 있어도 문제 파악을 제대로 하지 못해 틀리는 경우가 많았다.

우선 귀에 들리는 내용을 빼먹지 않고 알아듣기 위해 매일 영어 테이프를 틀어놓고 받아쓰기를 했다. 또 내용을 다 들었다고 해도 문제에서 요구하는 것을 알지 못하면 틀리기 때문에 여러 가지 문제들을 끊임없이 풀었다. 영어듣기는 시험 바로 전날까지 계속했다.

구술면접이라는 것이 있다는 것을 처음 들었을 때는 막막하기만 했다. 10개 남짓한 문제에 언어, 영어, 수학, 사회가 다 나온다는데 어떻게 준비해야 할지 대책이 서지 않았다. 하지만 그런 걱정은 학원에 다니면서 풀어졌다. 각 과목 선생님들이 그동안 쌓은 노하우와 넘치는 자료로 우리를 이끌어주셨기 때문이다. 덕분에 나는 별로 힘들이지 않고 문제 푸는 노하우와 자료를 얻을 수 있었다.

수학은 원래부터 자신 없었던 과목이었기 때문에 창의사고력 수학을 해야 한다는 말을 듣고 많이 걱정됐지만 여러 가지 문제를 풀다 보니 어느 정도 감이라는 것이 생겨 처음 보는 문제와 만났을 때도 당황하지 않고 풀려는 시도를 해보았고, 그래서 마침내 문제를 풀었을 때는 전에는 맛볼 수 없었던 기쁨을 느꼈다.

또한 나는 1학년 국어를 전혀 몰랐다. 1년이 넘는 시간 동안 국어를 접해보지 못했기 때문이다. 친구들에 비해 아는 것도 적었고 처음 보는 지문이나 문제들도 많았다. 그래도 선생님이 주시는 자료를 풀어보고 틀린 문제에 대한 설명을 듣는 일을 반복해 나가자 조금씩 국어에 대한 두려움이 사라졌다.

무엇보다도 큰 도움이 되었던 것은 학원에서 거의 달마다 보는 모의고사와 선생님들이 제공하는 끝없는 정보였다. 모의고사를 보고 나면 내가 어느 과목에 취약한지 금방 파악할 수 있었고, 내 점수와 학원 내의 등수가 올라갔을 때는 성취감과 자신감도 가질 수 있었다. 또한 선생님들은 항상 우리에게 외고에 대한 정보를 제공해 주셨고, 덕분에 짧은 시간이었지만 외고에 맞춰 집중적으로 공부할 수 있었다.

2학년 겨울방학 때 친구와 함께 학원에 다녀오다가 대원외고 버스에서 내리는 언니 오빠들을 보게 되었다. 별것 아닐 수도 있겠지만 나에게는 왠지 너무 멋있어 보였다. 그때부터 막연히 마음속으로 대원외고에 가면 좋겠다는 생각을 했지만 어쩐지 나에게는 너무 높은 벽으로 느껴져 말은 하지 않았다. 나는 가까이 있고, 친구들 대부분이 지원하는 명덕외고를 목표로 정해 놓았다. 다행히 주변에 대원외고를 준비하는 친구들이 있어서 대원외고에 대해 많이 들을 수는 있었지만 그때까지도 내가 대원외고를 지원할 것이라는 생각은 하지 못했다.

그런데 원서를 접수할 때가 다가오자 갈등이 생겼다. 명덕외고가 나랑 잘 맞지 않는 것 같았던 것이다. 대원외고에 가고 싶다는, 숨겨두었던 마음이 고개를 든 탓일까. 나는 그렇게 며칠을 고민하다가 원서 접수 마지막 날 특별전형에 떨어지더라도 가고 싶은 곳을 쓰라는 선생님 말씀에 따라 대원외고에 원서를 넣었다. 그때 내가 얼마나 많이 고민을 했던지 특별전형에 붙고 나서 엄마는 우스갯소리로 "일반전형 원서를 어느 곳에 낼지 고민하지 않아도 되서 좋구나"라고 하셨다.

솔직히 내가 이런 후기를 쓸 자격이나 있는지 잘 모르겠다. 성적 우수자로 합격했다고는 하지만 내 성적은 간신히 원서를 쓸 수 있을 정도였으니까. 하지만 학원에 다니면서 1년 남짓한 시간 동안 외고라는 목표를 향해 꾸준히 달려왔고, 옆에서 자신만의 방법으로 도와준 수많은 사람들이 있었기에 마지막에 목표를 바꿨음에도 합격할 수 있었다고 생각한다.

이 자리를 빌려 선생님과 친구들, 그리고 내가 버틸 수 있도록 도와준 부모님에게 감사하다고 전하고 싶다. 그리고 이 글이 지금 이 시간에도 외고 합격이라는 목표를 위해 열심히 공부하고 있을 학생들에게 조금이라도 도움이 되고 용기를 주었으면 한다.

제3장

특목고,
전략으로 승부하자

자기소개서 작성 요령

    특목고에 지원하겠다고 마음을 굳힌 학생과 학부모가 가장 먼저 부딪히는 것 중 하나가 바로 자기소개서 작성이다. 대부분이 어떻게 작성해야 할지 몰라 답답해한다. 특목고는 일반 학교와는 다른 특성과 재능을 요구하는 곳이어서 자기소개서에서부터 자신의 영재성을 증명해야 한다는 부담감이 작용하기 때문에 더욱 그렇다. 그러므로 이 장에서는 자기소개서를 작성하는 요령에 대해 자세히 알아보도록 하겠다.

    자기소개서를 작성할 때 특별히 주의를 기울여야 할 학교가 있다. 단계별로 전형하는 학교, 즉 1단계에서 서류전형으로 선발 인원의 몇 배수를 뽑는 학교들이다. 중학교의 경우 국제중학교인 청심국제중학교가 바로 그런 학교다.

2007학년도에 처음으로 단계별 전형을 도입한 청심국제중학교는 모집 인원 100명의 4배수인 400명을 1단계 서류전형을 통해 뽑는데, 자기소개서를 보고 지원자가 학교 특성에 부합하는지를 판단한다. 다시 말해 지원자를 평가하는 데 있어 자기소개서를 중요한 판단 기준으로 삼는 것이다.

특히 국제중은 영어로 수업을 하면서 차후 외고나 명문학교에 진학할 수 있는 영재를 양성하는 것에 포인트를 맞추고 있으므로 영어 관련 각종 공인점수 또는 실적 등을 기본적으로 갖추어야 한다. 영어 외에도 수학 능력과 관련해 수학은 물론 과학까지 수업을 따라올 수 있는 역량이 되느냐 안 되느냐 하는 것도 중요한 판단 기준이 된다. 그러므로 영어 외적인 평가, 즉 수학, 과학에 있어서 특별한 실력이 있다는 것을 입증할 수 있는 데이터들을 가지고 있는 것이 유리하다. 만일 영재교육원 수료생이라는 타이틀을 가지고 있다면 영재성을 증명하기가 수월해 서류전형에서 보다 유리한 고지를 점할 수 있다.

한국과학영재학교도 서류전형의 비중이 큰 곳이다. 매년 경쟁률이 높아지고 있는 한국과학영재학교는 1차 서류전형에서 1,800여 명을 우선적으로 선발하는데 2007학년도에는 144명 모집에 2,880여 명이 지원, 약 20 대 1의 경쟁률을 보였다. 즉 1차 서류전형을 통과한 1,800명 외 나머지 1,000여 명은 2차 창의적 문제해결력검사에 응시할 기회조차 가지지 못했던 것이다. 따라서 한국과학영재학교를 준비하는 학생이라면 서류전형부터 면밀히 체크해야 할 필요가 있다.

한국과학영재학교에 제출할 자기소개서에는 학교 내신, 경시대회 수상 실적, 각종 과학 대회 관련 실적 등을 상세히 기재하는 것이 좋다. 그리고 중학생이라면 본인의 학년에 관계없이 언제든지 지원이 가능하다는 점을 염두에 두고 지원 전략을 세우는 것이 좋다. 참고로 한국과학영재학교는 어느 한 부문이라도 우수한 실적을 보이는 학생을 우선적으로 선발한다는 원칙을 가지고 있으므로 다양한 실적을 적기보다는 가장 자신 있는 한 가지 부문을 집중적으로 소개하는 것도 하나의 전략이 될 수 있다.

민사고 역시 단계별 전형을 실시하고 있는데 1차 서류전형이 다른 학교보다 더욱 중요하게 작용한다. 1차 서류전형 시에 제출한 기록들이 심층면접을 실시한 후 최종 합격자를 선발할 때에도 영향을 주기 때문이다. 만일 심층면접에서 실수를 해서 점수를 적게 받았더라도 자기소개서 내용이 자신의 뛰어난 실력을 객관적으로 입증하고 있다면 어느 정도 만회할 수 있을 정도로 자기소개서는 큰 비중을 차지하고 있다.

자기소개서를 작성할 때 무엇보다 신경 써서 준비해야 할 것은 경시대회 수상 실적, 영재교육원 수료 경험, 전교 회장, 부회장, 반장, 부반장 경력, 공인점수 등이다. 다시 말해 남들과 차별화된 능력을 보여줄 수 있는 서류가 첨부된 자기소개서를 작성해야 한다. 또한 국제중과 같이 어린 나이에 단체생활을 하는 학교들에서는 단체생활 적합성 여부도 심도 있게 검토하고 있다는 것을 알아두어야 한다. 특히 국제중의 경우 초등학생들이 지원하기 때문에 무엇보다 적응력이 중요하므로 선발 과정에서 단체생활에 적응 가능한가의 여부도 판별하고 있다. 따라서 다른 학생들에게 영향을 미칠 수 있는 학급 회장, 부회장, 반장, 부반장 등을 맡아본 경험이 있다면 큰 도움이 된다. 기숙사가 있는 학교들은 이 부분에도 관심을 가지고 선발 기준으로 삼고 있다는 것을 반드시 염두에 두고 자기소개서를 작성해야 한다.

자기소개서는 문장력을 테스트하는 시험이 아니다. 자신의 능력을 있는 그대로 보여줄 수 있는 문장력만 갖추고 있으면 충분하다. 다시 말해 글을 얼마나 아름답고 유려하게 잘 쓸 수 있느냐가 중요한 것은 아니라는 뜻이다. 따라서 다소 문장력이 떨어진다고 해도 스트레스를 받을 필요는 없다. 그보다는 자기소개서에 넣을 수 있는 기록들을 얼마나 잘 갖춰놓느냐가 중요하다. 성실하고 거짓 없이 자신의 능력을 보여주는 것이 바로 가장 좋은 자기소개서 작성 요령이다.

특목고 준비생의 하루 일과

특목고 준비생들에게 무엇보다 중요한 것은 철저한 학습 관리다. 학습 스케줄을 꼼꼼하게 작성하고 그에 따라 생활하면서 좋은 컨디션을 유지해야 한다. 학습 스케줄은 우선 목표 학교를 설정하고, 그에 따른 학교 내신 대비와 선발시험 대비로 나눠 작성하는 것이 도움이 될 것이다.

다음은 중학생 학년별 학교 내신 관련 표다. 아래 사항을 염두에 두고 학습 스케줄을 짜보도록 하자.

중학교 학년별 특목고 대비 학습 스케줄

구분	1학년	2학년 1학기	2학년 2학기	3학년 1학기
외고	● 서울 6개 외고 미반영 ● 외대부속 일반전형 지원자 전 과목 10% 이내 관리 특별전형 용인지역 우수자 전 과목 10% 이내 유지 성적 우수자 전 과목 5% 이내 유지	● 전 과목 30% 반영 명덕외고 2학년 1학기 학교 내신 ● 전 과목 20% 반영 대원, 대일, 한영, 이화, 서울, 외대부속 ● 국, 영, 수, 사, 과 가중치 부여 대일, 한영, 명덕, 이화, 서울, 외대부속 ● 외고 특별전형 성적 우수자 지원자 전 교과 10% 이내, 국, 영, 수 10% 이내 유지 관리 ● 외대부속 일반전형, 특별전형 용인 지역 우수자 전 과목 10% 이내 관리 성적 우수자 전 과목 5% 이내 유지	● 전 과목 30% 반영 대일, 한영, 명덕, 이화, 서울, 외대부속 ● 전 과목 20% 반영 대원외고 ● 국, 영, 수, 사, 과 가중치 부여 대일, 한영, 명덕, 이화, 서울, 외대부속 ● 외고 특별전형 성적 우수자 지원자 전 교과 10% 이내, 국, 영, 수 10% 이내 유지 관리 ● 외대부속 일반전형, 특별전형 용인 지역 우수자 전 과목 10% 이내 관리 성적 우수자 전 과목 5% 이내 유지	● 전 과목 50% 반영 대일, 한영, 이화, 서울, 외대부속 ● 전 과목 60% 반영 대원외고 ● 전 과목 40% 반영 명덕외고 ● 대원외고 특별전형 성적 우수자 지원자 전 과목 8% 이내 절대 유지(조건 미달 시 지원 불가능) ● 외대부속 일반전형, 특별전형 용인 지역 우수자 전 과목 10% 이내 관리 성적 우수자 전 과목 5% 이내 유지
과고	● 서울, 한성 미반영	● 서울, 한성 수학, 과학, 국어, 영어 20% 반영 ● 학교장 추천 전형 수학, 과학 3% 일반전형 수학, 과학 10% 이내 절대 유지(1과목이라도 조건 미달 시 지원 불가능) ● 경시대회 수상자/영재교육원 수료자 수학, 과학 평균 10% 이내 유지 관리	● 서울, 한성 수학, 과학, 국어, 영어 30% 반영 ● 학교장 추천 전형 수학, 과학 3% 일반전형 수학, 과학 10% 이내 절대 유지(1과목이라도 조건 미달 시 지원 불가능) ● 경시대회 수상자/영재교육원 수료자 수학, 과학 평균 10% 이내 유지 관리	● 서울, 한성 수학, 과학, 국어, 영어 50% 반영 ● 학교장 추천 전형 수학, 과학 2% 일반전형 수학, 과학 7% 이내 절대 유지(1과목이라도 조건 미달 시 지원 불가능) ● 경시대회 수상자 수학, 과학 평균 10% 이내 유지 관리 ● 영재교육원 수료자 서울 수학, 과학 평균 10%, 한성 수학, 과학 각각 7% 이내 유지 관리
민사고	● 전 학년 학교 내신 반영 5% 이내 유지 관리 요망	● 전 학년 학교 내신 반영 5% 이내 유지 관리 요망	● 전 학년 학교 내신 반영 5% 이내 유지 관리 요망	● 전 학년 학교 내신 반영 5% 이내 유지 관리 요망

서울 경기 주요 외고 구술면접 및 영어 대비 학습 스케줄 – 수학

과목	예비중	중1				중2			
	겨울방학 (12, 1, 2월)	1학기 (3, 4, 5, 6월)	여름방학 (7, 8월)	2학기 (9, 10, 11월)	겨울방학(12, 1, 2월)	1학기 (3, 4, 5, 6월)	여름방학 (7, 8월)	2학기 (9, 10, 11월)	겨울방학 (12, 1, 2월)
수학	중1 1학기 진도 완료	중1 2학기 진도 완료	중2 과정 선행 학습	중2 과정 심화 학습	중3 과정 선행 학습	중3 과정 심화학습 • 경시대회 문제 풀이 또는 출전 경험	공통수학 10-가 (진도 및 고등학교 중간/기말고사 기출문제 수준까지 마스터)		창의사고력 위주의 문제 풀이
	수학퀴즈 형식, 경시대회 기출문제 풀이, 아이큐 형식의 창의사고력 문제 풀이								

과목	중3							
	3월	4월	5월	6월	7월	8월	9월	10월
수학	학교 내신 관리			기출문제 완벽 마스터 창의사고력 문제 풀이			기출문제 완벽 마스터 창의사고력 문제 풀이	

　표는 외고 구술면접 및 영어 대비 학기별 주요 학습 목표다. 중학교 1, 2학년이라면 1, 2학기로 나누고 방학을 활용한 학습 계획표를 짜는 것이 효과적이며, 중학교 3학년은 매우 중요한 시기이기 때문에 월별 학습 계획표를 작성하는 것이 보다 효과적일 것이다.

영어

과목	예비중	중1				중2			
	겨울방학 (12, 1, 2월)	1학기 (3, 4, 5, 6월)	여름 방학 (7, 8월)	2학기 (9, 10, 11월)	겨울 방학(12, 1, 2월)	1학기 (3, 4, 5, 6월)	여름방학 (7, 8월)	2학기 (9, 10, 11월)	겨울방학 (12, 1, 2월)
영어	중학교 과정 기초학습 • 단어 중2·3수준, 기초 듣기와 받아쓰기 병행 실시 • 기초문법 학습, 중3 수준의 독해 내용 학습				중학교 교과정 기초학습/ 취약점 보완 • 중1 과정 학습 방법 유지 • 경시대회 기출문제 풀이로 본인 취약점 파악 및 보완	문법 기초, 중학교 과정 마스터 • 문법기초 다지기 • 중학교 단어 마스터	문법 및 어휘 총 정리 완성 • 고1 수준 단어 학습 • 중학교 문법 완성 • 영어 단편소설 읽기	듣기공부 본격 시작 • 영어듣기 매일 실시 • 고2 수준 단어 학습 • 독해 고1 수준	본인 취약점 집중 강화 기간 • 경시대회 등을 통한 실력 테스트로 본인 취약점 파악 및 집중 보완 학습 (단어, 듣기, 독해는 매일 학습유지)

과목	중3							
	3월	4월	5월	6월	7월	8월	9월	10월
영어	실력 다지기 • 토플, 토익 유형의 문제를 반복적으로 많은 양 학습 (독해 : 고2 수준 / 단어 : 고2 수준)			목표 학교 맞춤 학습 • 목표 학교 기출문제, 유사 문제 풀이 • 경시대회 등을 통한 실전 감각 기르기			최종 마무리 • 예상문제집, 경시대회 기출문제 등 반복 풀이로 실전 감각 유지 • 면접 구술 대비	

국어

과목	예비중	중1				중2			
	겨울방학 (12, 1, 2월)	1학기 (3, 4, 5, 6월)	여름 방학 (7, 8월)	2학기 (9, 10, 11월)	겨울 방학(12, 1, 2월)	1학기 (3, 4, 5, 6월)	여름방학 (7, 8월)	2학기 (9, 10, 11월)	겨울방학 (12, 1, 2월)
국어		문학 이론 정리 • 설명문, 논설문 이론 정리	교과서 외 문학 읽기	문학 이론 정리 • 논설문 이론 정리	교과서 외 문학 읽기 • 비문학 읽기	수능 언어 영역 문제 풀이 •중간, 기말고사 내신 집중 대비	어휘 훈련	수능 언어 영역 문제 풀이 • 중간, 기말고사 내신 집중 대비	수능 쓰기 영역 문제 풀이, 어휘훈련

과목	중3							
	3월	4월	5월	6월	7월	8월	9월	10월
국어	외고 유형 문제 풀이 •기출문제 풀이, 유사 문제 집중 풀이 연습				선행학습 단계 •3학년2 학기 공부 •고교 교과서 지문 수업		중등 전 학년 교과서 복습	쓰기 영역/ 기출문제 풀이

사회

과목	예비중	중1				중2			
	겨울방학 (12, 1, 2월)	1학기 (3, 4, 5, 6월)	여름 방학 (7, 8월)	2학기 (9, 10, 11월)	겨 울 방 학(12, 1, 2월)	1학기 (3, 4, 5, 6월)	여름방학 (7, 8월)	2학기 (9, 10, 11월)	겨울방학 (12, 1, 2월)
사 회		중학교 교과학습 충실 • 여러 과목을 배우기 때문에 각 교과 기본개념 파악 • 각 과목 간 연관 개념 통합 이해				중학교 교과학습 충실 • 중1 학습 방법 유지	중 1, 2 학습 내용 점검 • 각 교과 기본개념 점검	교과내용 관련 배경 지식 학습 • 역사 사건에 대한 배경 지식 습득	교과내용 관련 배경 지식 학습 • 정치, 경제 등에 대한 사회 이슈 파악

과목	중3							
	3월	4월	5월	6월	7월	8월	9월	10월
사 회	사회 과목 내 국사, 지리, 일반사회 분야별 재정리 • 각 국사, 지리, 일반사회별 주요 개념 및 관련 이슈 통합 정리			기출문제 풀이 및 예상 이슈 다독 • 목표 학교 기출문제 풀이 • 주요 사회 이슈 다독			예상문제 풀이 및 면접 구술 대비 • 최근 사회 이슈 재정리/발표 연습	

과학고를 준비하는 학생들의 경우 과학은 어느 정도 선행이 필요한 과목이기 때문에 선행학습에 목표를 두어야 하는데, 선행은 해당 학년 수학, 과학교과에 대한 심화학습이 되어 있는 상태에서 이루어져야 할 것이다. 중학교 2, 3학년이 되면 선행학습에 보다 치중해야 하기 때문에 과학 구술면접에 반드시 필요한 과학 상식 등은 익혀둘 수가 없다. 따라서 이러한 내용들은 초등 고학년 또는 중학교 1학년 이전 단계에 미리 충분히 익혀두는 것이 보다 효과적이라는 점을 염두에 두고 계획표를 작성해야 한다.

한 학기에 한 번은 반드시 전국 규모 경시대회에 참가하는 것이 좋다. 특히 한국수학인증시험(KMC)과 한국수학올림피아드(KMO)의 문제를 풀어보고 출제 유형을 파악한다면 특목고 입시에 대한 감을 잡는 데 많은 도움이 될 것이다. 따라서 매년 경시대회 실시 일정을 미리 파악하고, 모의고사를 본다는 생각으로 참가하여 지나치게 수상이나 점수에 연연하지 말고, 고급화된 문제들을 통해 본인의 취약점 및 강점을 체크해 두도록 한다.

이러한 일련의 과정들은 결국 선발시험인 구술면접에서 유리한 입장에 설 수 있도록 만들어줄 것이다.

입시 변화에 따른 전략 수정

1 _ 서울 6개 외고의 변화된 입시 대비 전략

❶ 전 교과 학교 내신 10% 이내 관리 필요

서울 6개 외고의 경우 대부분 학교 내신 10% 이내는 최고점과의 점수 차가 최소 2점에서 최대 6점이 발생하는 구간이다. 여기에 속하는 수험생들은 영어듣기와 구술면접으로 점수 차 극복이 가능할 것으로 예상된다.

그러나 학교 내신 15% 이내는 최고점과의 점수 차가 최소 4.5점에서 최대 10.5점차까지, 즉 예년 합격자 평균 점수대인 학교 내신 10% 학생들과 비교할 때 최소 2.5점에서 4.5점의 점수 차가 발생될 것으로 보인다. 이러한 점수 차는 예년 기준으로 볼 때 영어듣기, 구술면접으로 극복이 가능하지만 실제 학교 내신 10% 이내의 학생들이 영어듣기와 구술면접에서 어떤 점수를 받았느냐에 따라 상황은 달라진다. 다시 말해 상황에 따라 자력으로 극복이 불가능할 수도 있다는 의미다. 따라서 외고를 생각하는 학생들은 전 교과 학교 내신을 최소 10% 이내로 유지하겠다는 자세를 가져야 한다.

❷ 중학교 3학년 1학기 학교 내신이 무엇보다 중요

 우선 대부분의 학교에서 50~60% 반영하는 3학년 1학기 학교 내신 관리는 무엇보다 중요하다. 보통 특목고는 2학년 1학기에서 3학년 1학기 학교 내신을 적용하는데, 그렇다고 해서 중학교 2학년 때부터 본격적으로 학교 내신을 관리하겠다고 생각하면 곤란하다. 학교 내신은 중학교에 들어가는 순간부터 관리한다는 생각으로 1학년 1학기부터 학교 내신 관리 습관을 들이는 것이 좋다.

❸ 주요 과목 가중치에 유의

학교 내신 실질 반영 비율이 올라감에 따라 2008학년도는 2007학년도에 비해 본인의 석차 백분율에 따른 최고점과의 점수 차가 전 교과보다는 주요 과목이 더 커지게 된다. 따라서 똑같이 학교 내신이 10% 이내에 들었다 해도 전 교과 학교 내신 10%대의 점수 차와 주요 과목 학교 내신 10%대의 점수 차는 다른 의미를 가진다. 즉 전체 학교 내신에 있어서 주요 과목 학교 내신 비중이 갈수록 더 커지고 있음에 유의해야 한다.

❹ 영어 실력만으로 합격하겠다는 전략은 금물

외고입시에서 단순히 어학 실력만으로 입학하겠다는 생각은 결코 해선 안 된다. 외고를 지원하는 학생들 대부분이 자신 있는 과목으로 영어를 꼽고 있고, 실제로 지원자들의 영어 실력을 보더라도 평균적으로 학교마다 100점 만점 중에서 85점 이상을 얻고 있다. 즉 지원자들 간의 점수 편차가 거의 발생되지 않는 것이다.

이런 상황에서 중학교 영어듣기가 교육부의 방침대로 고등학교 수능 수준 이상이 아닌 중학교 3학년 교과 수준으로 출제될 경우 수험생 대부분이 만점에 가까운 점수를 얻을 것으로 예상된다. 따라서 영어 실력만으로 합격하기란 매우 어렵다.

영어듣기가 쉽게 출제된다고 해서 그에 맞춰 공부해선 안 된다. 쉽게 출제된다고 해도 변별력 확보를 위해 난이도 있는 문제들이 한두 개 출제되기 때문이다. 따라서 영어 공부는 전년도 기출문제 수준 이상으로 공부하는 것이 현명하다.

❺ 구술면접 사고력, 언어, 영어독해 난이도 높아질 전망

구술면접에서 수학, 과학 과목은 출제되지 않을 것이다. 하지만 주의할 점은 수학, 과학이 출제되지 않는다고 해서 사고력 문제가 출제되지 않는다는 뜻은 아니라는 것이다. 구술면접 사고력 문제는 수학교과 지식을 묻는다기보다는 문제 조건을 문장으로 주고, 그에 따른 해석을 바탕으로 답을 구하는 일종의 논리적인 사고력을 측정하는 문제라고 할 수 있다. 그러나 기존 특별전형 구술면접 사고력 문제에서 일부 출제되던 수리 문제는 출제되지 않는다. 다만 변형된 형태로 출제될 전망이다.

구술면접 사고력 문제는 수학교과와는 달리 어느 특정 학년 문제라고 단정 짓기가 애매하다. 그만큼 문제 난이도 분석이 어렵다고 할 수 있는데 실제로 사고력 문제에서 고학년들이 못 푸는 문제를 저학년이 푸는 경우도 상당수 있다.

사고력 문제에서는 매년 생소한 문제가 출제되어 수험생들이 혼란을 겪고 있다. 이는 언어, 사고력, 영어독해, 통합사회 중에서 수험생들이 가장 어려워하는 영역이기도 하다. 2008학년도부터 문제가 변형될 경우 수험생들이 겪을 혼란은 더욱 커질 것으로 보이지만 기존 유형에서 많이 달라지지는 않을 것으로 예상된다.

따라서 최근 3개년도 구술면접 문제들을 접하고 이와 비슷한 사고력 수준에 도달할 필요가 있다. 경우에 따라서는 교육청 영재교육원 1차 논리적 사고검사 문제들을 집중적으로 푸는 것도 도움이 된다.

그리고 2007학년도와는 달리 언어와 영어독해 난이도도 높아질 수 있다는 점을 감안해 학습해야 한다. 언어는 원래 사고력과 더불어 수험생들이 가장 어려워하는 영역이었고, 영어독해의 경우 영어듣기가 쉽게 출제되면 사실상 영어 실력 체크는 영어독해에서밖에 할 수 없기 때문에 어려워질 것으로 보인다. 따라서 영어 어휘력 강화가 무엇보다 중요하다.

⑥ 논리력 키우는 데 수학이 가장 적합

구술면접 사고력 문항은 수학, 과학 과목에 국한되지 않는다. 오히려 기존에 일부 출제되던 수리 문제가 배제되는 대신 논리력을 요하는 문제는 증가할 것이다. 어떤 조건을 해석하고 그에 따른 다양한 접근을 찾는 논리사고력을 키우는 데 있어서 가장 적합한 과목은 수학일 것이다. 또한 대부분의 학교에서 학교 내신 가중치 과목에 수학을 포함하고 있기 때문에 수학을 공부할 필요가 있다. 수학 공부는 외고입시 준비에 많은 도움이 될 것이다.

⑦ 일반전형에 맞춰 준비

서울 6개 외고의 경우 특별전형 모집 인원이 2007학년도 836명에서 2008학년도 677명으로 대폭 줄어들었다. 특히 가장 많은 인원을 선발했던 성적 우수자 부문이 가장 많이 줄어들었다. 별도의 어학 특기자 성적이 없는 학생들이 지원할 수 있는 기회가 그만큼 줄어든 것이다. 그러므로 2008학년도 입시부터는 일반전형에 초점을 두고 준비할 필요가 있다. 참고로 학교장 추천자 전형은 경쟁이 매우 치열해질 전망이다.

2 _ 3월 신학기부터 지원 가능한 목표 학교 포트폴리오 작성

❶ 학교별 대학 진학자 수, 대학별 입시정책 발표에 특별한 관심 필요

우선 지원하고자 하는 목표 학교의 진학자 수, 커리큘럼 등을 사전에 면밀히 조사해야 하며, 특목고 준비를 꾸준히 하는 한편 특목고 학생들의 유불리 점과 연관 있는 2008학년도 대학입시 정책 후속 발표 내용에 관심을 가져야 한다.

　2008학년도는 새 대입제도가 시행되는 첫 해이기 때문에 특목고 선정에 신중을 기할 필요가 있다. 수능우선선발제, 수능의 논구술 비중 정도, 학교 내신 실질 반영 정도 및 적용 방법 등을 종합적으로 분석한 후 최종적으로 결정해야 한다는 것을 명심해 둬야 한다.

❷ 학교 내신 관리가 구술면접 대비로 연결

'학교 내신 따로 구술면접 준비 따로' 라는 등식은 성립되지 않을 수 있다. 학교 내신을 철저히 준비하는 것 자체가 구술면접 대비로 연결된다는 인식으로 대비하는 것이 보다 효과적이다.

❸ 해외파 학생에게는 오히려 불리

2008학년도에는 영어의 변별력은 약화되는 반면 학교 내신과 구술면접의 중요도는 높아질 전망이다. 영어듣기 실력이 뛰어나더라도 프리미엄이 없어질 수밖에 없는 상황이기 때문에 해외유학을 가려고 한다면 잘 생각해 봐야 한다. 본인의 취약점, 해외유학을 하고 돌아왔을 때 발생할 수 있는 각종 변수 등을 충분히 고려해 신중하게 결정해야 할 것이다.

❹ 순수 국내파 학생 중 학교 내신이 강한 학생들에게 유리

학교 내신, 교과 성적이 우수한 학생이 풀기에 적합한 구술면접 문제들이 집중 출제될 전망이다. 따라서 해외파 학생들보다는 순수 국내파 학생들이 유리할 것으로 보이며, 학교 내신과 교과형 구술면접에 강하다면 영어 실력이 다소 부족하더라도 도전해 볼 수 있다.

2008학년도 서울 6개 외고 학교 내신 실질 반영 비율에 따른 석차 백분율과 그에 따른 학교 내신 변화

평균 석차 백분율	대원외고				대일외고		명덕외고		한영외고				서울외고			이화외고	
	2008	비율	2007	비율	2008	2007	2008	2007	2008	비율	2007	비율	2008	2007	2007 (2단계)	2008	2007
최고점	100.0	100.0%	450	100.0%	150	150	300	300	110	100.0%	280	100.0%	200	200	100	240	240
1.0	100.0	100.0%	449.7	99.9%	150	150	300	300	109.7	99.7%	279.7	99.9%	199.5	199.5		240	240
2.0	99.9	99.9%	449.3	99.9%	150	150	300	300	109.4	99.5%	279.4	99.8%	199	199.5		240	240
3.0	99.8	99.8%	449.0	99.8%	150	150	298	300	109.1	99.2%	279.1	99.7%	198.5	199.5		240	240
4.0	99.7	99.7%	448.7	99.7%	148	148	298	300	108.8	98.9%	278.8	99.6%	198	199.5		238	238
5.0	99.5	99.5%	448.3	99.6%	148	148	298	298	108.5	98.6%	278.5	99.5%	197.5	199.5		238	238
6.0	99.3	99.3%	448.0	99.6%	148	148	298	298	108.2	98.4%	278.2	99.4%	196	199.5		238	238
7.0	99.0	99.0%	447.7	99.5%	148	148	296	298	107.9	98.1%	277.9	99.3%	195.5	195.5		238	238
8.0	98.7	98.7%	447.3	99.4%	148	148	296	298	107.6	97.8%	277.6	99.1%	195	195		236	236
9.0	98.4	98.4%	447.0	99.3%	148	148	296	298	107.3	97.5%	277.3	99.0%	194.5	194.5		236	236
10.0	98.0	98.0%	446.7	99.3%	148	148	296	298	107	97.3%	277	98.9%	194	194	97	236	236
11.0	97.6	97.6%	446.3	99.2%	144	146	296	298	106.7	97.0%	276.7	98.8%	191.5	191.5		234	234
12.0	97.1	97.1%	446.0	99.1%	144	146	294	296	106.4	96.7%	276.4	98.7%	191	191		234	234
13.0	96.6	96.6%	445.7	99.0%	144	146	294	296	106.1	96.5%	276.1	98.6%	190.5	190.5		234	234
14.0	96.1	96.1%	445.3	99.0%	144	146	294	296	105.8	96.2%	275.8	98.5%	190	190		234	234
15.0	95.5	95.5%	445.0	98.9%	144	146	294	296	105.5	95.9%	275.5	98.4%	189.5	189.5		232	232

평균 석차 백분율	대원외고				대일외고		명덕외고		한영외고				서울외고			이화외고	
	2008	비율	2007	비율	2008	2007	2008	2007	2008	비율	2007	비율	2008	2007	2007 (2단계)	2008	2007
최고점	100.0	100.0%	450	100.0%	150	150	300	300	110	100.0%	280	100.0%	200	200	100	240	240
16.0	94.9	94.9%	444.7	98.8%	144	146	294	296	105.2	95.6%	275.2	98.3%	188	187		240	232
17.0	94.2	94.2%	444.3	98.7%	144	146	294	296	104.9	95.4%	274.9	98.2%	187.5	186.5		232	232
18.0	93.5	93.5%	444.0	98.7%	144	146	292	296	104.6	95.1%	274.6	98.1%	187	186		232	232
19.0	92.8	92.8%	443.7	98.6%	144	146	292	296	104.3	94.8%	274.3	98.0%	186.5	185.5		232	232
20.0	92.0	92.0%	443.3	98.5%	144	146	292	296	102	92.7%	274	97.9%	186	185	92.5	228	228
30.0	82.0	82.0%	440.0	97.8%	140	142	290	294	98	89.1%	271	96.8%	177	177	88.5	218	214

이렇게 해야 특목고 갈 수 있다

2008학년도 경기권 외고 학교 내신 석차 백분율에 따른 점수 변화

평균 석차 백분율	고양외고 2008	고양외고 2007	과천외고 2008	과천외고 2007	동두천외고 2008	동두천외고 2007	명지외고 2008	명지외고 2007	성남외고 2008	성남외고 2007	안양외고 2008	안양외고 2007	외대부속외고 2008	외대부속외고 2007	김포외고 2008	김포외고 2007
최고점	300	300	300	300	200	200	150	150	200	200	100	100	320	320	100	120
1.0	300.0	300.0	300	300	200	200	150	150	199	200	100	100	320	320	99.85	119.7
2.0	300.0	300.0	300	300	200	200	150	150	198	200	100	100	320	320	99.7	119.4
3.0	300.0	300.0	300	300	200	200	150	150	197	200	100	100	320	320	99.55	119.1
4.0	300.0	300.0	300	300	200	200	150	150	196	200	100	100	320	320	99.4	118.8
5.0	296.5	296.5	299	299	198	198	149	149	196	198	100	100	318	318	99.25	118.5
6.0	296.5	296.5	299	299	198	198	149	149	195	198	100	100	318	318	99.1	118.2
7.0	296.5	296.5	299	299	198	198	149	149	194	198	100	100	318	318	98.95	117.9
8.0	293.0	293.0	299	299	198	198	149	149	193	198	100	100	316	316	98.8	117.6
9.0	293.0	293.0	299	299	198	198	149	149	192	198	100	100	316	316	98.65	117.3
10.0	293.0	293.0	298	298	196	196	148	148	191	196	99	99	316	314	98.5	117
11.0	293.0	293.0	298	298	196	196	148	148	190	196	99	99	316	314	98.35	116.7
12.0	289.5	289.5	298	298	196	196	148	148	189	196	99	99	314	314	98.2	116.4
13.0	289.5	289.5	298	298	196	196	148	148	188	196	99	99	314	314	98.05	116.1
14.0	289.5	289.5	298	298	196	196	148	148	187	196	99	99	312	312	97.9	115.8
15.0	289.5	289.5	297	297	194	194	148	148	186	194	99	99	312	312	97.75	115.5

평균 석차 백분율	고양외고		과천외고		동두천외고		명지외고	
	2008	2007	2008	2007	2008	2007	2008	2007
최고점	300	300	300	300	200	200	150	150
16.0	286.0	286.0	297	297	194	194	148	148
17.0	286.0	286.0	297	297	194	194	148	148
18.0	286.0	286.0	297	297	194	194	148	148
19.0	286.0	286.0	297	297	194	194	148	148
20.0	282.5	282.5	296	296	192	192	147	147
30.0	275.5	275.5	290	290	185	185	144	146

평균 석차 백분율	성남외고		안양외고		외대부속외고		김포외고	
	2008	2007	2008	2007	2008	2007	2008	2007
최고점	200	200	99	100	320	320	100	115.2
16.0	185	194	99	99	312	312	97.6	114.9
17.0	184	194	99	99	310	310	97.45	114.6
18.0	183	194	99	99	310	310	97.3	114.3
19.0	182	194	98	99	310	310	97.15	114
20.0	181	192	97	98	310	310	97	111
30.0	171	185		97	306	306	95.5	

대원외고/예년 합격자 평균 영어듣기 45문항 중 41문항, 구술면접 11문항 중 6.5~7문항 정도

학년	석차 백분율에 따른 점수		최고점과의 점수 차		점수 차 극복 가능한 문항 수			
					영어듣기(45문항)		구술면접(11문항)	
	2008	2007	2008	2007	2008	2007	2008	2007
최고점	100	450	−	−	−	−	−	−
10%	98	446.7	2	3.3	1.5	1.5	0.6	0.7
20%	92	443.3	8	6.7	6.2	3.0	2.2	1.5
30%	82	440	18	10	13.8	4.5	5.0	2.2

대일외고/예년 합격자 평균 영어듣기 60문항 중 54문항, 구술면접 10문항 중 6~7문항 정도

학년	석차 백분율에 따른 점수		최고점과의 점수 차		점수 차 극복 가능한 문항 수			
					영어듣기(60문항)		구술면접(10문항)	
	2008	2007	2008	2007	2008	2007	2008	2007
최고점	150	150	−	−	−	−	−	−
10%	148	148	2	2	1.2	1.2	0.4	0.4
20%	144	146	6	4	3.5	2.4	1.2	0.8
30%	140	142	10	8	5.9	4.7	2.0	1.6

명덕외고/예년 합격자 평균 영어듣기 30문항 중 25문항, 구술면접 11문항 중 6~7문항 정도

학년	석차 백분율에 따른 점수		최고점과의 점수 차		점수 차 극복 가능한 문항 수			
					영어듣기(30문항)		구술면접(11문항)	
	2008	2007	2008	2007	2008	2007	2008	2007
최고점	300	300	−	−	−	−	−	−
10%	296	298	4	2	2.4	1.2	0.9	0.4
20%	292	296	8	4	4.7	2.4	1.8	0.9
30%	290	294	10	6	5.9	3.5	2.2	1.3

한영외고/예년 합격자 평균 영어듣기 30문항 중 26.5~27문항, 구술면접 10문항 중 7문항 정도

학년	석차 백분율에 따른 점수		최고점과의 점수 차		점수 차 극복 가능한 문항 수			
					영어듣기(30문항)		구술면접(10문항)	
	2008	2007	2008	2007	2008	2007	2008	2007
최고점	110	280	–	–	–	–	–	–
10%	107	277	3	3	1.5	1.3	1	0.6
20%	102	274	8	6	4	2.6	2.7	1.2
30%	98	271	12	9	6	3.9	4	1.8

서울외고/예년 합격자 평균 영어듣기 30문항 중 23.3문항, 구술면접 12문항 중 7~7.5문항 정도

학년	석차 백분율에 따른 점수		최고점과의 점수 차		점수 차 극복 가능한 문항 수			
					영어듣기(30문항)		구술면접(12문항)	
	2008	2007	2008	2007	2008	2007	2008	2007
최고점	200	200	–	–	–	–	–	–
10%	194	194	6	6	4.6	4.6	1.8	2.4
20%	186	185	14	15	10.8	11.5	4.2	6.0
30%	177	177	23	23	17.7	17.7	7.0	9.2

이화외고/예년 합격자 평균 영어듣기 33문항 중 22.5문항, 구술면접 11문항 중 7~7.5문항 정도

학년	석차 백분율에 따른 점수		최고점과의 점수 차		점수 차 극복 가능한 문항 수			
					영어듣기(30문항)		구술면접(11문항)	
	2008	2007	2008	2007	2008	2007	2008	2007
최고점	240	240	–	–	–	–	–	–
10%	236	236	4	4	2.7	2.7	0.9	0.9
20%	228	228	12	12	8.0	8.0	2.7	2.7
30%	218	214	22	16	14.7	17.3	4.9	5.8

3 _ 대원외고 영어듣기, 구술면접 표준점수 도입, 구술면접 상대적 비중 매우 중요

대원외고는 2008학년도 입시부터 영어듣기와 구술면접에서 표준점수를 도입하게 된다. 표준점수 도입으로 영어듣기보다 구술면접의 비중이 더욱 커질 전망이다. 즉 총점이 같더라도 영어듣기보다 구술면접에서 다른 학생들보다 높은 점수를 받는 학생이 더 유리하다는 말이다.

표준점수는 시험 난이도가 높을수록 높게 나오고, 낮으면 낮을수록 낮게 나온다. 100점 만점일 경우 표준점수를 구하는 산출식이 아래와 같기 때문이다.

$$표준점수 = \frac{(본인\ 점수 - 평균)}{표준편차} \times 10 + 50$$

결국 평균이 낮을수록, 표준편차가 작을수록 표준점수는 높게 나온다. 평균이 낮고, 표준편차가 작다는 말은 시험 난이도가 높을 때 형성되는 조건이다. 따라서 어려운 시험에서 고득점을 받는 것이 더 도움이 된다.

참고로 대입수능에서도 2007학년도까지 표준점수를 사용했는데, 이 표준점수에 따라 선택과목에서 같은 만점을 받았다 하더라도 어려운 영역에서 원점수로 만점을 받은 학생들은 표준점수가 높게 나타났고, 쉬운 영역에서 만점을 받은 학생들은 표준점수가 낮아 전체적인 수능점수가 낮게 나타나 대학 지원에 상당한 혼란을 겪었다.

아래 표는 영어듣기가 강한 학생(A)과 구술면접이 강한 학생(B)이 각각 2008학년도 대원외고에 지원하였을 경우 원점수를 표준점수로 산출해 본 것이다.

원점수로는 A 학생이 높지만 표준점수로 환산하면 B 학생이 높게 나타나 실제로는 B 학생이 합격하게 된다.

구분		원점수	평균	편차	표준점수
A학생	영어듣기(60점)	60	54	7	35.1
	구술면접(40점)	20	24	3	14.7
	합계	80	78		49.8
B학생	영어듣기(60점)	51	54	7	27.4
	구술면접(40점)	26	24	3	22.7
	합계	77	78		50.1

이중지원 금지제도

현재 대학 입시제도에서는 정시에 가군, 나군, 다군에 복수지원하는 것이 가능하지만 특목고는 어떤 특정 학교에 원서 접수를 하고 나면 합격 여부가 판가름 나지 않는 상태에서 그 다음으로 원하는 학교에 지원할 수 없다.

따라서 우선적으로 가고자 하는 학교의 원서 접수가 언제 시작되고, 합격자 발표는 언제 하고, 그 다음으로 원하는 학교의 원서 접수는 언제 시작되는지 잘 알아두어야 한다. 즉 입시 일정이 겹치지 않는 학교를 선택하는 것이 중요하다. 따라서 지원 전략도 입시 일정에 맞춰 세워야 한다.

학부형들에게 가끔 받는 질문이 있다.

"한 학교에 붙었는데 가고 싶은 학교가 그 이후에 학생을 모집한다면, 일단 안정적으로 한 학교에 합격해 놓고 다른 학교에 지원하는 것이 가능할까요?"

결론적으로 말해 가능하지 않다. 현재 특목고 규정상 한 학교에 합격한 상태에서 다른 학교에 다시 지원하는 것은 금지되어 있기 때문이다.

처음 지원한 학교에 합격한 학생은 그 학교에 입학해야 한다. 다른 학교에 가길 원한다면 당해 연도에 고등학교에 입학하는 것을 포기하거나 일단 입학한 후 전학을 가야 한다. 따라서 단순히 합격만을 위해 원하지 않는 학교를 지원하는 것은 신중히 판단해서 할 필요가 있다.

선행학습, 불필요한가?

특목고를 준비하는 학생들에게 있어 선행학습은 필수불가결한 것이다. 문제는 어느 정도 수준까지 선행학습을 해두어야 하는가에 있다.

우선 첫 번째로 학교 내신은 기본적으로 관리해야 한다. 최소한 전체 학년에서 5% 이내 정도로 관리를 해놓으면 불이익을 받을 일은 전혀 없다. 5% 이내에 들기 어렵다면 최소한 10% 이내에 들 수 있도록 관리를 해놓아야 특목고 진학을 고려해 볼 수 있다.

두 번째로 영어의 선행학습은 독해 및 영어듣기 모두 고3 수준 이상을 뛰어넘는 실력을 갖추는 것이 가장 바람직하다. 독해의 경우 수능의 독해 수준을 유지해 주면 되지만 전제 조건이 있다. 모든 문장을 직독 직해할 수 있는 상태에서 그 정도 수준까지 올라가야 한다는 것이다. 특히 서울 시내 외고나 경기권 외고 중에서 최상위권 외고에 들어가기 위해서는 그 정도 수준의 선행학습이 반드시 필요하다.

또한 외고 준비생들에게는 구술면접 사고력에 대비해 수학을 어느 정도 학습해 놓아야 하는지도 고민일 것이다. 지금까지는 고1 수준까지 준비해 놓으면 되었지만 사고력이 수학 과목이냐 아니냐를 구분하기가 점점 애매해지고 있기 때문이다. 갈수록 수학 과목이 아닌 창의 사고력 문제가 주로 출제되고 있는 상황인 것이다. 따라서 반드시 선행학습이 필요하다고 볼 수는 없다. 선행학습이 실제로 구술면접 사고력에 도움이 된다고도 볼 수 없고, 사고력 수준이 중3 수준이냐, 고1 수준이냐, 초등 6학년 수준이냐를 구분 지을 수도 없다. 정규교과 커리큘럼도 아니고 학습교과 과정도 아니기 때문이다. 그러나 사고력 훈련에 가장 도움이 되는 과목이 수학이라고 가정한다면, 중3 단계에 고2 수준까지 올라갈 수 있을 정도의 실력을 갖춘 학생들은 굳이 선행학습을 마다할 필요는 없다.

다음으로 국어의 경우는 수능형 국어 문제 수준으로 출제되고 있으므로 중학교 교과에서 나오는 국어는 완벽하게 학습을 해놓아야 하고, 독서를 많이 해야 한다. 국어는 평소의 독서량에 의해 판가름 날 것으로 보인다.

통합사회와 관련된 문제는 현재 중학교 교과서에서 나오고 있지만, 사회 관련 문제는 심화 수준까지 끌어올려 출제하고 있다. 그러므로 통합사회는 선행학습보다는 중학교 교과에 나오는 내용들을 현실 시사적인 내용이나 다른 교과 과목의 개념들과 연계시킬 수 있는 논리성을 키워야 하고, 개념을 완전히 정립해 놓아야 한다.

과학고에 지원하려는 학생들은 기본적으로 국, 수, 영, 과학 과목의 학교 내신을 2%~4% 이내로 유지를 해놓는 게 가장 안전하다. 수학 구술면접은 대부분은 중학교 교과 수준 내에서 출제되고 있지만 고2 수준의 고난이도 문제도 간혹 출제되고 있다. 따라서 과학고를 지원하는 학생들은 일단 중학교 교과 내에서 나오는 수학문제는 모두 다 맞출 수 있어야 한다. 실제로 그러한 학생들이 대부분이기 때문에 고 1, 2학년 정도의 사고력을 요하는 수학, 과학 문제에서 합격 여부가 판가름 나고 있다. 따라서 과고를 준비하는 학생들에게 있어 선행학습은 불가피하며, 선행학습이 이루어지지 않았을 때는 절대적으로 불리하다고 할 수 있다.

자사고의 경우에도 영재성 판별검사를 보고 수학, 과학의 심층면접 형태로 구술면접을 보는 학교들도 있으므로 고교 1, 2 학년 정도의 선행학습은 불가피하다.

구술면접 대처 요령

구술면접은 외고에 지원하는 학생의 경우 국어와 영어독해뿐만 아니라 사고력과 통합사회 관련 문제까지 철저히 준비해 두어야 한다. 보통 외고입시에서는 구술면접으로 10~12문제 정도를 출제하고 있는데, 그중에서 현재까지 학생들이 가장 어려움을 느낀 것이 사고력 문제들이었다.

구술면접에 대비하는 가장 좋은 방법은 먼저 중학교 교과서를 열심히 공부하는 것이다. 즉 중학교 교과 과목을 최상의 성적으로 유지하는 것이 선결 과제이며, 이것이 특목고 구술면접에 필요한 사고력을 발달시키는 지름길이라 할 수 있다.

두 번째는 많은 양의 글을 읽고 해석해 보면서 논리적으로 이해할 수 있는 능력을 키워야 한다. 국어 문제가 됐든 독해 문제가 됐든 사고력 문제가 됐든 글을 읽고 해석해 보는 과정을 얼마나 많이 반복했느냐에 따라 승패가 판가름 난다는 것을 알아야 한다. 현재까지의 입시 경향을 살펴보면 구술면접이 직접 물어보는 형태일지라도 말을 유창하게 잘할 수 있는지 없는지를 살피는 문제는 없었다. 주어진 질문에 대해 정확한 답을 말할 수 있는지, 정답을 내는 과정이 논리적인지 등을 살피는 것이다. 이에 대비하기 위해서는 역시 중학교 교과 과정을 충실하게 심화적으로 공부할 필요가 있다.

국어가 가장 중요하지만 그렇다고 수학을 등한시해서는 안 된다. 수학문제가 직접적으로 출제되진 않지만 수학적인 사고력을 충분히 갖춘 학생에게 유리한 문제들이 집중적으로 출제되고 있기 때문이다.

과학고의 경우 주로 수학과 과학 문제가 구술면접 문제로 나오는데, 과학문제 50~60%, 수학문제 40~50% 비율로 출제되고 있다. 과학고 역시 중학교 교과서에 나오는 수학문제뿐만 아니라 생물, 물리, 화학, 지구과학 등 과학 과목을 충실하게 공부해 놓아야 한다. 현재까지의 판도로 봤을 때 과학고 문제들이 고1 정도의 선행학습은 기본적으로 요구하는 수준이었다는 것을 참고하도록 하자.

합격의 주요 변수, 구술면접의 모든 것

1 _ 서울 지역은 구술면접, 경기 지역은 학업적성검사

구술면접에 철저히 대비하기 위해서는 먼저 서울 지역 학교는 구술면접을, 경기 지역 학교는 대부분 학업적성검사를 실시한다는 것을 알고 구술면접과 학업적성검사 간의 차이점을 분명히 인식할 필요가 있다.

서울 지역 구술면접은 기본적으로 언어, 사고력, 영어, 사회교과 등 4개 영역으로 출제되고 있는데 문제 푸는 시간을 30~40분 준 후 면접관 앞에서 정답과 정답이 나온 이유에 대해 말하는 방식으로 진행된다.

경기 지역은 일반전형의 경우 언어, 수리 창의사고력, 영어 지필고사 형태의 학업적성검사만 실시한다.

서울 및 경기권 외고 일반전형 구술면접(학업적성검사) 영역별 출제 문항 수

구분	서울권				
	언어	영어	사고력	사회교과	계
대원외고	3	2	5	1	11
대일외고	3	2	4	1	10
명덕외고	4	2	4	1	11
한영외고	3	2	5	–	10
이화외고	3	3	3	2	11
서울외고	5	2	4	1	12
합 계	21 (32.3%)	13 (20.0%)	25 (38.5%)	6 (9.2%)	65 (100%)

구분	경기권			
	영어독해	언어	수리사고력	합계
외대부속		6~8	12~14	20
명지	20	20	20	60
과천	24	20	20	64
안양	23	25	16	64
고양	30		20	50
김포	8	10	13	31
동두천	16	16	8	40
수원	16	16	8	40
성남	16	16	8	40
합 계	153 (37.4%)	129~131 (31.8%)	125~127 (30.8%)	409 (100%)

※ 위 표는 일반전형 기준임

2 _ 시사 뉴스와 사자성어는 반드시 재점검

서울 지역 학교에 지원하고자 하는 학생들은 시사 뉴스와 사자성어를 반드시 재점검해야 한다. 시사 뉴스는 구술면접 지문뿐만 아니라 영어 지문에서도 꾸준히 출제되는 소재였다. 따라서 신문, 인터넷 등을

통해 최근 시사 뉴스를 꼼꼼히 체크할 필요가 있다.

영어, 외국어 우수자로 지원하고자 하는 학생이라면 시사 뉴스는 에세이 소재로도 출제될 가능성이 높기 때문에 남은 기간 동안 시사 뉴스를 소재로 글을 써보는 것도 도움이 될 것이다.

사자성어도 영어듣기, 구술면접에서 꾸준히 출제되고 있는 소재라는 것에 유의해야 한다. 영어듣기의 경우 들려주는 상황에 알맞은 사자성어를 고르는 문제가 주로 출제되어 사자성어의 의미를 묻고 있으며, 구술면접에서는 지문의 상황에 잘 어울리는 사자성어를 고르는 패턴의 문제가 출제되고 있다.

3 _ 구술면접, 사고력과 언어 지문 제시형이 가장 어려워

구술면접에서 수험생들이 가장 어려워하는 영역은 주로 사고력과 언어 지문 제시형이다. 따라서 이 부분을 집중적으로 보완하는 학습이 필요하다. 최종 보완학습은 전년도 기출문제를 풀었을 때 틀린 문제를 중심으로 복습하는 것이 좋다.

사고력 문제는 매년 새로운 유형으로 출제되기 때문에 평소 사고력과 연관된 다양한 문제들을 접하는 것이 도움이 된다. 하지만 최종 단계에서는 많은 문제를 새롭게 풀기보다는 그동안 틀린 문제를 중심으로 조건을 해석하고 그에 따라 정답에 접근해 나가는 방법을 다시 한 번 익힐 필요가 있다. 사고력 문제는 조건을 활용하여 묻는 형태를 띠고 있기 때문이다.

언어 지문 제시형은 하나의 지문을 읽더라도 핵심 주제와 문단별 소주제를 파악해 전체 글의 흐름을 읽어내는 능력이 필요하다.

4 _ 경기권 외고, 학교별 예시 문항과 교과서 중 다양한 읽을거리를 중심으로 학습

우선 경기권 외고는 외대부속외고를 제외하고는 수능 형태의 문제들을 출제하고 있다. 또한 통합교과 형태의 문제를 내는 서울 지역 학교들과는 달리 교과서 출제 비중이 50% 이상을 차지하고 있으므로 교과학습이 무엇보다 중요하다.

외대부속외고는 글로벌 학업적성검사를 실시하고 있는데 교과 내용을 바탕으로 문제가 출제된다. 따라서 문제의 전체적인 난이도는 높지 않지만 다양한 해석이 가능하기 때문에 조건을 꼼꼼히 읽지 않으면 실수하기 쉽다. 전년도 기출문제를 토대로 출제 유형을 익혀두는 것도 도움이 될 것이다.

명지외고, 과천외고 등은 학교 홈페이지를 통해 문제 출제 유형을 공개하고 있으므로 우선 기출문제를 풀어보고 교과학습과 수능 유형의 문제들을 많이 풀어보아야 한다.

교과는 국어, 수학, 영어 교과서를 중심으로 공부해 두어야 한다. 특히 국어, 수학 교과서는 본문뿐만 아니라 발전문제나 심화문제, 읽을거리 등도 꼼꼼히 읽어둘 필요가 있다.

그럼 다음 장부터는 외고와 과학고, 자사고의 구술면접 특징과 그에 대한 대비 전략을 꼼꼼히 살펴보도록 하겠다.

구술면접 반영 비율과 출제 유형

1 _ 구술면접 사고력

❶ 서울은 구술면접 형태, 경기 및 지방은 지필고사 형태로 실시

전국 29개 외고 중 구술면접 또는 지필고사(학업적성검사) 형태로 사고력을 테스트하는 학교로는 서울, 경기 15개 외고와 인천, 부산국제, 부산, 부일, 전북외고 등 모두 20개 학교가 있다.

서울 6개 외고는 모두 구술면접형태로 구술면접 보조 자료를 면접 전에 미리 보여주고, 면접관 앞에서 5~7분 이내로 답변하는 형태로 진행되며, 경기 및 지방외고는 모두 주어진 문제에 정답을 기입하는 지필고사 형태로 진행된다.

외고를 지원하는 수험생들의 체감 난이도가 가장 높은 영역은 구술면접(또는 학업적성검사) 사고력 문항이다. 사고력 문항에서는 수험생들이 절반 이하도 풀지 못하는 수준의 문제들이 출제되고 있다.

❷ 서울에서는 한영, 대일외고, 경기에서는 고양외고, 외대부속외고가 사고력 출제 비중 가장 높아

최근 2개 학년도 외고입시를 보면 서울 6개 외고 중 구술면접에서 사고력 출제 비중이 가장 높은 학교는 한영, 대일외고로 구술면접 총 문항 수에서 각각 45%를 차지한다. 다음으로 대원외고가 42.9%, 명덕외고 39.1%, 이화외고 30.4% 순이고, 서울외고가 29.2%로 구술면접 사고력 비중이 가장 낮다.

경기권에서는 고양외고가 학업적성검사에서 사고력 문항으로만 100% 출제되고, 다음으로 외대부속외고 76.7%, 김포외고 59.2%, 과천외고 50.0% 순이다. 경기권에서 사고력 문항의 비중이 가장 낮은 학교는 성남, 수원, 동두천외고로 각각 33.3%이다.

❸ 서울 및 경기권 외고의 영어듣기 대비 사고력 비중

최근 2개 학년도 외고입시의 사고력 문항을 영어듣기 문항과 비교 분석해 보면 대원외고는 사고력 1문항이 영어듣기 45문항 중 2.7문항에 해당되는데 이를 다시 영어듣기와 구술면접 점수로 비교해 볼 때 사고력 문항 전체가 영어듣기 45문항 중 13.5문항을 차지한다.

대일외고는 사고력 1문항이 영어듣기 3문항에 해당되며, 사고력 문항 전체는 영어듣기 60문항 중 12문항에 해당된다. 명덕외고는 사고력 1문항이 영어듣기 2.7문항에 해당되고, 사고력 문항 전체는 영어듣기 30문항 중 10.8개 문항에 해당된다.

결국 서울 6개 외고 영어듣기 합격권이 85점에서 90점 이상이라는 점을 감안할 때 사고력 문제에서 절반 정도 못 풀었다면 합격하기 어렵다. 특히 대원외고의 경우 금년도부터 특별, 일반전형의 영어듣기, 구술면접에서 표준점수제를 적용하게 된다. 따라서 영어듣기에서 만점을 맞았다 하더라도 구술면접 점수가 낮으면 합격을 보장받을 수 없게 된다. 영어듣기는 전체 평균점수가 높기 때문에 표준점수 전환 시에는 원점수보다 낮게 나타난다. 반면에 상대적으로 상당히 어려움을 겪고 있는 구술면접 사고력에서 높은 점수를 획득했을 경우 본인의 원점수보다 표준점수를 높게 받을 수 있어 당락이 뒤바뀔 수 있다.

경기권에서는 외대부속외고가 구술면접 사고력이 차지하는 비중이 영어듣기 55문항 중 44.2문항으로 가장 높고, 다음으로 고양외고가 영어듣기 및 독해 50문항 중 34문항, 명지, 과천외고가 영어듣기 및 독해 40문항 중 22문항에 해당하는 정도다.

동두천외고와 성남외고는 영어듣기 및 독해 49문항 중 7.2문항으로 경기권 9개 외고 중 영어듣기 대비 사고력 비중이 가장 낮다.

❹ 수학적 계산 적용 문제보다는 논리적 사고 문제 출제가 유력

2008학년도 서울, 경기권 외고 구술면접 사고력 문제에서는 상황 설정 자체가 수학적 접근을 요하거나 특정 수학교과 단원을 적용하여 푸는 문제들은 전면 배제될 것으로 예상된다. 반면에 협상 상황, 통합 교과적인 내용, 현실에서 쉽게 접할 수 있는 소재 등 수학적 계산 적용 문제가 아닌 논리적 사고 문제 출제가 유력할 것으로 전망된다. 그러나 논리적 사고는 수학적 사고 능력이 있어야 가능하다는 것을 잊어서는 안 된다. 따라서 외고의 사고력 문제에서 수학문제가 출제되지 않는다는 이유로 수학 공부를 소홀히 한다면 득보다 실이 많을 것이다.

서울 지역 외고 사고력 출제 비중

구분	학교	구술면접 문항 수	사고력 문항 수	사고력 비중
서울 6개 외고	한영	10	4.5	45.0%
	대일	10	4.5	45.0%
	대원	10.5	4.5	42.9%
	명덕	11.5	4.5	39.1%
	이화	11.5	3.5	30.4%
	서울	12	3.5	29.2%
	합 계	65.5	25	38.2%
경기 9개 외고	고양	20	20	100.0%
	외대부속	15	11.5	76.7%
	김포	24.5	14.5	59.2%
	과천	40	20	50.0%
	명지	42.5	20	47.1%
	안양	39.5	14.5	36.7%
	동두천	24	8	33.3%
	수원	24	8	33.3%
	성남	24	8	33.3%
	합 계	253.5	124.5	49.1%

사고력 vs 영어듣기 상대적 비중 비교 분석

구분	학교	영어평가		사고력 문항 수		사고력 1문항 당 영어듣기 문항 수	사고력 전체 문항 대비 영어 문항 수
		문항 수	문항당 점수	문항 수	문항당 점수		
서울 지역	대원	45	1.3	11	3.6	2.7	13.5
	대일	60	1.7	10	5.0	3.0	12.0
	명덕	30	1.7	11	4.5	2.7	10.8
	한영	30	2.0	10	3.0	1.5	7.5
	이화	33~34	1.5	11	4.5	3.0	9.0
	서울	30	1.3	12	3.3	2.5	10.0
경기 지역	외대부속	55	1.5	20	5.0	3.4	44.2
	명지	40	1.8	40	2.0	1.1	22.0
	과천	40	1.8	40	2.0	1.1	22.0
	안양	30	1.3	41	1.5	1.1	17.6
	고양	50	2.4	20	4.0	1.7	34.0
	김포	24	1.7	23	2.6	1.6	20.8
	동두천	49	2.9	24	2.5	0.9	7.2
	수원	49	2.0	24	4.2	2.0	16.0
	성남	49	2.9	24	2.5	0.9	7.2

2 _ 구술면접 언어

❶ 2008학년도 서울 및 수도권 외고 입시 언어 비중 높아질 전망

서울 및 수도권 15개 외고 중 고양외고를 제외한 대원, 명덕, 한영, 외대부속외고 등 14개교의 구술면접에서 언어 영역이 출제되고 있다. 대부분의 학생들이 구술면접에서 사고력을 가장 어렵게 느끼고, 실제로도 가장 낮은 점수를 받는 것으로 알려져 있다. 그러나 구술면접 사고력 못지않게 수험생들이 어렵게 느끼는 영역이 언어로 실제로도 사고력 문제와 마찬가지로 합격자 평균점수가 낮다.

특히 금년도에는 각 학교마다 구술면접에서 수학, 과학 문제를 배제하겠다는 원칙을 세워놓고 있기 때문에 구술면접 언어 영역은 문항수가 늘어날 가능성이 높고, 실제로도 고난이도의 사고력을 요하는 문제들이 집중 출제될 것으로 예상된다.

❷ 언어 영역, 서울권 구술면접 10문제 중 평균 3.2문항, 경기권 5.5문항

서울권 6개 외고 중에서 서울외고가 구술면접에서의 언어 영역 출제 비중이 45.8%로 가장 높고, 명덕 34.8%, 이화 30.4%, 대일, 한영외고 30.0%, 대원 23.8% 순이다.

경기권 외고에서는 수원, 성남, 동두천외고가 학업적성검사에서의 언어 출제 비중이 66.7%로 가장 높고, 안양 63.3%, 명지 52.9%, 과천 50.0%, 김포 40.8% 순이다. 외대부속외고는 가장 낮은 35.0%가 출제된다.

❸ 서울 및 경기권 대부분이 언어 영역에서 절반 이상 틀릴 경우 영어 평가로 점수 차 극복 불가능

언어 영역 출제 문항과 각 학교별 영어평가 문항, 영어평가 합격자 커트라인을 비교해 보면 언어 영역에서 절반 이상 틀릴 경우 영어평가로 극복이 불가능한 것으로 분석된다.

대원외고 최근 2개년도 언어 영역 구술면접 총 문항을 영어듣기와 비교해 보았을 때, 영어듣기 45문항 중 8.4문항에 해당된다. 전년도 영어듣기 합격자 커트라인이 45문항 중 41문항이었던 것과 비교해 보면 영어듣기로 극복이 가능한 문항 수는 4문항 정도다. 결국 언어 영역에서 절반만 틀려도 영어듣기로 점수 차를 극복하는 것은 불가능해진다.

명덕외고는 언어 영역이 영어듣기평가 30문항 중 10.8문항에 해당되며, 영어듣기로 극복이 가능한 문항 수는 5.4문항이다. 외대부속외고는 언어 영역이 영어듣기평가 55문항 중 23.8문항에 해당되며, 영어듣기로 극복이 가능한 문항 수는 11.0문항이다. 결국 언어 영역에서 절반 이상을 틀릴 경우 사실상 합격권에서 멀어진다고 봐야 한다.

❹ 구술면접 수학문제 배제로 논리적 사고를 물어보는 언어문제 다수 출제될 전망

2008학년도 서울권 외고 구술면접에서 수학적 문제 출제가 배제됨에 따라 상대적으로 언어의 비중이 더욱 커질 전망이고, 언어에서 사고력을 측정할 수 있는 문제도 출제될 전망이다.

언어의 경우 단순히 글의 주제나 지문의 이해 정도를 물어보는 문제보다는 여러 지문을 통해 통합적으로 추론, 이해할 수 있는 논리적 사고력을 물어보는 문제가 다수 출제될 것으로 보인다.

서울 6개 외고 구술면접에서는 질문의 핵심 의도를 파악하고 정답과 이유를 면접관 앞에서 짧게 답변하는 것이 주요 관건이다. 따라서 평소 지문을 읽으면서 지문 또는 문제의 핵심 의도를 파악하는 훈련과, 15초 이내에 정답에 대한 이유를 간단명료하게 설명하는 훈련이 필요하다.

최근 2개년도 서울 및 수도권 언어 영역 구술면접 출제 비중 (단위 : %)

구분	학교명	구술면접 총 문항 수	언어 영역 출제 비중	
			문항 수	구성비
서울 6개 외고	서울	12.0	5.5	45.83%
	명덕	11.5	4.0	34.78%
	이화	11.5	3.5	30.43%
	대일	10.0	3.0	30.00%
	한영	10.0	3.0	30.00%
	대원	10.5	2.5	23.81%
경기권 9개 외고	수원	24.0	16.0	66.67%
	성남	24.0	16.0	66.67%
	동두천	24.0	16.0	66.67%
	안양	39.5	25.0	63.29%
	명지	42.5	22.5	52.94%
	과천	40.0	20.0	50.00%
	김포	24.5	10.0	40.82%
	외대부속	20.0	7.0	35.00%
	고양	20.0	미출제	

언어 영역 구술면접 vs 영어평가 상대적 비중 비교 분석 (단위: 문항 수)

구분	학교명	언어 영역이 영어평가에 차지하는 비중 분석			
		영어 문항 수	영어 커트라인 (문항 수 기준)	영어로 극복 가능한 문항 수	언어 영역 모두 틀릴 경우(영어평가 비교 감점 문항)
서울 6개 외고	서울	30	23.3	6.7	13.8
	명덕	30	24.6	5.4	10.8
	이화	33	22.4	10.6	10.5
	대일	60	55.2	4.8	9.0
	한영	30	26.6	3.4	4.5
	대원	45	41.0	4.0	8.4
경기권 9개 외고	동두천	49	39.4	9.6	14.4
	안양	30	26.2	3.8	27.5
	명지	40	35.0	5.0	24.8
	과천	40	31.6	8.4	22.0
	김포	24	23.2	0.8	16.0
	외대부속	55	44.0	11.0	23.8
	수원	49	40.0	9.0	32.0
	성남	49	39.0	10.0	14.4
	고양	50	39.2	언어 미출제	

이렇게 해야 특목고 갈 수 있다

외고 구술면접

1 _ 대원, 외대부속외고 등 16개 외고에서 교과형 구술면접 실시

전국 29개 외고 중에서 서울 및 경기 지역 15개 외고 모두 교과형 구술면접을 실시하고 있지만, 지방은 14개 외고 중에서 인천외고, 전북외고, 부산외고, 부산국제외고, 부일외고 등 5개 외고에서만 실시하고 있다.

그중 대원외고, 외대부속외고는 특별전형 전 부문과 일반전형에서 교과형 구술면접을 실시하고 있으며, 나머지 외고에서는 일반전형과 특별전형 중 주로 학교장 추천자 전형에 집중해서 실시하고 있다.

2 _ 구술면접 형태와 지필고사 형태로 이원화

서울 6개 외고는 질문 자료를 주고 일정 시간 동안 풀도록 한 후 면접관 앞에서 평균 8분 정도로 정답을 말하고 정답이 나오게 된 근거를 설명하는 형태로 진행하고 있다. 구술면접의 사고력, 언어, 영어독해는 1차적으로 정답이 가장 중요하다. 이들 영역에서는 사실상 정답 체크만 할 뿐 이유는 거의 묻지 않는다. 반면 통합사회 영역은 정답뿐만 아니라 정답에 대한 이유를 논리적으로 설명할 수 있어야 한다. 통합사회 영역에서는 비록 답이 틀리더라도 답이 나오게 된 근거가 논리적이고 명확하다면 부분점수가 부여된다는 점을 명심해야 한다.

하지만 외대부속, 명지, 과천외고 등 경기권 9개 외고와 지방의 5개 외고는 시험지를 푸는 지필고사 형태로 진행된다. 따라서 사실상 정답만 제출하며, 풀이 과정을 쓰지 않기 때문에 정답의 이유보다는 정답을 맞히는 데 더 집중할 필요가 있다.

3 _ 학교별 출제 유형

대원외고의 경우 특별, 일반전형에서 10문항이 출제되는데 10문항을 40분 동안 푼 후 2명의 면접관 앞에서 5분 동안 개별면접을 하는 형태로 진행된다. 특별전형에서는 시사성 짙은 사회교과와 사고력 문제가 전체 10문항 중 7문제 출제되며, 일반전형에서는 영어독해와 사고력이 전체 10문항 중 7문제가 출제된다. 이 중 사고력은 특별전형, 일반전형 각각 4문항으로 출제 비중이 높다는 것과 정답에 대한 이유를 제시하는 정도에 따라 부분점수가 부여되고 있음에 유의해야 한다.

대일외고에서는 특별, 일반전형 모두 10문항이 출제되는데 35~40분 동안 답변을 준비하고 10분 동안 3명의 면접관 앞에서 답변하는 개별면접 형태로 진행된다. 특별전형, 일반전형 모두 국어와 사고력이 전체 10문항 중 7~8문항으로 출제 비중이 가장 높다. 사회문제는 기존에는 특별, 일반전형 모두 없었으나 2007학년도부터 출제되기 시작했다. 그리고 사자성어는 국어문제에서 매년 출제되고 있다.

한영외고는 특별전형에서 면접 자료만 주어질 뿐 질문이 없기 때문에 자료를 읽더라도 예상되는 질문을 스스로 만들어 읽는 것이 중요하다. 특별, 일반전형 모두 10문항이 출제되는데 사고력이 4~5문항, 국어 2~3문항, 영어독해 3문항으로 구성되어 있다. 2007학년도에는 특히 논리 전개 과정과 결론이 합당하면 2점, 결론만 올바르면 1점, 논리가 정연하면 0.5점으로 점수를 매긴다는 방침을 정해 사실상 정답이 틀리더라도 논리가 정연하면 부분점수가 부여된다는 것이 두드러진 특징이다.

명덕외고는 특별, 일반전형 각각 12, 11문항이 출제되는데 사고력 문항 수가 서울 6개 외고 중에서 상대적으로 높고, 실제 합격생들도 수학 부문에서 모의수능 점수를 볼 때 상위권에 랭크되는 학교다. 특별전형에서는 사고력이 전체 12문항 중 4문항, 일반전형에서는 전체 11문항 중 4문항 출제된다.

외대부속외고는 2007학년도에 처음 실시한 글로벌 학업적성검사에서 일반전형의 경우 통합언어와 통합탐구 문제를 각각 7, 13문항 출제했다. 통합언어는 서울 6개 외고 국어와, 통합탐구는 서울 6개 외고 사고력 문제와 유형이 비슷하다. 문제는 중학교 중간, 기말고사 수준으로 전년도 사고력 구술면접보다 난이도를 다소 낮춰 출제했다.

4 _ 구술면접시험 시 최종 점검 포인트

우선 어려운 문제에 지나치게 집착하지 말고 다음 문제로 넘어가 본인이 풀 수 있는 문제부터 답변 준비를 해야 한다. 앞부분에서 막히면 뒷부분에서 본인이 알고 있는 문제가 나와도 충분히 답변을 준비하지 못하는 경우가 많은데, 특히 정답이 나오게 된 이유에 대한 답변이 중요해지고 있어 수험생들은 자신의 논리를 충분히 펼칠 수 있도록 여유를 가지고 시험에 임해야 한다.

지금까지 공부한 사고력 문제는 본인이 풀지 못했거나 틀렸던 경험이 있는 문제를 중심으로 다시 살펴볼 필요가 있으며, 수학의 특정 단원에서 나오는 것이 아니기 때문에 한국수학인증시험, 한국수학올림피아드 문제 중에서 사고력을 요하는 문제들을 시험 보는 당일까지 접하며 실전 감각을 키우는 것이 좋다. 실전에서 새로운 문제를 대했을 때 당황하지 않고 차분히 푸는 것이 중요하기 때문이다.

또한 시사 문제에 대비해 시사 관련 용어는 물론 당해 연도의 국내외 시사 뉴스를 정리해 둘 필요가 있다. 이밖에도 국어 관련 문제에서는 매년 사자성어가 출제된다는 점을 염두에 두고 남은 기간 동안 틈틈이 익혀둘 필요가 있다.

구술면접 각 학교별 실시 형태

	학교	실시 부문	시간	실시 형태
서울	대원	특별 : 국제어과(국제화 전형, 경시대회 수상자), 동·서양어과(경시대회 수상자, 학교장 추천자, 학교 성적 우수자, 영어 능력 우수자) 일반전형	40분 준비 5분 답변 (면접관 2명 1명씩 입실)	구술
	대일	특별 : 국어·영어 성적 우수자 일반전형	35~40분 준비 10분 답변 (면접관 3명, 1명씩 입실)	구술 구술
	한영	특별 : 학교장 추천자, 성적 우수자 일반전형	30분 준비 4~5분 답변(면접관 1명)	구술
	명덕	특별 : 학교장 추천자, 교과 성적 우수자 2단계 일반전형	35분 준비 5분 답변(면접관 2명, 1명 면접)	구술
	이화	특별 : 영어 특기자, 성적 우수자 2단계 일반전형	30분 준비 5분 답변(면접관 1명, 1명 면접)	구술
	서울	특별 : 성적 우수자(전 교과, 심화교과), 학교장 추천자 일반전형	30~40분 내외 준비 3~5분 답변 (면접관 2명, 1명씩 입실)	구술
경인	외대부속	특별 : 영어 우수자, 글로벌 리더, 외국어 우수자, 학교장 추천자, 교과 성적 우수자, 지역 우수자 일반전형	60분	지필
	명지	특별 : 학교 성적 우수자, 학교장 추천자, 목회자 추천자 일반전형	특별 : 영어탐구력 40분, 　　　 창의사고력 40분 일반 : 언어 40분, 영어탐구력 40~50분, 창의사고력 40~50분	지필
	과천	특별 : 성적 우수자(교과 내신과 학업 적성), 학교장 추천 일반전형	특별 : 언어력 30분, 　　　 창의력 30분 일반 : 영어독해(듣기 포함 70분), 언어력 40분, 창의력 50분	지필
	안양	특별 : 성적 우수자 2단계, 학교장 추천자, 글로벌 리더 2단계 일반전형	언어력 50분, 창의사고력 60분	지필
	고양	특별 : 학교장 추천자, 성적 우수자, 체육 특기자 일반전형	수리창의력 60분	지필

	학교	실시 부문	시간	실시 형태
경인	동두천/성남/수원	특별 : 학교장 추천자, 전공어 우수자 일반전형	특별 : 국어, 영어 10분 문제 풀이, 면접관 2명, 1명씩 입실 일반 : 국어, 영어, 창의사고력 60분	구술 지필
	김포	특별 : 학교장 추천자 일반전형	특별 : 외국어/언어 50분, 창의사고력 50분 일반 : 외국어/언어 60분, 창의사고력 50분	지필
	인천	일반전형	언어 20분, 수리20분	지필
지방	전북	일반전형	국어, 영어, 수학	지필
	부산	특별 : 교과 성적 우수자, 간부 역임자, 외국어 우수자 일반전형 : 일반, 총학생회장·부회장, 영어 학력 우수자	수리 60분, 영어 60분	지필

구술면접 합격자 평균점수

구분		만점	합격자 평균점수	점수 취득률
서울	대원	50	32	64.0%
	대일	50	38	76.0%
	명덕	50	30.4	60.8%
	한영	50	40	80.0%
	이화	50	35	70.0%
	서울	30	23.64	78.8%
경기	고양	80	46.68	58.35%
	과천	80	52.2	65.25%
	명지	150	117.7	78.47%
	외대 부속	50	35.39	70.78%
	김포	80	62.5	78.13%
인천	인천	50	31.7	63.4%

5 _ 구술면접 대비 전략 (사고력 편)

❶ 외고 구술면접의 사고력 문항

외고의 구술면접 사고력 문제는 직접적으로 조건을 제시하는 일반적인 수학 심화 문제 형태가 아니라 간접적으로 조건을 제시하는 긴 문장제 형태로 출제된다. 따라서 사고력 문제를 풀기 위해서는 문제를 이해하는 과정이 필요한데 이것이 바로 사고력 문제의 특징이다. 문제가 요구하는 정답을 구하기 위해서는 긴 문장 속에 있는 중요한 숫자나 조건들을 수학적으로 변형하여 식을 세우거나 표를 만들거나 그림을 그릴 수 있는 능력이 필요하다. 그러나 이렇게 수학적으로 변형했다고 해서 끝나는 것은 아니다. 수학적 개념들뿐만 아니라 문제 해결 포인트를 찾을 수 있는 논리적이면서 창의적인 사고력을 가지고 있어야 문제를 정확하게 풀 수 있다.

❷ 사고력 학습 방법

사실상 외고 합격 여부는 구술면접에 달려 있다고 해도 지나친 말이 아니다. 이런 구술면접에서 높은 비중을 차지하고 있는 것이 수학적 해결 능력과 함께 창의사고력을 요하는 사고력 문항이다. 사고력은 학교 수업만으로 갖출 수 있는 것이 아니다. 학교에서 배운 기본적인 개념들을 이용해 사고력 문항들을 많이 다루면서 직접적으로 해결하는 능력을 길러야 한다. 사고력은 선생님이나 학부모가 길러주는 것은 아니다. 직접 사고력 문항들을 접하면서 스스로 자기 것으로 만들어야 하는 것이 사고력의 특징 중 하나다.

❸ 사고력 학습 시기

사고력 문제에서 정답을 찾기 위해서는 정답을 산출하는 데 필요한 수학적 개념이 무엇이냐를 찾는 것이 우선되어야 하고, 그다음으로는 창의적인 사고력이 필수적으로 요구된다. 창의사고력이란 틀에 얽매이지 않고 논리적으로 다양한 생각을 할 수 있는 능력을 말한다. 이 능력을 기르기 위해서는 어렸을 때부터 준비해야 한다. 고학년으로 갈수록 많은 수학적 개념들을 익히고, 그에 해당하는 수학문제들을 풀고, 여기 각 수학문제 유형의 틀에 맞춘 풀이 방식을 배우게 되고, 그에 따른 고정된 사고방식을 가지게 되기 때문이다. 이것은 학생들이 창의적인 사고를 하는 데 방해가 될 뿐이다.

그러나 아직 사고방식이 고정되기 전인 초등 저학년 때부터 사고력을 기르는 훈련을 한다면 충분히 창의적인 사고를 할 수 있는 능력을 가질 수 있을 것이다.

❹ 초등학생은 문장제, 도형, 경우의 수로 사고력 준비를

초등학교 때부터 사고력 문제들을 접하게 되면 창의적 사고력은 탄탄해지고, 이후 외고에 진학하려 할 때 접하게 되는 사고력 문항을 좀 더 쉽게 해결할 수 있을 것이다. 그러나 수나 연산만을 학습하는 형태로는 직접적으로 제시된 수학문제는 빠르게 풀 수 있을지 모르지만 외고의 사고력 문항과 같이 식을 세우거나 경우의 수를 구하는 형태의 문제들은 해결하기 힘들다.

따라서 평소에 긴 문장제 문제들을 자주 접하고 문제 해결 포인트를 찾아 수학적으로 바꿔서 생각하는 연습을 해야 한다. 또한 다양한 도형의 문제들과 도형을 이용한 퍼즐 등을 학교에서 배운 도형의 성질들을 이용해 해결하는 연습을 할 필요가 있다. 외고의 구술면접에서는 높은 사고력을 요하는 경우의 수 문항들이 다수 출제되고 있으므로 이에 대한 준비도 철저히 해야 한다.

❺ 중학생은 좀 더 깊은 내용으로 준비

중학교 때는 초등학교에서 배운 기초적인 수학 개념들과 연관된 좀 더 깊이 있는 수학을 배우기 때문에 초등학교 때 어느 정도 준비한 학생들은 충분히 자기 실력을 유지할 수 있다. 그러나 그렇지 못한 학생들은 처음 나오는 개념은 확실히 알고 넘어가는 습관을 길러야 한다.

또한 외고의 구술면접이 논리적으로 답을 이끌어내는 과정을 물어보는 형태를 취하기 때문에 평소 풀이 과정을 구술하는 연습을 해야 한다. 오답노트 등으로 자신이 틀린 부분을 논리적으로 찾아 고치는 것도 좋은 방법이다.

그리고 외고의 사고력 문항들이 긴 문장제로 주어지지만 문제 풀이 과정은 경시대회 심화 문제와 같이 어려울 수도 있기 때문에 경시대회를 준비하면서 외고 대비를 하는 것이 바람직하다. 증명 문제처럼 논리적인 사고력을 요하는 문제들을 많이 풀어보는 것도 좋은 방법이다. 수학에 있어서의 증명은 하나의 언어를 구사하는 것과 같기 때문이다. 가정과 개념을 이용해 논리적으로 결과를 이끌어내는 능력은 외고의 사고력 문항이 요구하는 능력과 같다고 할 수 있다.

서울 지역 외고에서 출제되었던 문제들 중에서 두 팀 간의 승패를 결정하는 문제와 같은 경우의 수 문제는 제시된 승패를 바탕으로 두 팀 간의 승패와 점수를 알아맞혀야 한다. 이는 경시대회에서 자주 나오는 유형의 문제다. 또한 경기 지역 외고의 사고력 문항들은 도형의 길이나 특정 시간을 맞추는 문제들에서 경시대회 문제와 유사한 형태로 출제되고 있다.

외고의 사고력 문항은 구술면접에서 가장 높은 비중을 차지한다. 따라서 외고를 준비하는 학생은 사실상 구술면접의 사고력 문항을 준비하는 것이라고 말해도 과언이 아니다. 초등학교 때부터 외고의 사고력 문항과 유사한 문항들을 접해 사고력을 배양하고, 동시에 수학적 기초 개념들을 차근차근 학습해서 기초 능력을 배양한 후 중학교 때 경시를 준비한다면, 사고력 문항에 대한 대비가 완벽하게 이루어졌다고 할 수 있다.

6 _ 구술면접 대비 전략 (언어편)

❶ 언어 논·구술과 심층면접, 무엇을 어떻게 공부해야 하나?

자립형 사립고, 과학고, 외고의 입학전형에서 언어 논·구술과 심층
면접은 통합적 사고력을 기반으로 논리성을 측정하는 문제들이 출제
되기 때문에 주어진 지문의 내용을 논리적으로 분석하고 정확히 이해
하는 능력이 필요하다.

다음은 대일외고의 최근 구술면접 문제다.

| 문제 |

다음은 현대 우리 사회가 안고 있는 심각한 문제 중의 하나이다. 이의 해결
을 위해서는 사회적 배려나 타인의 관심도 필요하지만 무엇보다 문제의 당
사자인 본인 자신이 현재를 극복하려는 의지를 갖는 것이 중요하다. 이를
위해 공익광고를 제작해 보라는 과제를 받았을 때, 과제를 가장 잘 해결한
모둠은 어느 모둠인가?

> 나날이 사회가 발전·변화하며 새로운 기술과 학문이 꼬리를 물고 등장하는
> 현대 사회에서, 이 급격한 변화를 따르지 못하는 장년 이상의 연령층이 되면
> 심리적 불안을 갖게 된다. 그러나 현대는 경쟁 사회이기 때문에 경쟁을 중지
> 할 수 없다. 그러다가 정년퇴직이라도 하게 되면 심리적인 충격이 더욱 심해
> 진다. 그래서 정년이 넘어서 할 일이 없는 노인들은 낙오된 기분이 앞선다. 경
> 제적 능력마저 상실한 채 완전한 의미의 종속인구가 된 노인은, 가족들이 기
> 피하는 현상마저 있어 더욱 심한 허탈감과 소외감을 느끼게 된다.

사랑 모둠	우리들이 선택한 이미지는 자동차의 백미러야. 거울에는 아름답게 단풍이 물든 가을 풍경이 비치고 있어. "때론 되돌아보는 길이 더욱 아름답습니다."라는 문구를 넣으려고 해.
자유 모둠	우리는 밀물과 썰물의 이미지를 활용했어. 썰물이 있어야 밀물이 있듯, 거기에 세대 간의 역할과 조화라는 의미를 담아, "썰물의 힘이 세찬 밀물을 만듭니다."라는 문구를 넣을 거야.
희망 모둠	우린 기찻길이 있어야 기차가 달릴 수 있다는 점에 착안했어. "여러분은 우리가 힘차게 달릴 기찻길입니다. 그리고 여러분은 언제나 우리보다 앞서 달리고 계십니다."라는 문구를 생각했어.
평등 모둠	우린 "살아서 천 년, 죽어서 천 년을 사는 주목(朱木), 아름다운 당신의 모습입니다."라는 문구를 선택했어. 늙었다는 것이 그 자체로서 더욱 빛나는 아름다움을 가졌음을 말하고 싶어.
기쁨 모둠	우린 배에 매달린 폐타이어의 이미지를 선택했어. "뱃머리에 달린 타이어, 이젠 도로가 아니라 바다를 항해하는 꿈을 꿉니다."라는 문구로 새로운 시작이 있음을 말하고 싶어.

이 문제를 풀기 위해서는 기본적으로 개인과 사회라는 개념을 알고 있어야 한다. 사람은 개인으로 태어나 사회화 과정을 거치며 사회 속에서 살아간다. 이 문제에서는 '허탈감과 소외감을 느끼는 노인 스스로 현재를 극복하려는 의지를 갖는 것이 중요' 하다는 논지를 파악할 수 있어야 한다. 다섯 개의 답지 중에서 늙음을 부정하거나 과거를 되돌아보거나 새 출발을 다짐하는 것보다 노인에 대한 의미를 새롭게 규정함으로써 노인 스스로 용기를 갖고 기운을 얻는 내용을 찾으면 된다.

이렇듯 외고 언어 문제는 형식이 바뀌어 제출되어도 결국은 주어진 지문의 내용을 논리적으로 분석하고 정확히 이해해야 풀 수 있다. 이런 능력은 하루아침에 갖추어지지 않는다. 아무리 고액을 주고 족집게 과외를 받는다 해도 기본적인 능력이 갖춰져 있지 않으면 힘들다. 이런 능력을 갖추기 위해서는 독서를 많이 해야 하고, 독서를 바탕으로 꾸준히 연습해야 한다. 앞의 대일외고 문제도 기본적으로 인간과 사회, 인간 소외 현상에 대한 이해가 되어 있어야 풀 수 있는데, 이것은 고전인 플루타르크의 《영웅전》, 모파상의 《비곗덩어리》 등과 관련이 있다.

이처럼 많은 책을 읽고 논리적이고 분석적인 능력을 기르기 위해 초등학생 때 해야 할 일들과 중학생 때 해야 할 일들을 소개하기로 한다.

먼저 초등학생 때 해야 할 일들은 다섯 가지로 정리할 수 있다.

첫째, 책을 읽는 습관을 기른다.

논리적이고 분석적인 능력을 기르기 위해서는 무엇보다 책을 꾸준히 읽어야 한다. 이런 습관은 초등학생 때부터 길러야 한다. 책과 친해지기 위해서는 부모님과 함께 자주 도서관에 가 여러 분야의 책들을 접하는 것이 좋다.

초등학교 저학년 때에는 문학을 70% 정도 읽고, 비문학을 30% 정도 읽다가 학년이 올라갈수록 다양한 분야의 비문학 책들을 읽는 것이 바람직하다.

부모님들께 부탁드리고 싶은 것은 아이가 책 읽기를 힘들어한다면 읽으라고 강요하지 말라는 것이다. 억지로 읽게 하면 지겹다는 인상이 남아 더 책 읽기가 어려워진다. 책 읽기를 힘들어하는 아이에게는 문학작품을 토대로 만든 영화나 드라마 등을 보여주는 것도 좋다. 또한 동화나 역사를 담고 있는 만화책을 읽게 하는 것도 좋은 방법이다. 이미 친숙해진 매체를 통해 내용을 익힌 후 다시 책으로 읽는다면 거

부감이 없어질 것이다.

안양외고 신입생 선발고사 일반전형에서는 낭만주의와 고전주의를 비교하는 문제가 출제되었다. 이처럼 문학, 미술 등 다양한 분야에서 문제가 출제되기 때문에 기본적으로 책을 많이 읽어야 한다. 따라서 초등학생일 때는 책 읽는 습관을 기르는 것이 무엇보다 중요하다.

둘째, 독서 목록을 만든다.

사람의 기억력에는 한계가 있다. 시간이 지나면 책의 줄거리뿐만 아니라 등장인물의 이름조차도 기억이 잘 안 나는 경우가 많다. 때문에 책을 읽은 뒤에는 꼭 독후감을 쓰도록 권한다. 하지만 독후감 쓰기를 부담스러워하는 아이들이 많다. 독후감을 쓰기 위해 요약된 책을 읽는 경우까지 있다. 따라서 독후감이 부담스러워 독서 자체를 싫어하게 될 수 있으니 억지로 강요하기보다는 간단하게 독서 목록을 만들게 하는 것도 좋은 방법이다.

대신 독서 목록을 만들 때는 책 제목, 지은이, 등장인물, 줄거리만 간략하게 소개하는 것으로 그치지 말고 아이의 생각을 간략하게나마 꼭 쓰도록 한다. 아이의 생각이란 읽은 책을 비판적인 눈으로 보고 분석해서 나온 결과물을 말한다. 우리는 보통 "책을 감상한다"는 말을 많이 한다. 이는 단순히 줄거리를 요약하고 느낌을 말하는 것으로 끝나는 것이 아니라 책 속의 상황과 인물의 행동을 마음으로 느끼고, 논리적이며 분석적으로 정리한다는 뜻이다. 작으나마 이렇게 자신의 생각을 적는 연습을 한다면 표현력 발달에 많은 도움이 줄 것이다.

명지외고 신입생 적성검사 시험에서 심훈의 소설 《상록수》 일부가 지문으로 제시되고, 주인공 '영신'의 갈등 관계와 서술자의 입장을 묻는 문제가 출제되었다. 《상록수》는 많은 사람들이 알고 있는 소설이지만 인물과 인물의 특징, 갈등 관계를 분석적으로 알고 있는 사람들은 많지 않다. 소설 속의 상황과 인물의 행동을 논리적이고 분석적으로 정리해 놓는다면 큰 도움이 될 것이다.

셋째, 발표를 통해 자신감을 갖게 한다.

논리적이고 분석적인 능력은 자신감이 밑바탕에 깔려 있지 않으면 길러지기 힘들다. 이런 자신감을 키우기 위해서는 학교에서 발표를 하는 것이 좋은 방법이다. '틀리면 어떻게 하지? 아이들이 웃지 않을까?' 라는 생각이 발표하기를 꺼려하는 이유 중 하나일 것이다. 이것이 '틀리면 어때. 내 생각이 전부 옳지는 않을 거야. 선생님이 내가 한 말에 대해 지적을 하시더라도 나는 아직 학생이니깐 부끄러워할 필요가 없어' 라는 생각으로 바뀔 때 자신감을 갖게 된다.

또한 발표할 때 내용을 조리 있게 구성하고 논리적으로 듣는 사람을 설득하는 것이 중요한데, 발표를 많이 할수록 논리적이고 분석적인 힘이 길러진다.

명지외고 신입생 적성검사 시험에서 '인터넷 게시판의 오염이 심각하다' 라는 주제문을 주고 서론, 본론, 결론으로 나누어 글의 얼개를 짜는 문제가 출제되었다. 이것은 자신이 주장하는 바를 논설문 형식으로 구성하는 방법이다. 어렸을 때부터 논리적으로 말하는 연습을 꾸준히 해왔다면 이 문제를 푸는 데 큰 도움이 되었을 것이다.

넷째, 메모하는 습관을 가진다.

논리적이고 분석적인 안목은 핵심을 얼마나 빠르고 정확하게 파악할 수 있느냐 하는 것이다. 메모하는 습관을 가진다면 말을 할 때나 글을 쓸 때 핵심을 제대로 파악해서 전달할 수 있다. 이 메모 습관은 학교에서 수업할 때 스스로 공부할 수 있도록 도와주는 공부노트와 오답노트를 효율적으로 작성할 수 있도록 해줄 것이다.

서울 6개 외고 일반전형 구술면접 공동출제 문제 중에서 '사회 불평등'에 대한 지문을 제시하고 제시문의 핵심을 제대로 파악한 사람을 찾는 문제가 출제되었다. 평소에 메모하는 습관이 있었다면 제시문을 보고 금방 핵심을 찾아냈을 것이다.

다섯째, 여러 갈래의 글을 써 본다.

글을 쓰기 위해서는 전체적인 얼개와 문맥에 맞는 문장과 낱말을 제대로 골라 써야 하기 때문에 분석적인 사고가 필요하다. 글을 쓰는 연습을 많이 한다면 특목고 대비는 물론 대입수능 통합논술에 대한 대비도 자연히 이루어진다. 서울대에서 발표했듯이 앞으로는 대입에서 논술의 비중이 더욱 높아질 전망이므로 어렸을 때부터 글쓰기 연습을 꾸준히 해야 한다. 때문에 초등학교 때 자신의 주장을 펼치는 글뿐만 아니라 기행문, 설명문, 시, 관찰문 등 여러 갈래의 글을 읽고 또 직접 쓰는 훈련을 해두어야 한다. 특히 매일매일 일기를 쓰는 것이 효과적이다.

명덕외고 신입생 선발고사 구술면접에서 '남의 처지는 생각하지도 않고 내 생각만 하는 인물'을 내세운 지문을 제시하고 그 지문을 공익

광고 형태로 만드는 문제가 출제되었다. 이렇듯 최근 외고입시에 실용문을 활용한 문제들이 많이 출제되고 있다. 여러 갈래의 글을 많이 써본 경험이 이런 형태의 문제를 푸는 데 큰 도움이 될 것이다.

초등학교를 졸업하고 중학생이 되면 구체적으로 계획을 짜서 대비해야 하는데, 이때는 특목고뿐만 아니라 대입수능 통합논술도 염두에 두고 공부해야 한다. 특목고의 언어 논·구술은 수능 통합논술의 형태를 지향하고 있다. 기존의 논술이 인문 분야에서만 논제를 택해 주로 옳고 그름을 가리는 개인적인 가치 판단을 요구했다면 통합논술은 인문을 포함하여 윤리, 법, 사회, 수학, 물리, 생물, 미술 등 여러 분야를 연결시켜 생각할 수 있는 통합적 사고력을 요구한다.

이를 위해 중학생 때 해야 할 일은 다음 네 가지로 요약할 수 있다.

첫째, 다양한 분야의 책을 읽는다.

자신이 관심 있어 하는 분야의 책만 읽지 말고 다양한 분야의 책을 읽는 것이 좋다. 먼저 교과와 연계되어 있는 책을 찾아 읽는다. 특목고 언어 논·구술시험에는 기본적으로 교과서의 내용이 실린다. 국어의 경우는 교과서에 책 내용의 일부분만 실리는 경우가 많은데 그 책을 찾아 전문을 모두 읽고 그 작가의 다른 작품들도 읽어보는 것이 좋다. 그리고 사회, 과학 등의 과목은 해당 주제를 심도 있게 담고 있는 책을 찾아 읽는다.

그 다음은 생소하더라도 여러 분야의 책을 읽도록 노력한다. 우리 나라 학생들은 문학 분야에 치우쳐 책을 읽는 경우가 많은데 논리적이고 분석적인 사고력을 키우기 위해서는 문학뿐 아니라 역사, 종교,

사회, 과학, 철학 등 다양한 책을 접해야 한다. 서울대에서는 고등학생이 필수적으로 읽어야 하는 권장도서를 선정해 놓았다. 우리에게 많이 알려진 고전작품들이 대부분이지만 현실적으로 고등학생들이 쉽게 읽어낼 수 없는 작품들이 많다. 이런 작품들을 읽기 위해서는 중학생 때부터 다양한 분야의 책을 읽고 이해하는 연습을 해야 한다.

서울 6개 외고 일반전형 구술면접 공동출제 문제 중에서 '낙관적 과학 개발 지상주의자들에 의한 인류의 자연 정복'에 관한 지문을 제시하고, 낙관적 과학 개발 지상주의자들을 비판한 견해를 찾고 수험생 자신의 견해를 구술하는 문제가 출제되었다. 그동안 과학 발전과 환경문제를 다룬 책들을 많이 읽어둔 학생들은 과학 개발의 당위성과 환경문제를 제대로 구술했을 것이다.

둘째, 신문을 읽는다.

특목고 언어 논·구술에서 제시되는 지문은 교과서 외에서 출제되는 것은 물론 현재 이슈가 되는 것들도 상당히 많이 출제된다. 이를 제대로 파악하기 위해서는 매일매일 신문을 보는 것이 중요하다. 또한 신문을 꾸준히 읽으면 논리적이고 분석적인 안목을 기를 수 있다. 그리고 주요한 이슈들은 스크랩을 해두는 것도 좋다. 보통 신문 사설을 많이 읽는데 대입 논술까지 바라본다면 사설뿐만 아니라 칼럼도 주의 깊게 읽을 필요가 있다.

사설은 그날그날의 이슈에 대한 문제 제기와 그에 따른 주의·주장을 분명하게 하고 있어 논리적인 글쓰기에는 많은 도움이 되지만 논조가 강하고 당위적이고 명령적이어서 논술 공부에는 다소 적당하지 않다. 반면에 칼럼은 주의·주장에 무게가 실린 사설보다 객관적인 근거를 가지고 전개해 나가는 편이기 때문에 시론(時論), 시평(時評) 등의 칼럼이 논술 공부에 오히려 적당한 면이 있다.

대원외고 신입생 선발고사 특별전형 구술면접시험에서는 최근 인터넷을 떠들썩하게 했던 '개똥녀'에 대한 지문을 중세에 관한 지문과 함께 제시하여 '마녀 사냥'의 개념을 유추하는 문제를 출제했다.

셋째, 하나의 주제를 놓고 자주 토론한다.

모둠을 만들어 친구들과 자주 토론을 하면서 바람직한 결론을 도출해 내는 과정을 연습한다면 논리적이고 분석적인 사고력과 문제 해결 능력을 키우는 데 많은 도움이 될 것이다.

하나의 주제를 가지고 여러 사람이 토론하다 보면 문제에 접근하는 다양한 시각을 접하게 된다. 하나의 사건이나 현상을 보는 시각은 사람마다 다르다. 토론 과정을 통해 다른 사람들이 어떤 시각을 가지고 있는지 파악할 수 있고, 자신의 생각을 정리하여 분명하게 제시하는 능력을 키울 수 있게 된다. 또한 결론에 이르는 일련의 과정을 거치며 자신의 인식 체계를 논리적으로 바꿀 수 있다. 이런 토론의 장점이 적용될 수 있는 문제를 예로 들어 보면 다음과 같다.

대일외고 신입생 선발 일반전형 구술면접고사에서 '트로이전쟁의 발단이 된 헬렌'에 대한 지문을 제시하고 글쓴이의 동·서양의 미(美)에 대한 주장을 파악한 후 자신의 비판적인 견해를 제시하는 문제가 출제됐다. 이 문제의 경우는 제시문의 핵심을 바르게 파악하고 자신의 생각을 면접관 앞에서 설득력 있게 말하는 것이 관건이다. 따라서 평소에 토론 연습을 많이 했다면 많은 도움이 됐을 것이다.

넷째, 글쓰기 연습으로 문장력을 키운다.
하나의 주제를 놓고 논리적이고 분석적으로 사고하며 논술을 많이 써
봐도 문장력이 뒷받침되지 않는다면 실력이 좀처럼 늘지 않는다. 문
장력이란 자신이 하고자 하는 얘기를 명확하게 전달하고 글을 읽는
사람이 특별한 노력 없이 끝까지 읽어낼 수 있도록 문장을 구성하는
능력을 말한다.

　이를 위해 학교 수업 시간에 배우는 문장 구성의 기본원칙과 표준
어 규정을 제대로 익히고 논술을 비롯한 글을 자주 써보는 것이 좋다.
써놓은 글은 선생님이나 문장을 바르게 고쳐줄 사람에게 보여 첨삭지
도를 받도록 하고, 첨삭지도를 받은 뒤에는 지적받은 부분을 꼭 다시
써봐야 한다. 이렇게 다시 쓰는 과정을 되풀이한다면 글쓰기 실력이
빠르게 늘어날 것이다. 문장력이 제대로 갖춰진다면 글을 쓰는 데 자
신감이 생기고 어떤 글이든 쉽게 쓸 수 있게 된다. 이런 문장력이 응
용될 수 있는 문제를 예로 들어 보면 다음과 같다.

　명덕외고 신입생 선발 특별전형 구술면접고사에서 어절, 낱말, 형
태소, 음절 등 문장의 구성요소의 뜻을 제시해 주고 이를 직접 적용해
서 고쳐 써보는 문제가 출제되었다. 이 문제를 풀기 위해서는 어절,
낱말, 형태소, 음절의 정의를 정확하게 알고 있어야 하고, 실제로 응
용할 줄도 알아야 한다.

　이상으로 특목고 입학전형에서 언어 논·구술/심층면접을 대비하

기 위해 해야 할 것들을 초등학생 때와 중학생 때로 나누어 살펴보았다. 초등학교 때는 중학생이 되어 본격적인 공부를 하기 위한 준비를 하는 시기다. 때문에 책 읽는 습관을 키우고 읽은 것을 기록으로 남기고 여러 갈개의 글을 써봐야 한다. 또 핵심을 파악하는 연습을 하기 위해 메모를 하고, 자신감을 얻기 위해 학우들 앞에서 발표하는 연습을 하는 것이 좋다. 여기에 하나 더 덧붙인다면 여행이나 박물관 관람 등 체험학습을 통해 배경 지식을 넓히는 것이 좋다.

중학생이 되면 특목고 준비는 물론 대입을 위한 통합논술에도 대비해야 한다. 먼저 교과서에 나온 작품들을 중심으로 다양한 분야의 책을 읽어 토대를 마련한다. 그리고 매일 꾸준히 신문을 읽고 주요한 이슈들은 스크랩을 해놓는다. 모둠을 만들어 토론을 통해 논리적이고 분석적인 안목을 기르고 글쓰기의 기본인 문장력을 키우는 것도 좋은 방법이다.

이처럼 꾸준한 노력만이 원하는 목표를 이룰 수 있는 밑거름이 되어줄 것이다.

7 _ 구술면접 대비 전략 (영어독해 편)

외고 일반전형에서 합격에 중요한 변수로 작용하는 것 중 하나는 영어듣기평가다. 하지만 일반적으로 지원자 대부분이 영어에 뛰어난 학생들이기 때문에 구술면접에서 당락이 좌우되는 경우가 많다.

서울 소재 6개 외고의 구술면접의 핵심은 특별전형이든 일반전형이든 '말하기'에 있다. 말 그대로 말로 하는 시험이다. 그러나 말로 하긴 하지만 주어진 영어와 한글 제시문을 읽고 그 과제에 대해 의견을 표현하거나 여러 형식의 문제들을 구술로 측정하는 시험이다.

이와는 달리 명지, 과천 외고 등 수도권 7개 외고에서는 시험지를 풀어보는 지필고사 형태로 구술면접이 진행된다.

특히 앞에서도 말했듯이 서울 6개 외고는 2008학년도 입시에서는 정답이 나오게 된 이유와 근거 제시에 따라 부분점수를 부여한다는 방침을 정해 놓고 있다. 따라서 이러한 구술면접시험 변화에 미리미리 대비해 놓지 않는다면 원하는 외고에 합격할 수 없을 것이다.

❶ 속독속해 능력을 길러라

외고입시건 대학입시건 특별전형이건 일반전형이건 구술면접 시험에 있어 가장 중요한 핵심 중 하나는 영어 실력이다. 특히 외고 진학을 목표로 하는 학생이라면 영어독해 능력이 상당한 수준에 도달해 있지 않고서는 합격을 기대할 수 없다.

서울 소재 6개 외고들은 특별전형 심층면접과 일반전형 공동출제 구술면접에서 영어로 지문을 제시하고 있고, 영어면접을 통해 신입생을 선발하고 있다. 또한 자립형 사립고의 경우 올해 심층면접을 새로 도입한 학교도 있고 심층면접을 실시하고 있는 학교는 이를 대폭 강화하고 있다.

특히 민족사관고의 경우 3차 면접에서 '전문성 면접'을 도입해 영어 특기자에게는 영어면접을 실시하여 선발할 예정이다. 이와 같은 구술면접 강화 경향은 대학입시에서도 보이고 있다. 따라서 무엇보다 영어 속독속해 능력을 향상시켜야만 구술면접에서 좋은 성과를 기대할 수 있다. 한두 지문을 5분 또는 그보다 적은 시간에 읽고 글의 요지를 파악해야 하므로 문장 하나하나를 해석해 나가면 주어진 시간 안에 제시문조차 다 읽지 못하고 면접에 응하게 되는 경우가 많기 때문이다. 속독속해 능력을 기르기 위해서는 정해진 시간 안에 제시문의 요지를 파악하는 연습을 하는 것이 가장 좋다.

짧은 시간 안에 영어 지문의 요지나 주제를 파악하기 위해서는 첫째, 전체 문장을 일일이 해석하기보다는 글이 말하고자 하는 것이 무엇인지부터 파악해야 한다. 모르는 단어가 섞여 있는 문장에 시간을 빼앗겨서는 안 된다. 둘째, 시간을 정해 놓고 독해연습을 해야 한다. 짧은 시간 안에 내용을 파악하고 머릿속에 생각을 정리하는 것이 중요하다. 셋째, 주제문을 찾는 것이 중요하다. 서론, 본론, 결론으로 이루어져 있지 않더라도 지문에는 핵심 문장이 있다. 그 한 문장만 정확히 파악하더라도 구술면접에서 의견을 개진하는 데 도움이 된다.

다시 말해 외고입시에 필요한 영어 능력을 갖추려면 200~300단어의 지문을 받은 후 그것을 빨리 읽고 해석하는 공부법에 더해 전체 내용은 무엇이며, 지문이 암시하는 바와 유추할 수 있는 결론은 무엇인지를 생각하여 찾는 폭넓은 공부법이 필요하다.

❷ 영문법과 어휘, 어구 표현을 철저히 익혀라

보통 심층면접 하면 논리력과 가치관, 인성만을 평가하는 시험이라고 생각하기 쉽다. 하지만 외고 영어 지문 제시형 구술면접에서는 매년 어휘나 문법을 묻는 문제가 빠지지 않고 출제되고 있다. 이는 정확한 영어 사용이 다시 대두되고 있는 현실과 영어에 있어서 기본이 가장 중요하다는 것을 반영한 결과다.

빈칸 채우기나 틀린 보기를 고르는 문제, 전후 문맥을 파악해 접속사나 접속어를 묻는 문제와 어구를 묻는 문제 등이 일반전형과 특별전형 구술면접뿐만 아니라 듣기평가에서도 다수 출제되었다. 어구를 묻는 유형은 독해력, 어휘력 그리고 문법을 동시에 측정하는 난이도 높은 문제다. 어휘력을 측정하는 유형은 보통 괄호 안에 알맞은 어구를 쓰는 것인데 구술시험에서는 주관식으로 출제되어 수험생들이 어려움을 겪었다.

이런 문제는 글 전체의 앞뒤 문맥을 파악하는 동시에 어휘가 주는 사전적 의미와 문맥에서의 의미를 생각하는 한편 어휘의 속뜻도 살펴보아야 한다. 어휘문제에 효과적으로 대비하기 위해서는 자주 나오는 단어 및 숙어의 기본의미를 숙지하고 있어야 한다. 또한 어휘를 파생어, 동의어, 반의어별로 정리해 암기할 필요가 있다.

언어형과 영어 지문 제시형은 지문의 길이나 어휘가 대입 문제 수준이므로 평소 독서를 많이 하여 분야별 어휘와 내용을 정리해 두고, 최종적으로 자주 사용되는 속담과 고사성어 등의 표현을 점검해 두는 것이 도움이 된다.

❸ 시사 관련 뉴스를 꼼꼼히 정독하라

논·구술을 할 때 무엇보다 중요한 것은 다양한 배경 지식이다. 책을 읽으면 책 속의 지식을 얻는 것과 동시에 풍부한 교양을 쌓을 수 있다. 말과 글로 표현할 수 있는 어휘력도 생기고 주제를 찾아내는 요령을 터득하게 되고 표현력도 풍성해진다. 의문점이나 상상력이 보태져 사고력도 발달하게 된다. 책을 읽지 않고서는 결코 논·구술을 잘할 수 없다. 다양한 종류의 책을 많이 접할수록 좋겠지만 입시를 코앞에 둔 학생들을 위한 읽을거리는 따로 있다.

논·구술시험 준비를 위해서는 시사 관련 뉴스, 주간지를 정독하는 것이 가장 좋다. 구술면접과 영어듣기에서 지문으로 사용되는 빈도가 높기 때문이다. 특히 최근 이슈가 되는 시사용어는 반드시 이해해야 한다.

대원외고의 경우 2006학년도에 영어 지문과 한글 지문의 내용이 사회, 철학에 관한 것으로 전반적으로 어려웠다. 대일외고의 경우 심리학, 사회학, 스포츠 등을 다루었는데 그 내용은 프로이드의 심리학, 광고의 기법, 야구의 타율에 관한 것들이었다. 명덕외고는 심리학 외에 자연과학과 환경학에 대한 내용을 다루었다. 이런 다양한 범주의 지문이나 문제들을 해석하고 이해하기 위해서는 평소 시사주간지나 영자 신문 등을 보며 시사성 있는 내용들을 꾸준히 접해 해당 지식을 자기 것으로 만들어야 한다. 이렇게 하면 생소한 내용의 문제를 보고 당황하는 일은 없을 것이다.

제시된 지문이 본인이 알고 있는 내용이라면 읽지 않고서도 의견을 말할 수 있다. 제시된 내용에 대한 배경 지식이 있다면 그만큼 구술면접에서 유리해지는 것이다.

❹ 실전에 맞는 연습을 자주 하라

영어 지문 제시형의 경우 글을 읽고 해석하는 문제든 어휘나 문법의 문제든 실전에서는 그 답을 맞히는 것도 중요하지만 더 중요한 것은 말하는 사람의 태도다. 그에 따라 점수 차가 벌어지기 때문이다. 실제로 면접시험을 보고 나온 학생들이 종종 '답은 알겠는데 말을 잘 못했다'고 호소하는 경우가 많다. 그 이유는 구술면접 실전에 대비한 연습이 충분히 되어 있지 않았기 때문이다. 가장 효과적인 면접시험 대비 방법을 크게 4가지로 나누면 다음과 같다.

첫째, 핵심을 먼저 얘기한다.
짧은 시간 안에 본인의 의견을 제시해야 하므로 가장 먼저 면접관의 질문에 대한 답을 제시하고 그 이유를 설명한다. 이유를 먼저 설명하거나 예를 먼저 들면 논지가 흐트러지게 되고, 핵심에서 벗어날 수도 있다.

둘째, 거울을 보고 연습해라.
거울을 보고 연습하면 본인의 태도나 말하는 습관을 모니터링 할 수 있으므로 무엇이 부족한지 깨달을 수 있다. 말할 때 자신의 모습이 상대에게 어떻게 비추어지는가를 안다는 것은 매우 중요한 일이다.

셋째, 토론을 생활화하라.
그룹토론을 통해 본인의 의견을 논리적으로 표현하는 습관을 길러라.

이것은 외고면접뿐만 아니라 대입, 나아가서는 직장면접에서도 아주 중요하게 작용한다.

넷째, 올바른 자세로 말하는 습관을 길러라.
같은 답안과 같은 논리를 제시하더라도 말하는 사람의 태도에 따라 결과는 확연하게 달라질 수 있다. 눈은 면접관의 미간을 향하고, 허리는 펴고, 발음은 또박또박 정확하게 해야 한다. 손은 가볍게 주먹을 쥔 채 무릎 위에 올리고 턱은 목 쪽으로 살짝 당긴 채 편안한 모습을 취해야 한다. 너무 경직되거나 곧은 모습은 오히려 면접관에게 좋지 않은 인상을 줄 수 있다.

구술면접과 인성면접에 대비해 예상되는 질문과 답변을 스스로 만들어보고 위의 사항을 유념하여 실전연습을 하는 것도 도움이 된다.

각 외고마다 출제 경향과 유형별 비중이 다르다. 그러므로 본인이 가고자 하는 외고의 출제 경향과 문제 유형을 정확히 파악하여 준비하는 것이 외고 합격의 지름길이라 할 수 있다. 영어에는 왕도가 없다. 하루도 거르지 않고 공부하는 습관을 기르는 것이 무엇보다 중요하다. 모두 같은 조건이라면 누가 더 끈기 있게 노력했느냐에 따라 승패가 결정되기 때문이다. 영어를 잘하기 위해서는 많이 읽고, 많이 듣고, 많이 대화하고, 많이 생각해야 한다. 본인이 알고 있는 지식을 영어로 응용하는 습관은 영어 실력을 한 단계 높일 수 있는 좋은 방법이라 할 수 있다.

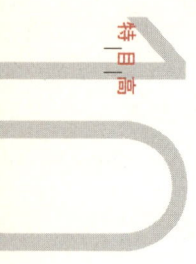

과학고 구술면접

현재 전국에 19개의 과학고가 있지만 여기서는 서울에 있는 2개 과학고의 특별전형과 일반전형 구술면접의 출제 경향에 대해 살펴보기로 하겠다.

1 _ 서울과학고

❶ 특별전형 : 서류심사와 인성면접 실시 (사실상 서류심사)

학교장 추천자 지원 자격은 2학년 수학, 과학 3% 이내, 3학년 1학기 수학, 과학 2% 이내에 드는 학생에게 주어지며, 단 1개 학기라도 충족되지 못할 경우 지원이 불가능하다는 것에 유의해야 한다. 실질적인 입학사정은 국어(15%), 영어(15%), 수학(35%), 과학(35%) 등 4과목으로 한다.

각 학기별로는 2학년 1학기 20%, 2학기 30%, 3학년 1학기 50%로 3학년 1학기가 가장 중요하다는 것에 유의해야 한다. 과학고 합격생 80%는 이미 중3 단계에서 선행학습으로 고등학교 수학 10-가, 나 수준을 마친 것으로 나타났다. 또한 과학고 합격생 대부분이 초등학교 때부터 수학, 과학경시대회에 집중적으로 응시한 것으로 나타났다.

과학고에 진학하려는 학생들은 적어도 교육청 또는 대학부설 영재교육원에 입학할 정도의 수준은 되어야 한다. 학교장 추천자의 경우는 200점 만점 중 최소 197점으로 최소 상위 1.5% 내외에 들어야 합격이 가능했는데, 이는 매년 지원자 수준에 따라 변동이 되므로 그 해의 입시 분위기가 어떤지 미리 파악해 두는 것이 좋다. 경시대회 및 올림피아드 수상자의 경우 입상 성적이 동일할 경우 교과 성적을 반영하는 것에 유의해 평소 내신 관리도 철저히 해놓아야 한다.

❷ 일반전형

일반전형은 학교 내신과 각종 가산점 이외에 수학, 과학 구술면접을 실시해 선발한다. 수학, 과학 구술면접은 한성과학고와 일부 문제를 공동으로 출제한다.

2007학년도부터 고교 선행학습을 얼마나 했는지 측정하는 문제보다는 중3 교과서에 나오는 내용을 바탕으로 한 심화문제가 출제되어 수험생들의 체감 난이도는 낮아졌고 합격자 평균점수는 기존 100점 만점에 50점 내외에서 70점 이상으로 높아졌다.

서울과학고 수학, 과학 구술면접

(단위 : 문항)

수학	과학					합계
	물리	화학	생물	지학	계	
5	2	2	1	1	6	11

※진행 방식은 50분 준비, 5분 답변(면접관 3명)

전체 문항의 비율은 수학과 과학이 5 대 6이었고, 과학의 경우 물리, 화학의 비중이 높았다.

수학에서는 직각삼각형 안에 3개의 원이 접해 있을 때 원의 반지름을 구하는 문제, 5의 배수와 9의 배수의 합이 될 수 있는 값을 찾는 문제, 이차함수 등의 문제들이 출제되었으며, 과학에서는 탄성력에 의한 위치에너지를 구하는 문제, 전류의 작용으로 인한 물의 온도를 구하는 문제, 기체의 압력과 부피의 관계를 이용한 기체의 상태를 방정식으로 구하는 문제, 염색체와 유전자를 활용한 것을 묻는 문제 등이 출제되었다.

2 _ 한성과학고

❶ 특별전형 : 서류심사와 인성면접 실시(사실상 서류심사)

서울과학고와 같이 특별전형은 서류심사로 선발한다. 이는 전국에 있는 19개 과학고 모두가 마찬가지다.

❷ 일반전형

전체적인 문항의 비율은 수학과 과학이 4대 6으로 서울과학고에 비해
수학이 1문제 더 적게 출제되어 과학의 비중이 상대적으로 높게 나타
났다. 과학은 서울과학고와 마찬가지로 물리, 화학의 비중이 높았다.
전체적으로 수험생들의 체감 난이도는 서울과학고와 유사했다. 사실
상 서울과학고, 한성과학고는 시험문제를 공동으로 출제하기 때문에
학교마다 다르게 학습할 필요는 없다.

한성과학고 수학, 과학 구술면접   (단위 : 문항)

수학	과학					합계
	물리	화학	생물	지학	계	
4	2	2	1	1	6	10

※ 진행 방식은 50분 준비, 5분 답변(면접관 2명)

3 _ 과학고 구술면접 대비를 위한 과학적 사고력 기르기

❶ 과학적 사고력이란

과학적 지식과 과학적 사고를 혼동하는 사람들이 많은데 과학적 지식
을 많이 가지고 있다고 해서 자동적으로 과학적 사고력을 갖게 되는
것은 아니라는 점에 유의할 필요가 있다. 지식 중심으로 교육을 받은

성인들이 현실에서 그 지식을 곧바로 문제를 해결하는 데 적용하지 못하는 것은 그것이 단지 과학적 지식일 뿐 과학적 사고력이 아니기 때문이다.

그렇다면 과학적 사고력은 무엇일까? 과학적으로 보는 생각의 방향이다. 과학적 사고력이 있는 사람은 남들이 무심코 봐 넘기는 현상 속에서 과학적 규칙을 찾아낸다.

일반적으로 '사고력'이란 문제를 해결할 수 있는 능력과 관련되어 있다. 즉 보다 효과적으로 문제를 해결하기 위해 자신이 지니고 있는 지식을 활용하여 적절한 방법을 찾고, 합당한 생각의 과정을 거치는 바람직한 태도를 갖춘다는 것을 의미한다.

❷ 과학적 사고력을 기르는 방법

특목고나 영재교육원 입학전형에서 사고력 문제가 당락에 큰 영향을 미치고 있어 진학 희망자들은 이 부분에 대한 준비를 철저히 해야 한다.

특목고나 영재교육원에서 요구하는 과학적 사고력은 크게 자료 해석 및 자료 분석 능력, 교과 개념을 실생활에 적용할 수 있는 능력, 문제를 해결하기 위해 목표를 세우고 수행할 수 있는 능력 등으로 볼 수 있다.

❸ 주어진 자료를 해석하고 비교, 대조하여 분석할 수 있는 능력

자료 해석 및 분석 능력 평가는 자료를 수집하고 분석해서 이를 정리하고, 얻어진 결과로부터 정보를 추론해 낼 수 있는 능력을 평가하기 위한 것이다. 또한 두 자료가 공통적으로 제시되었을 때 비교, 대조할 수 있는 능력도 평가하고 있다.

예를 들어 영재교육원에서는 성장에 따른 몸의 크기 변화가 제시된 그래프와 같은 형식으로 변화하는 동물을 찾으라는 문제가 출제되었고, 외고 구술면접에서는 영어독해의 경우 프로이드 정신분석학에서 의식과 무의식에 관련된 지문을 제시한 후 상세 정보와 내용 추론을 물어보는 문제(이화, 대일, 명덕, 한영외고 공동출제 문제)가 출제되었다.

구술면접 사고력에서는 최근 연도의 12간지에 해당하는 자료와 간과 지의 규칙을 제시하고 특정 해에 해당하는 띠를 물어보는 문제도 출제되었었다. 과학고 과학구술면접에서는 5종류의 포유동물의 소화기관을 제시하고 포유동물을 기준에 따라 분류하는 문제와 소화 물질을 물어보는 문제도 나왔다. 이러한 유형의 문제는 자료가 제시되었을 때 자료를 해석하고 분석하는 능력과 다른 자료나 개념과 비교, 대조하는 능력을 갖추어야 해결할 수 있다.

따라서 이러한 문제에 대비하기 위해서는 먼저 자료에서 알 수 있는 것과 알 수 없는 것을 구별할 수 있는 능력을 길러야 한다. 자료 해석은 주어진 자료를 근거로 이해하고 추론해야 한다. 하지만 똑같은 자료를 가지고도 사람마다 자료에서 얻어낼 수 있는 내용의 범위는 다르다.

즉 어떤 사람은 주어진 자료를 근거로 해당 문제를 충분히 풀 수 있지만, 어떤 사람은 주어진 자료만 가지고는 문제를 풀 수 없는 것이다. 따라서 반복학습을 통해 보편적 판단 기준을 세울 필요가 있다.

이를 위해 특히 교과서나 신문, 과학동아와 같은 잡지에 소개되어 있는 원리나 법칙과 관련된 그래프나 도표 등 시각적인 자료를 정확히 파악하고 직접 정리해 보는 것이 좋다. 교과서에 나오는 그림, 그래프는 때로는 글로 표현되지 않는 많은 개념을 설명하고 있다.

또한 자료의 의미에 대한 정확한 숙지가 필요하다. 주어진 문제를 급하게 풀다 보면 실수하는 경우가 있다. 예컨대 K대학교에 지원한 학생 수가 많았다는 것이 반드시 K대학교 재학생 수가 많다는 것을 의미하지 않는데, 두 가지 조건이 같은 걸로 이해해 자료의 진정한 의미를 잘못 해석할 수도 있다.

❹ 교과 개념을 실생활에 적용할 수 있는 능력

교과 개념을 실생활에 적용할 수 있는 능력 평가는 지식의 유무가 아니라 개념과 원리를 적용하여 스스로 문제를 해결할 수 있는 사고력이 있는지를 평가하기 위한 것이다.

예를 들어 교육청 영재교육원에서는 해인사에서 팔만대장경을 보관하는 장경각의 창문의 크기와 위치가 다른 이유를 낮과 밤에 부는 바람의 방향과 관련하여 설명하는 문제가 출제되었고, 과학고 과학구술면접에서는 얼음이 녹을 때와 일정 온도의 물에 염화나트륨이 녹을 때 방출되는 열량을 구하고 이를 참고하여 겨울철에 길이 얼었을 때 염화나트륨을 뿌리는 이유를 묻는 문제가 출제되었다. 이러한 유형에 있어서는 어떤 상황이 제시되었을 때 자신이 알고 있는 교과 개념과 원리를 이용하여 문제를 해결할 수 있는 능력을 갖추는 것이 포인트다.

따라서 이러한 문제에 대비하기 위해서는 교과 개념을 일상생활의 문제나 자연 현상 설명에 적용해 보는 연습을 해야 한다. 사고력 문제가 단순 교과 내용뿐만 아니라 일상생활 및 자연 현상과 관련된 상황도 주요 탐구 내용으로 다루고 있기 때문이다.

이를 위해 잡지나 신문에 소개되는 기사를 읽고 관련 교과의 개념과 연결시켜 설명해 보는 연습을 하는 것이 좋은 방법이 될 수 있다. 승용차 엔진의 크기에 따른 가속 능력 차이와 뉴턴의 운동 제2법칙을 연결하는 식으로 말이다. 실제 명지외고의 인성면접에서 출제되었던 '쓰나미 해일'에 관련된 문제는 기사를 접했을 때 해저 지형(해구)과 판구조론을 떠올리는 연습이 필요했던 문제였다.

❺ 문제를 해결하기 위해 목표를 세우고 수행할 수 있는 능력

문제를 해결하기 위해 목표를 세우고 수행할 수 있는 능력 평가는 결과적인 능력이 아니라 과정적인 능력을 평가하기 위한 것이다.

예를 들어 교육청 영재교육원에서는 온돌과 보일러가 방 안을 따뜻하게 해준다는 것을 증명할 수 있는 실험을 생활 속에서 쉽게 구할 수 있는 재료들을 이용해 설계하라는 문제가 출제되었고, 과학고 구술면접에서는 주어진 조건에 해당하는 함수를 찾아 일반화시키라는 문제, 기울기가 일정한 빗면 위에서 공을 굴렸을 때 빨리 내려오는 공의 조건을 가설을 설정하여 설명하라는 문제 등이 출제되었다. 민사고에서는 실험 준비물만 주고 본인이 직접 실험을 설계하고 관련 이론을 엮어내도록 하는 문제 등이 출제되었다.

이외에도 구술면접에서는 한 주제와 관련된 여러 개의 문제를 묶어서 내는 경우가 많다. 대체로 처음에는 결과나 현상에 대해 질문하고 그 다음 문제는 그것에 대한 이유를 물어보는 형태인데 처음 문제에 대한 해답을 모르면 그 다음 질문에 답하기 어려운 문제가 출제되고 있다. 이러한 유형의 문제는 문제 상황이 제시되었을 때 문제를 해결하기 위해 목표를 세우고 수행할 수 있는 과정적 능력을 갖추어야 해결할 수 있다.

따라서 이러한 문제에 대비하기 위해서는 먼저 문제를 인식하고 이를 해결하기 위한 방법을 구상하고, 구상된 방법대로 실행하여 문제를 해결해 나가는 과정을 연습해야 한다. 문제가 주어졌을 때 먼저 무엇을 탐구해야 하는지 파악할 필요가 있다.

주어진 문제가 파악된 후에는 잠정적인 해답인 가설을 스스로 세워보고 이 가설이 결론으로 만들어지기 위해 필요한 조건은 무엇이고, 이 조건들 중 일정하게 두어야 할 것과 변화시켜야 할 것은 무엇인지 정해야 한다. 그리고 사용되는 기구에는 어떤 것이 있는지, 실험은 어떤 순서로 할 것인지를 정한 다음 문제와 연관된, 즉 앞에서 세운 가설과 일치하는 결론이 만들어지는지를 생각해야 한다. 이것은 실험 설계에 대한 문제를 해결하기 위해 습득해야 하는 과정인데, 한두 번으로는 습득하기 어려우므로 평소에 꾸준히 연습해 두는 것이 좋다.

또한 평상시 다양한 문제 해결 대안을 찾는 훈련이 필요하다. 학습자 스스로가 교과서에서뿐만이 아니라 주변에서 느끼는 문제점을 인식하고 도서관이나 인터넷 등을 사용해 그 문제점에 대한 자료를 수집하는 습관을 가지는 것이 좋다.

문제점을 발견하기 위해서는 항상 주변 환경을 잘 관찰하는 습관이 필요하다. 모르는 것에 대해 두려워하지 말고 처음 보는 현상에 대해서는 기록하는 것도 좋은 방법이다. 조사한 결과를 바탕으로 주위 사람들, 또는 선생님과 토론하면서 해결 방안을 찾아보도록 한다.

그리고 이 해결 방안들을 이미 갖추고 있는 지식과 경험에 연관시켜 보기도 한다. 해결 방안을 실행할 수 있어야 스스로 생각하고 문제를 해결할 수 있는 능력까지 커지게 되는 것이다.

교과서를 공부할 때는 '왜 그럴까?', '정말 그럴까?'라는 의문을 품으면서 자신만의 생각을 형성할 수 있도록 해야 한다. 그리고 교과 내 칸막이식 교육을 벗어나 영역 간 소통을 중시하는 공부법이 필요하다. 한 영역만 깊이 있게 공부하면 사고가 경직될 우려가 있으므로 사회교과와 과학교과 같이 서로 관련이 없어 보이더라도 과목 간 공통적 주제를 찾고, 그와 연관된 여러 교과의 지식을 응용할 줄 알아야 한다.

예를 들면 국사 시간에 17세기 조선시대 생활상에 대해 배우고 문학 시간에 같은 시기 작품을 읽었다면 당시 생활상과 연관 지어 작품을 해석해 봐야 한다. 그리고 생물 시간에 진화론을 배우면 이를 사회 발전이론에 적용하고, 국사와 세계사 시간에 동학혁명과 프랑스혁명에 대해 배우면 두 혁명의 같은 점과 다른 점 등을 비교, 분석해 봐야 한다.

❻ 과학적 사고력 대비 시기

과학적 사고학습은 2008학년도 대입에서 실시되는 통합논술의 출제 방침과도 부합되는 내용이며 영재교육원 및 특목고 대비에 있어서도 도움이 된다. 하지만 과학적 사고력은 단기간에 완성되는 것이 아니기 때문에 초등 저학년 시기부터 과학적 사고력에 근거한 학습을 시작할 필요가 있다.

과학적 사고는 관찰력이 뒷받침되어야 길러질 수 있다. 어렸을 때부터 집이나 학교에서 동·식물을 직접 기르며 관찰일기를 써보거나 실생활에서 쉽게 얻을 수 있는 재료를 이용해 실험을 해보거나 과학잡지를 읽는 것 등은 과학적 사고력을 기르기 위한 좋은 첫걸음이 될 것이다.

자립형 사립고 구술면접

세계적인 인재 양성에 그 뜻을 두고 있어 수많은 영재들이 지원하고 있는 자립형 사립고에서도 구술면접은 중요한 위치를 차지한다. 이 장에서는 자사고 중에서 민족사관고와 상산고의 구술면접에 대비하는 방법을 살펴보도록 하겠다.

1 _ 민족사관고

❶ 1차 서류전형

학교 생활기록부와 수상 실적, 학업계획서, 기타 학생의 우수성을 입증할 수 있는 자료 등을 중심으로 종합적으로 심사한다. 서류전형은 1차 합격자 선발뿐만 아니라 최종 합격자 선발 시에도 반영된다는 것에 유의해야 한다. 1차 서류전형에서는 모집 정원의 2배수(300명) 내외를 선발한다.

❷ 2차 영재판별검사

2차 영재판별검사

구분	문항수	시간	출제 형태
인문 · 사회(1교시)	언어 2, 사회 6	150분	국문국답(국제계열의 언어는 영어로 답안 작성)
수리 · 과학(2교시)	수학 7, 과학 6	150분	수리 : 다단계 문항 포함 과학 : 물리, 화학, 생물, 지구과학으로 출제

　수험생들의 체감 난이도는 과학이 가장 높게 나타난다. 그 이유는 각종 실험 준비물들만 주어지기 때문이다. 따라서 수험생들은 본인이 알고 있는 어떤 이론을 증명하기 위해 주어진 실험 준비물 중에서 하나를 채택하고, 직접 설계하는 과정을 통해 결론을 내려야 한다. 이 과정을 성공적으로 완수하기 위해서는 단편적인 교과 지식만으로는 부족하기 때문에 평소 과학 관련 잡지와 이론 서적 등을 풍부히 읽어 두어야 한다.

　반면 체감 난이도가 가장 낮은 과목은 수학으로 중학교 3학년 심화 형태로 출제되는데 민사고 수학경시대회보다 문제가 쉽게 출제된다.

❸ 3차 면접 (면접 및 체력검사)

2008학년도부터 3차 면접은 수험생이 제출한 서류전형을 토대로 실시되는데 학교 측은 특기가 있는 재능 사항을 집중적으로 체크하고 있다. 따라서 3차 면접에 대비하기 위해서는 제출 서류를 꼼꼼히 기록하고, 기록 내용에 준하는 사실 내용을 확인시킬 수 있는 준비를 미리 해두어야 한다.

2_ 상산고

❶ 특별전형 : 수학 능력 우수자에게 수학 주관식 문제 출제, 풀이 과정도 평가

경시대회 입상자 가산점은 수상 등급에 따라 부여하는데 입상자가 서류를 제출할 때는 기본점수를 부여한다.

수학 능력 우수자에게는 수학 주관식 문제를 출제하고 답안은 물론 풀이 과정도 평가한다. 삼각비를 제외한 중학교 전 과정을 110분 동안 풀어야 하며 합격자 최저점수는 75점 내외다.

영어 능력 우수자는 에세이를 50분 동안 A4 1장 분량으로 작성해야 하는데 영어 인터뷰도 5분 실시된다. 영어 공인점수의 총점은 100점이다.

경시대회 입상자도 특기자 성적 평가에 응시할 수 있고 평가 결과와 가산점 점수 중 높은 점수를 선택할 수 있도록 되어 있어 대부분의 수학 특기자가 이 평가에 응시하고 있다.

❷ 일반전형 : 국어, 수학, 영어 교과 면접 실시

심층면접은 국어, 수학, 영어 등의 교과면접 외에 점수화되지 않는 인성면접도 실시하는데 100점 만점 중 최소 70~75점을 맞아야 합격이 가능하다.

국어는 1개 지문에 3~4개의 문제가 대입수능 같은 5지선다형이 아닌 주관식 형태로 출제된다. 따라서 수험생들의 체감 난이도가 가장 높은 영역이다. 영어는 독해로 출제되며 지문 1개에 2~3개의 문제가 출제된다. 수학은 3~4문제 출제되지만 수험생 간의 점수 차가 가장 큰 영역이므로 철저한 준비가 요구된다.

외고, 국제고 영어듣기평가

1 _ 외고, 국제고 영어듣기 대비 전략

외고입시에서 가장 큰 비중을 차지하고 있는 영어의 난이도는 어느 정도 수준일까? 2007학년도까지는 대입수능시험의 외국어 영역과 비슷한 수준이었다. 그러나 2007년 1월 10일 서울시 교육청이 발표한 '2008학년도 서울 지역 외고입시 개선안'에 관한 보도 자료를 보면 그 주요 내용은 '내신 비중 확대, 영어듣기 중학교 수준에서 출제, 구술면접 수학·과학 문제 출제 금지' 등이었다. 2008학년도부터는 중3 수준 이내에서 문제를 출제하는 것으로 방침이 결정된 것이다. 따라서 난이도가 낮아질 것으로 예상되지만 특목고 열기는 더욱더 뜨거워지고 있어 입시 경쟁은 더 치열해질 것으로 보인다.

영어듣기평가 내용은 교과서를 기본으로 하지만 추론 형태의 논리 사고력 문제, 시각 자료를 이용한 종합 판단력 문제, 장문의 지문을 파악하는 문제 등은 지속적으로 출제될 것이다. 이런 유형들은 보통 1년 정도 준비해야 적응할 수 있다.

또한 난이도가 낮아진다는 것에 안심하고 영어듣기 준비를 소홀히 해서는 안 된다. 왜냐하면 난이도가 낮아진다는 것은 영어듣기 고득점이 기본 필수사항이 된다는 것이고, 영어듣기에서 평균보다 1~2문제라도 더 틀리면 합격을 기대하기 어렵다는 것을 의미하기 때문이다.

그리고 전체적으로 쉽게 출제된다고 해서 어려운 문제가 단 1개도 출제되지 않는다는 뜻은 아니다. 변별력 확보를 위해 난이도 있는 문제 1, 2개는 반드시 출제될 것이며, 이 문제에서 지원자 간의 상대적 우위가 결정될 것으로 보인다.

그렇다면 외고에 진학하기 위해서는 어떤 영어학습에 중점을 두어야 할까? 바로 영어입시의 기본인 듣기학습이다.

2 _ 각 학교별 영어듣기 문제 특징

❶ 통합교과 유형의 문항 수 증가

대원외고의 영어듣기의 경우 예년에는 지문에서 특정 부분이나 표면적인 사실들을 묻는 문제가 대다수였던 것에 반해 2007학년도에는 내용을 추론하여 옳고 그름을 판단하거나 지문 전체를 이해해야 풀 수 있는 문제가 많이 출제되었다. 예를 들어 요즘 학생들의 학업 성취도가 점점 떨어지고 있다는 내용을 들려주고 이 지문을 듣고 느낄 학부모의 감정을 묻는 문제가 출제되었는데 이는 지문 내용에 대한 이해와 듣는 이(학부모)의 반응을 추론할 수 있어야 해결이 가능한 문제 유형이다.

대일외고 문제를 살펴보면 토스트를 굽는 과정을 설명하는 내용을 들려주고 이에 맞게 그림을 배열하는 문제가 출제되었는데 이는 지문 전체 내용을 이해하고 흐름에 맞게 추론하여 그림을 찾는 복합적인 능력을 요구하는 문제 유형이다. 참고로 대일외고는 다른 학교에 비해 출제되는 문제 수가 많다는 것도 알아두어야 한다. 대일외고는 60문항 내외로 출제하고 있는데 매년 5, 6권을 선정하여 어휘 20여 개를 출제하고 있다. 따라서 대일외고를 지원하고자 하는 학생들은 대일외고 홈페이지를 활용해 먼저 선정도서가 어떤 것들인지 알아두는 것이 좋다.

2007학년도 선정도서는 《Silas Marner》, 《The Story of My life》, 《Little Women》, 《Great Expectation》, 《On My Horner, Macbeth》였는데 2008학년도에는 이 중에서 4권 정도가 바뀌게 된다.

한영외고는 전체 30문항 중 5문항 정도가 사고력 영어듣기 문제로 출제되는데 단순히 들려주는 내용을 듣고 푸는 문제가 아니라 들려주는 내용과 지문을 바탕으로 사고를 해야만 풀 수 있는 문제들이다. 예년의 사고력 문제가 2007학년도 영어듣기 사고력 문제로 출제된 적도 있기 때문에 한영외고 영어듣기를 대비하는 학생들은 반드시 과년도 구술면접 사고력 문제도 병행해서 풀어보는 것이 좋다.

한영외고의 영어듣기 문제로 응급처지의 행동에 대해 설명하는 지문을 듣고 설명에 부합하는 그림을 찾는 문제가 출제되었는데 이 또한 이해력과 사고력을 함께 요구하는 문제 유형이다.

서울외고는 대원이나 대일, 한영, 명덕외고 등에 비해 출제되는 어휘 난이도가 다소 낮고 국사 과목과 사회 과목의 공통 주제를 접목시킨 문제들이 출제된다는 것을 주요 특징으로 들 수 있다. 또한 매년 그래프와 관련한 문제들이 출제되고 있는데, 이 문제들에서 수험생들의 체감 난이도가 높게 나타나고 있다. 때문에 평소 이러한 문제들을 많이 익혀 두는 것이 중요하다.

서울 및 수도권 주요 외고 영어듣기 특징

학교	문항 수 (내외)	주요 특징
대원	45	속담, 시사상식과 배경 지식을 요하는 문제, 장문듣기 다수 출제
대일	60	어휘문제 대일외고 선정도서에서 출제(20문항 내외)
이화	33	내용 일치 파악 문항, 강의와 같은 담화형 문제 출제
명덕	30	긴 지문 듣기 출제 비중 늘려 가는 추세, 사고력 문제도 출제
한영	30	사고력 문항(5문항) 출제, 사고력 문항의 체감 난이도가 가장 높음
서울	30	들려주는 속도가 빨라지는 추세
외대부속	55	FLEX(B형) 형태로 출제, 4개 영역(간단한 일상생활, 두 사람 간 대화, 장문 지문, 장문 지문에 따른 여러 개의 소문항)으로 출제
명지	30	대화형 듣기(17문항), 장문듣기(13문항)로 출제 독해 20문항과 같이 시험 실시
과천	16	대화형 듣기(10문항), 독해형 듣기(6문항) 금년부터 독해형 듣기 문제 폐지
고양	30	일반듣기(26문항), 토플형 듣기(4문항)
인천	40	대화형 듣기(34문항), 독해형 듣기(6문항)

❷ 어휘력을 측정하는 유형의 문항 비중 확대

외고 영어듣기 특징 중 하나가 어휘력이 뒷받침되어야 한다는 것이다. 전체적으로 일반적인 영어듣기와 큰 차이는 없지만 어휘에 있어서는 중학교 3학년 수준을 훨씬 뛰어넘는다.

따라서 외고 영어듣기에 대비하기 위해서는 어휘학습을 가장 먼저 해야 하는데 이는 영어독해에도 많은 도움이 되고 있다. 2008학년도부터 영어듣기가 쉽게 출제된다고 해서 쉬운 어휘만 학습해서는 곤란하다는 이유도 여기 있다.

각 학교별 영어듣기 어휘 출제 경향을 보면 대일외고는 20문항 정도가 어휘문제로 구성되어 출제되고 있으며, 지문의 내용을 통해 추론이 가능한 문제들도 있었지만 순수하게 어휘력을 요구하는 문제들도 많이 출제되고 있다.

명덕외고의 경우 토플형 어휘들이 출제되고 있는데 그에 따라 지문 내용에 대한 체감 난이도가 상승하고 있다.

이화외고도 대일외고, 명덕외고와 마찬가지로 어휘력을 요구하는 문제가 출제되고 있는데 어휘 자체의 의미나 용도를 평소 얼마나 정확하게 숙지하고 있는가를 묻는 문제들이 많다.

명지외고의 경우 영어듣기는 토플, 토익형과 수능형 문제로 출제되고 있는데 특히 토플, 토익형 영어듣기의 경우 어휘 수준이 매우 높아 학생들이 많은 어려움을 겪고 있다. 출제되는 문제들을 보면 공통적으로 빈 칸에 알맞은 단어를 고르는 것부터 어법이 올바르지 않은 것을 찾는 문제, 흐름상 뜻이 같은 단어를 고르는 문제 등 다양한 유형의 문제가 출제된다는 것을 알 수 있다.

❸ 지문의 길이가 더 길어지고 장문 형태의 문장이 많아짐

매년 외고 영어듣기평가에서 들려주는 지문의 길이가 길어지고 있고, 단문보다는 장문 형태의 문장이 점차 많아지고 있다. 2007학년도 서울 6개 외고 영어듣기도 전년에 비해 지문의 길이가 길어지고 장문이 늘어났다. 경기권 외고인 고양외고, 과천외고, 김포외고, 동두천외고, 성남외고, 수원외고, 명지외고도 지문의 길이가 길어지고 어휘의 수준이 높아졌다는 것이 수험생들의 일반적인 의견이다.

지문의 분량이 많아짐과 동시에 내용을 다 들었다 하더라도 전체적으로 내용 이해 및 정답을 추론하기가 힘든 문제들이 출제되고 있으며, 듣는 중간에 핵심어를 메모하지 않으면 아예 손도 댈 수 없는 문제들도 있다. 예를 들어 한영외고 시험에 출제된 괴혈병의 전염 과정과 치료 방법에 대한 지문은 길이가 길어서 다 듣고 난 후 앞부분의 내용을 기억하기 힘들 정도였다. 주제도 전문성을 띠고 있는 것들이 점차 많아지고 있다.

따라서 영어듣기에 대비할 때 지문의 길이를 점차 늘려 듣는 연습을 하는 것이 필요하며, 일상적인 주제보다는 다양한 장르의 영어듣기를 하는 것이 보다 도움이 될 것이다.

❹ 지문을 들려주는 화자의 말하는 속도가 빨라짐

해를 거듭할수록 들려주는 속도가 빨라지고 있다. 게다가 특정 부분만을 집중해서 들으면 풀 수 있는 형태에서 점차 지문 전체의 흐름을 파악하고 결론을 도출해 내야 하는 문제가 늘어남에 따라 한 부분이라도 놓치면 정확한 답을 찾기 어려워졌다. 또한 내용 일치에 관한 문제들이 맞는 것보다는 틀린 것을 고르는 문제가 많기 때문에 빠른 속도는 큰 부담으로 작용하고 있다.

그리고 문제 간의 간격이 짧아져 내용을 듣고 정답을 고르는 시간도 짧아졌다. 따라서 정답을 고를 때 시간적 여유가 없어졌으며, 다음 문제를 미리 살펴보기 힘들다는 점을 염두에 두고 연습해야 한다.

3 _ 영어듣기평가 대비 전략

일반적으로 외고에 지원하는 학생들은 학교 내신 상위 10% 이내에 속하는 학생들이다. 따라서 학교 내신의 비중이 높아졌다고 해도 지원자들의 학교 내신이 비슷한 상황일 경우 상대적으로 영어듣기와 구술면접의 비중이 커질 수밖에 없다. 2008학년도에는 영어듣기가 쉽게 출제된다고 하지만 아직 구체적인 예시문제는 나오지 않았다. 따라서 현재로서는 예년도 기출문제를 중심으로 대비하는 것이 보다 현명할 것으로 보인다. 어렵게 공부해야 난이도 있는 소수 문제를 별 어려움 없이 풀 수 있다는 점을 반드시 명심해 둬야 한다.

그렇다면 어떻게 해야 영어듣기에서 높은 점수를 받을 수 있는지, 영어듣기평가 대비 전략에 대해 알아보도록 하자.

❶ 어휘와 배경 지식을 풍부하게 갖추어라

최근의 외고입시를 살펴보면 듣기 속도가 빨라지고 어휘 수준이 높아지고 있다는 것을 알 수 있다. 또한 학교마다 다양한 배경 지식을 영어로 묻는 문제들이 늘어나고 있다. 일상적인 대화뿐만 아니라 역사, 사회, 과학, 시사 영역에 걸쳐 다양한 부분에서 출제되고 있으며, 사자성어나 속담 같은 문제들도 출제되고 있다. 따라서 단순히 듣기만 잘한다고 풀 수 있는 것이 아니다. 실제로 해외유학파 학생들도 영어듣기에서 만점을 받지 못하고 있다. 오히려 순수 국내파 학생들보다 점수가 잘 나오지 않고 있는데, 그 이유 중의 하나가 바로 배경 지식을 요하는 문제들에서 많이 틀리고 있다는 점에 유의해야 한다.

우선 어휘와 관련해서는 지원 시점은 중 3학년에서 최소 고3 어휘 이상을 익혀놓는 것이 필요하다. 일단 중학교 1학년 때 중3 수준의 어휘를 마스터한다는 계획을 가지고 있어야 하며, 중학교 2학년 때까지 고등학교 2학년 수준의 어휘력을 갖추는 것을 목표로 해야 한다. 어휘학습과 동시에 기본회화 표현도 익혀놓아야 한다. 중학교 3학년 1학기에는 수능형 듣기 유형을 통해 고등학교 3학년 이상의 어휘력을 익혀두어야 한다. 어휘는 분야별로 어휘와 숙어를 정리해 두고 숙지하도록 한다.

❷ 수능, 토플, 텝스형 장문듣기에 대비하라

외고 영어듣기평가에서 영어 지문은 길어지고 듣기 속도가 빨라지는 추세이므로 긴 문장을 들으면서 메모하는 습관이 필요하다. 문제를 들려주고 답을 선택하는 시간이 갈수록 짧아지고 있기 때문에 문제 유형과 질문 의도를 미리 파악하는 연습도 해야 한다.

들려주는 영어 지문의 단어는 고1 수준이지만 요구하는 사고력은 그 이상이다. 따라서 200~300단어 이상의 장문을 반복적으로 들으며 실전에 대비해야 한다. 수능의 영어듣기는 외고 영어듣기와 유사하게 출제되므로 처음에는 수능의 영어듣기로 연습을 시작한다.

점차 수능 유형에 익숙해지면 외고 문제보다 수준이 높은 토익이나 토플 유형으로 연습을 하고 잘 들리지 않는 부분은 반복적으로 들으며 받아쓰기 연습을 한다. 받아쓰는 습관은 듣기 능력을 길러주고, 들으면서 메모하는 습관은 실전에서 긴 지문을 들으며 잊어버리기 쉬운 내용들을 정리하는 데 도움을 준다. 또한 실전 모의고사 형식의 문제를 많이 풀어봐서 실제로 시험 볼 때 당황하는 일이 없도록 해야 한다.

❸ 기출문제를 철서히 풀어보라

외고의 영어듣기평가 문제는 학교별로 차이가 있는 만큼 지망하는 학교의 기출문제를 풀어보고 철저하게 대비하는 것이 좋다. 매일 실제로 시험 보듯 듣기 문제를 풀어보고, 긴 지문이나 사고력 듣기에 대비하여 중요한 부분을 직접 손으로 메모하며 듣는 습관을 기르자.

대원외고의 경우는 난이도가 높은 대화형 듣기와 장문의 담화형 듣기에 대한 대비를 해야 한다. 대일외고의 경우는 문항 수가 많기 때문에 문제를 풀며 집중력을 기르는 훈련이 필요하다. 명덕외고의 경우는 담화형 듣기 비중이 높다는 것이 특징이다. 외대부속외고의 경우는 기출문제와 올해 예시문제, 외대에서 그동안 시행한 FLEX(B형) 문제를 위주로 공부해야 한다.

국제중 문제 유형

앞서 말했듯이 국제중학교에는 청심국제중과 부산국제중이 있고, 부산국제중은 부산 지역 학생들만 선발하고 있기 때문에 여기서는 청심국제중학교만 살펴보기로 한다.

국제중은 서류전형으로 1단계를 선발하고 있고, 2단계에서 캠프를 실시하는데 이때 다양한 평가가 이루어진다. 2박 3일간 합숙 캠프 형태로 실시되는 심층면접 및 다면평가에서는 영어면접과 학업능력평가를 실시한다.

첫째 날은 영어면접 실시

첫째 날은 영어 의사소통 및 영어수업 가능 여부와 학업 능력, 단체생활 적응 능력을 심사하고 있다. 출제된 문제로는 '살고 싶은 나라를 골라 그 이유를 설명하라.', '신라가 아닌 어떤 나라가 삼국통일을 하는 게 좋았을까?', '굶주리고 있는 아프리카 아이의 사진을 보고 어떤 느낌을 받았는가!', '조선시대의 조혼제도를 어떻게 생각하는가?', '한국문화를 더 영향력 있게 하는 방법은 무엇일까?' 등이 있다.

둘째 날은 사회 적성검사와 수학·과학적 창의성 시험 실시

둘째 날은 사회, 수학, 과학 등의 적성검사를 실시한다. 사회 적성검사에서는 '환율변동이 우리나라 경제에 미치는 영향에 대해 설명하기' 등의 문제가 출제되었고 수학창의성에서는 '원안의 사다리꼴과 삼각형 면적 구하기' 등의 문제가 출제되었다. 과학창의성에서는 '소금의 양·온도·물의 양을 제시한 뒤 소금이 얼마나 빨리 녹을지 추론하라'는 등의 문제가 출제되었다.

셋째 날은 시사상식과 수학 원리에 관한 문제 출제

셋째 날은 시사상식과 수학 원리에 관한 문제가 출제되었다.

외고입시 변화에 따른 입시 판도 분석

1_ 점검 사항

① 학교별 특별, 일반 모집 부문 및 전형 방법의 변화를 사전 체크
하여 대비 전략을 마련한다.

② 학교 내신 변화에 따른 구술면접, 영어듣기 영향력 변동 사항을
학교별로 점검하여 학교 내신, 구술면접, 영어듣기 강약에 따른
유리한 지원 부문을 체크하고 대비 전략을 마련한다.

③ 학교별 학교 내신 실질 반영 비율 상승에 따른 지원 가능 시 유
불리점을 분석한다.

④ 모집 인원, 전형 방법 변화에 따른 지원 경향을 사전에 예측하여
준비한다.

⑤ 구술면접, 영어듣기 난이도 조정에 따른 유불리 분석 및 이에 따른 대비 전략을 세운다.

2 _ 학교별 주요 변경 사항 체크 포인트

학교명	학교별 주요 점검 사항
대원외고	• **특별전형** 2007학년도 175명 → 2008학년도 125명으로 50명 감소 • **특별전형** 전 부문 학교 내신 반영 • **일반전형** 실질 반영 비율 　– 학교 내신 5.6% → 30%로 증가 　– 영어듣기 54.6% → 37.5%, 구술면접 27.3% → 25.0%로 감소
대일외고	• **특별전형** 2007학년도 182명 → 2008학년도 138명으로 44명 감소 • 교과 성적 우수자 100명 → 50명으로 감소 / 전형 방법에서 구술면접 폐지, 내신으로만 선발 • **일반전형** 국어, 영어, 수학 가중치 30점에서 90점으로 증가 • **일반전형** 실질 반영 비율 　– 학교 내신 6.7% → 30.0%로 증가 　– 영어듣기 58.8% → 41.7%, 구술면접 29.4% → 20.8%로 감소
한영외고	• **특별전형** 2007학년도 168명 → 2008학년도 105명으로 63명 감소 • **특별전형** 글로벌 인재(45명) 전형 폐지 / 국제어과(영어) 별도 선발 폐지 • **학교장 추천 전형** 55명에서 80명으로 증가 / 1단계에서 내신으로만 30명 우선 선발 • **일반전형** 단계별 전형 도입 　– 1단계 – 학교 내신으로 5배수 선발 / 2단계 – 학교 내신+영어듣기+구술면접 • **일반전형** 실질 반영 비율 　– 학교 내신 7.5% → 30.0%로 증가 　– 영어듣기 46.7% → 40.0%, 구술면접 33.3% → 20.0%로 감소
명덕외고	• **특별전형** 2007학년도 140명 → 2008학년도 128명으로 12명 감소 • **특별전형** 교과 성적 우수자 대폭 축소(96명→24명), 글로벌 리더 전형 36명 신설 • **일반전형** 내신 산출 등급 기존 6등급 → 20등급으로 세분화 • **일반전형** 실질 반영 비율 　– 학교 내신 4.0% → 30.0%로 증가 　– 영어듣기 43.1% → 22.7%, 구술면접 43.1% → 22.7%로 감소
서울외고	• **특별전형** 2007학년도 100명 → 2008학년도 110명으로 10명 증가 • **가중치 과목** 국, 영, 수에서 국, 영, 수, 사, 과로 과목 확대 • **일반전형** 실질 반영 비율 　– 학교 내신 22.2% → 35.7%로 증가 　– 영어듣기 30.8% → 22.2%, 구술면접 23.1% → 22.2%로 감소
이화외고	• **일반전형** 실질 반영 비율 　– 학교 내신 13.5% → 30.0%로 증가 　– 영어듣기 34.25% → 24.75%, 구술면접 34.25% → 24.75%로 감소

3 _ 모집 인원의 변화

❶ 전체 모집 인원 변화

■ 2007학년도 대비 특별전형 159명 감소, 일반전형 159명 증가
  (전체 모집 인원 전년도와 동일)

– 특별전형 선발 인원 2007학년도 836명에서 2008학년도 677명으로 159명 감소(모집 정원 대비 2007학년도 38.5%에서 2008학년도 31.2%로 감소)

– 일반전형 선발 인원 2007학년도 1,334명에서 2008학년도 1,493명으로 159명 증가(모집 정원 대비 2007학년도 61.5%에서 2008

전체 모집 인원 변화   (단위 : 명)

구분		특별전형		일반전형		모집 정원
		인원	비율	인원	비율	
대원외고	2008	125	(29.8%)	295	(70.2%)	420
	2007	175	(41.7%)	245	(58.3%)	420
대일외고	2008	138	(32.9%)	282	(67.1%)	420
	2007	182	(43.3%)	238	(56.7%)	420
명덕외고	2008	128	(30.5%)	292	(69.5%)	420
	2007	140	(33.3%)	280	(66.7%)	420
한영외고	2008	105	(30.0%)	245	(70.0%)	350
	2007	168	(48.0%)	182	(52.0%)	350
서울외고	2008	110	(31.4%)	240	(68.6%)	350
	2007	100	(28.6%)	250	(71.4%)	350
이화외고	2008	71	(33.8%)	139	(66.2%)	210
	2007	71	(33.8%)	139	(66.2%)	210
합계	2008	677	(31.2%)	1,493	(68.8%)	2,170
	2007	836	(38.5%)	1,334	(61.5%)	2,170

학년도 (68.8%로 증가)

❷ 특별전형 부문별 선발 인원 변화

■ 성적 우수자 2007학년도 대비 240명 감소

- 성적 우수자 2007학년도 411명에서 2008학년도 171명으로 대폭 축소

  전년 대비 240명 감소로 특별전형 모집 인원 대비 비율은 49.2% 에서 25.2%로 감소

특별전형 부문별 선발 인원 변화 (단위 : 명)

구분		학교장 추천	성적 우수	영어 특기	외국어 특기	국제화/ 글로벌 전형	기타	합계
대원외고	2008	42		25		55	체육 특기자 3	125
	2007	30	40	20	10	57	18	175
대일외고	2008	27	50		10	30	회장, 부회장 21	138
	2007	14	100		12	35	회장, 부회장 21	182
명덕외고	2008	48	24	12	8	36		128
	2007	24	96	12	8	0		140
한영외고	2008	70		22	10		3	105
	2007	55	55		10	45	3	168
서울외고	2008	20	55	4	6	25		110
	2007	15	70	7	8			100
이화외고	2008	9	42	14	6			71
	2007	9	50	12				71
합계	2008	216	171	77	40	146	27	677
		31.9%	25.2%	11.4%	5.9%	21.6%	4.0%	100%
	2007	147	411	51	48	137	42	836
		17.6%	49.2%	6.1%	5.7%	16.4%	5.0%	100%

※ 한영외고 학교장 추천 70명은 선발 방법에 있어서 1단계로 성적 우수자 20명을 우선 선발

– 영어 특기자 선발 인원 확대, 특별전형 중 가장 많은 인원 선발
  영어 특기자 선발 인원 확대, 국제화 · 글로벌 전형 신설 등으로
  영어 공인점수 우수자의 경우 선발 인원이 늘어남(특별전형 모집
  인원의 33% 선발)

– 학교장 추천자 전형 216명으로 특별전형 중 두 번째로 많은 인원 선
  발(단일 부문별로는 최대 선발 규모, 특별전형 모집 인원의 31.9%)

4 _ 학교 내신의 변화 (일반전형)

학교 내신 변화

전형 부문	반영 교과목		학기별 반영 비율		가중치 과목	
	2007	2008	2007	2008	2007	2008
대원외고	전 교과		2/1학기(20%) 2/2학기(20%) 3/1학기(60%)	2/1학기(20%) 2/2학기(20%) 3/1학기(60%)	3/1학기 국, 영, 수, 사	2/1~3/1 학기 국, 영, 수
대일외고	전 교과		2/1학기(20%) 2/2학기(30%) 3/1학기(50%)	2/1학기(25%) 2/2학기(25%) 3/1학기(50%)	2/1~3/1학기 국, 영, 수	2/1~3/1학기 국, 영, 수
명덕외고	전 교과		2/1학기(30%) 2/2학기(30%) 3/1학기(40%)	2/1학기(30%) 2/2학기(30%) 3/1학기(40%)	2/1~3/1학기 국, 영, 수, 사, 과	2/1~3/1학기 국, 영, 수, 사, 과
서울외고	전 교과		2/1학기(20%) 2/2학기(30%) 3/1학기(50%)	2/1학기(30%) 2/2학기(30%) 3/1학기(40%)	2/1~3/1학기 국, 영, 수	2/1~3/1학기 국, 영, 수, 사, 과
이화외고	전 교과		2/1학기(20%) 2/2학기(30%) 3/1학기(50%)	2/1학기(20%) 2/2학기(30%) 3/1학기(50%)	2/1~3/1학기 국, 영, 수, 사, 과	2/1~3/1학기 국, 영, 수, 사, 과
한영외고	전 교과		2/1학기(20%) 2/2학기(30%) 3/1학기(50%)	2/1학기(20%) 2/2학기(30%) 3/1학기(50%)	2/1~3/1학기 국, 영, 수, 사, 과	2/1~3/1학기 국, 영, 수, 사, 과

5 _ 대원외고 입시

서울 6개 외고 모두 입시에 변화가 있지만 대표적으로 대원외고 입시를 집중적으로 조명해 봄으로써 구체적으로 무엇이 어떻게 변했는지 제시해 보도록 하겠다.

❶ 전체 모집 인원 변화

구분	2007학년도			2008학년도		
	특별전형	일반전형	모집 정원	특별전형	일반전형	모집 정원
인원	175(6.7:1)	245(4.2:1)	420(5.3:1)	125	295	420
비율	41.7%	58.3%	100%	29.8%	70.2%	100%

❷ 특별전형

■ 모집 인원 및 부문

특별전형 175명→125명으로 50명 축소

모집 부문별 변동 사항

⇒ 성적 우수자, 외국어 특기자, 경시대회 수상자 폐지

모집 부문 변동으로 인한 2008학년도 입시 분석 (특별전형 분석-①)

1. 독일어, 프랑스어, 스페인어, 중국어, 일본어 특기자의 경우 특별
   전형 지원 기회가 사라짐

 2. 어학 특기자를 제외한 일반 학생의 경우 사실상 특별전형의 기회
   가 매우 좁아짐(성적 우수자 폐지)

3. 학교장 추천자의 경우 지원자 수 급증 예상(성적 우수자 폐지, 학교
   별 추천 인원 증가)

   - 최근 추세로 볼 때 최소 16~17대 1 정도 예상

4. 결국 학교장 추천자 전형의 지원자 수 급증으로 특별전형 전체 경
   쟁률 상승 예상

■ 지원 자격 변화

전형 부문	2007학년도	2008학년도
학교장 추천자	- 학교장 추천 인원 학교당 2명 - 3학년 총학생 회장, 부회장(학교당 4명)	- 학교장 추천 인원 학교당 6명 - 3학년 총학생회장, 부회장(전년 동일)
영어 능력 우수자	- 토플 : 230(CBT), 88(IBT) - 텝스 : 700	- 토플 : 230(CBT), 88(IBT) - 텝스 : 727(전년 대비 27점 상승)
국제화 전형	- 토플 : 260(CBT), 105(IBT) - 텝스 : 850	- 토플 : 250(CBT), 100(IBT)(전년 대비 10점 감소) - 텝스 : 839(전년 대비 11점 감소)
체육 특기자	- 전국 골프대회 3위 입상	- 전년 동일
성적 우수자	- 3학년 1학기 전 교과 8% 이내	폐지
외국어 특기자	- 독, 불, 스, 중, 일어 능력 우수자	폐시
경시대회 수상자	- IET, IEEC 수상자	폐지

지원 자격 변동으로 인한 2008학년도 입시 분석 (특별전형 분석-②)

1. 국제화 전형 모집 인원 2명 감소, 지원 자격 완화로 경쟁률 상승 요
   인 발생

2. 학교장 추천 지원자 수 증가 및 지원자 수준 상승 요인

　　– 학교별 학교장 추천 인원 2명에서 6명으로 증가

　　– 전 교과 8% 이내에 드는 기존 성적 우수 학생이 대거 학교장 추
　　　천자 전형으로 지원 예상

■ **전형 방법 변화**

전형 부문	2007학년도	2008학년도
학교장 추천자	경력(60)+영어듣기(60)+구술면접(30) = 150점	학교 내신(60)+경력(40)+영어듣기(60)+구술면접(40) = 200점
영어 능력 우수자	영어작문(60)+영어듣기(60)+구술면접(30) = 150점	학교 내신(60)+영어작문(40)+영어듣기(60)+구술면접(40) = 200점
국제화 전형	영어작문(30)+영어 공인점수(30)+영어듣기(60)+구술면접(30) = 150점	학교 내신(60)+영어작문(20)+영어 공인점수(20)+영어듣기(60)+구술면접(40) = 200점

전형 방법 변동으로 인한 2008학년도 입시 분석 (특별전형 분석–③)

1. 영어듣기, 구술면접 금년부터 표준점수제로 전환, 특별전형 구술
　면접 중요도 절대적

　　– 대원외고 지원자의 경우 영어 능력은 대부분 극상 수준(100점 만
　　　점 중 90점대 이상), 반면 구술면접은 100점 만점 중 60점대임을
　　　감안할 경우 표준점수로 전환했을 때 구술면접 점수가 합격에
　　　결정적 요인으로 작용(이는 예년과 같이 구술면접의 평균점수가
　　　영어듣기 평균점수보다 낮다는 전제)

2. 영어듣기와 구술면접 중 난이도가 높은 부문의 고득점자가 실제
　합격으로 연결(학교 내신이 동일하다는 전제)

3. 2008학년도 특별전형 전 부문 학교 내신 추가(전년도 학교 내신 미
　반영)

- 학교 내신 전년도 0% 반영에서 금년도 30% 반영

- 학교장 추천자, 영어 능력 우수자, 국제화 전형 모두 전형 총점에서 내신 30% 추가됨

4. 영어듣기 40%에서 30%로 감소, 구술면접 20%로 전년도와 동일

- 특별전형 전 부문에서 구술면접의 비중이 상대적으로 더욱 커졌음을 의미

5. 학교장 추천자의 경우 학교 내신 합격자 수준 대폭 높아질 전망

- 예년 성적 우수자 8% 이내에 드는 학생들 학교장 추천자 전형에 지원 예상, 학교장 추천자 지원자 수준 상향 예상

- 2008학년도 학교장 추천자의 경우 합격자 학교 내신 점수 상당히 높아질 전망

6. 독일어, 프랑스어, 스페인어, 중국어, 일본어 특기자의 경우 해당 외국어 능력만으로 입학 불가능, 특례 또는 일반전형에 지원한다 하더라도 영어듣기와 구술면접에 대한 사전 준비가 됐을 경우에만 지원 가능

■ 특별전형 학교 내신 적용

특별전형 학교 내신 도입으로 인한 2008학년도 입시 분석 (특별전형 분석-④)

1. 학교 내신 전 교과 5% 이내 0.5점차 발생, 영어듣기, 구술면접으로 극복 가능

2. 학교 내신 전 교과 7%이내 1.0점차 발생, 영어듣기, 구술면접으로 극복 가능

석차 백분율에 따라 점수 차 분석   (단위 : 점수)

평균석차 백분율	학교 내신 점수	최고점과 점수 차
최고점	60.0	–
1.0	60.0	–
2.0	59.9	0.1
3.0	59.8	0.2
4.0	59.7	0.3
5.0	59.5	0.5
6.0	59.3	0.7
7.0	59.0	1.0
8.0	58.7	1.3
9.0	58.4	1.6
10.0	58.0	2.0
11.0	57.6	2.4
12.0	57.1	2.9
13.0	56.6	3.4
14.0	56.1	3.9
15.0	55.5	4.5
16.0	54.9	5.1
17.0	54.2	5.8
18.0	53.5	6.5
19.0	52.8	7.2
20.0	52.0	8.0

3. 학교 내신 전 교과 10~15% 2.0점~4.5점차 발생, 영어듣기, 구술 면접 점수에 따른 수험생 간 경쟁 치열. 특히 시험문제 난이도에 따른 표준점수 유불리가 최대화되는 구간

❸ 일반전형

■ 모집 인원 및 부문

일반전형 245명→295명으로 50명 증가

(단위 : 명)

구분	2006학년도	2007학년도	2008학년도
모집 인원	245(251)	245(251)	295
지원자	1,069	1,045	–
경쟁률	4.26	4.2	–

※ 2006, 2007학년도 일반전형은 당초 245명 선발 예정이었으나, 실제로는 특별전형 6명을 미선발하여 일반전형에서 선발했음. 따라서 일반전형 실제 선발 인원은 251명으로 6명이 추가됨

특별전형 모집 부문 축소, 일반전형 모집 인원 확대는 결국 일반전형 지원자 수 증가로 연결될 것으로 보이며, 이러한 요인이 경쟁률 상승으로까지 연결될지는 미지수(지원자 수 증가, 모집 인원 확대 공존)

■ 지원 자격 변화

구분	2007학년도	2008학년도
일반전형	– 지원 자격 제한 없음	– 지원 자격 제한 없음 (전년도와 동일)

■ 전형 방법 변화(외형상 반영 비율 변화)

구분	학교 내신	영어듣기	구술면접	전형총점
2007학년도	450 (75%)	100 (16.7%)	50 (8.3%)	600 (100%)
2008학년도	100 (50%)	60 (30%)	40 (20%)	200 (100%)

외형상 반영 비율 변화로 인한 2008학년도 입시 분석 (일반전형 분석-①)

1. 외형상으로는 학교 내신의 반영 비율이 75%에서 50%로 감소, 이
   는 총점과 요소별 반영점수 변화로 발생
   – 외형상으로는 학교 내신> 영어듣기> 구술면접 순으로 중요

2. 영어듣기와 구술면접의 외형상 반영 비율은 영어듣기, 구술면접 2
   배로 증가
   – 영어듣기 16.7%에서 30%로 상승, 구술면접 8.3%에서 20%로 상승

3. 이는 단순 외형상 반영 비율로 학교 내신에서 석차에 상관없이 출
   결, 봉사점수 40점(내신 총점 100점) 중 34점이 기본점수로 부여됨

4. 따라서 학교 내신 100점에서 기본점수 34점이 적용되어진 내신 실
   질 반영 비율과 그에 따른 영어듣기, 구술면접 반영비율, 구술면접
   표준점수제에 따른 종합적 점수 변화를 체크해야 함

■ 전형 요소 간 실질 반영 비율 분석 (합격에 실제 영향력)

구분		학교 내신			영어듣기	구술면접	전형 총점
		교과	비교과	합계			
2007 학년도	최고점	420 (70%)	30 (5.0%)	450 (75%)	100 (16.7%)	50 (8.3%)	600 (100%)
	최저점	386.7	24	410.7	0	0	410.7
	실질 반영 점수	33.3 (5.6%)	6 (1.0%)	39.3 (6.6%)			600
	실제 반영 점수	33.3 (17.6%)	6 (3.2%)	39.3 (20.8%)	100 (52.8%)	50 (26.4%)	189.3 (100%)
2008 학년도	최고점	60 (30%)	40 (20%)	100 (50%)	60 (30%)	40 (20%)	200 (100%)
	최저점	0	34	34	0	0	34
	실질 반영 점수	60 (30%)	6 (3.0%)	66 (33%)			200
	실제 반영 점수	60 (36.2%)	6 (3.6%)	66 (39.8%)	60 (36.1%)	40 (24.1%)	166 (100%)

※ 2008학년도 전형 총점은 200점 만점 중 출결, 봉사 34점의 기본점수가 부여된다는 조건하에 만점을 166점으로 하여 실질 전형 요소 간 비율을 산출

내신 실질 반영 비율 변화로 인한 2008학년도 입시 분석 (일반전형 분석-②)

1. 학교 내신 실질 반영 비율이 전년도 6.6%에서 33.0%로 대폭 확대

    – 학교 내신 기본점수를 제외한 실제 반영 비율은 전년도 20.8%에서 39.8%로 증가

2. 금년도 실제 반영 점수로 볼 경우 학교 내신, 영어듣기, 구술면접 순으로 중요도 변화

    – 전년도 실제 반영 점수로 볼 경우 영어듣기, 구술면접, 학교 내신 순으로 중요도

3. 본인의 석차 백분율에 따른 최고점과의 점수 차 극복이 1차 변수

4. 영어듣기, 구술면접 표준점수 첫 도입에 따라 영어듣기, 구술면접 난이도 등이 2차 변수로 작용

5. 3학년 1학기 학교 내신, 지원 가능성 결정의 주요 3차 변수
   – 전체 학교 내신에서 3학년 1학기 학교 내신 60% 차지(2학년 1학 기 20%, 2학년 2학기 20%, 3학년 1학기 60%)

외고입시는 정보력이 관건이다

이정훈(서울 상현중, 2007학년도 대원외고 특별전형 성적 우수자)

사실 저는 중학교 2학년 후반까지는 외고를 지망하지 않았습니다. 학원에서 상위반에 있다 보니 외고반에 편성되기는 했지만 당시에는 외고에 별 관심도 없었죠. 그런데 2학년 말이 되니까 학교에 선배들이 찾아와서 자기네 학교를 홍보하더군요. 그때 외고에서 온 선배들이 전해 준 정보를 듣고, 외고에 꼭 가고 싶다는 생각이 들어 입시 준비를 하기 시작했습니다.

다른 학생들보다 늦게 외고 진학을 결심한 만큼, 저에게는 다른 아이들에 비해 선택할 수 있는 방법이 많지 않았지만 평소 내신 성적을 관리해 둔 덕에 성적 우수자 전형에 지원할 수 있었습니다. 참고로 내신 성적은 꼭 성적 우수자 전형이 아니더라도 관리를 잘 해놓아야 합니다. 내신은 일반전형에서도 꽤 큰 비중을 차지하는데, 특별전형에서 확실히 붙는다고 장담할 수 없기 때문이죠.

내신 관리를 잘하기 위해서는 평소에 주요 과목을 충실히 해둬야 합니다. 시험 대비 기간에 암기과목에만 집중할 수 있도록 하기 위해서입니다. 그러면 같은 기간 동안 대비해도 암기과목만 여러 번 반복해서 공부할 수 있기 때문에 성적 향상에 더 효율적입니다. 저도 평소에 학교와 학원에서 주요 과목에 더 많이 치중해서 공부했답니다.

내신에 관련된 조언을 더 드리자면 외고입시 내신은 성적 우수자와 일반전형 모두 '비교 내신 석차'가 아닌 '평균 석차 백분율'로 계산된다는 것입니다. 즉 전체 점수가 아닌 과목별 등수로 계산된다는 말입니다. 그렇기 때문에 과목별 난이도와 다른 학생들의 성적 등을 모두 생각해서 과목별 등수가 더 잘 나올 수 있는 방법으로 공부해야 합니다.

예를 들어 영어는 점수가 90점에 과목별 등수가 10등이고, 미술은 점수가 70점에 과목별 등수가 80등이라고 할 때 영어 성적을 10점 올려서 과목별 등수 1등이 될 수 있고 미술 성적을 10점 올려서 과목별 등수 60등이 될 수 있다고 한다면 미술 점수를 10점 올리는 게 훨씬 더 유리합니다. 점수는 같은 10점이지만 과목별 등수에서 더 많이 이득을 보기 때문입니다. 이렇게 머리를 써 가며 내신을 관리하면 입시에 많은 도움이 될 것입니다.

이제 본격적인 시험 이야기로 들어가도록 하겠습니다. 다른 많은 학생들이 1~2년 정도는 해외에서 유학한 경험이 있는데 비해 저는 해외연수 경험이 없었습니다. 그래서 듣기가 좀 힘들었습니다.

듣기는 절대적으로 시간 투자가 필요한 부분입니다. 단기간 집중적으로 한다고 해서 실력이 늘지 않습니다. 또 어느 정도 수준이 되었다고 해서 다른 과목을 준비하는 등 소홀히 해서도 안 됩니다. 즉 하루에 1~2 시간씩이라도 꾸준히 하는 것이 매우 중요합니다. 제 경우에는 매일 학원 끝나고 집에 와서 2시간씩 듣기를 했고, 학교나 학원에서의 쉬는 시간, 점심시간 등 자투리 시간을 활용해 듣기를 했습니다.

듣기는 난이도를 잘 조절하는 것도 중요합니다. 자기 수준에 맞지 않는 지나치게 어렵거나 쉬운 것으로 공부하면 절대로 점수가 나오지 않습니다. 제 경험으로는 들려주는 말의 70% 정도를 이해할 수 있고 약간 빠르다는 생각이 드는 수준으로 공부하는 것이 적절한 것 같습니다. 그 속도와 난이도에 적응이 되면 조금씩 수준을 높여 가면서 공부하세요. 듣기 실력이 많이 향상될 겁니다.

이제 구술면접 이야기로 들어가 보겠습니다. 구술면접에서 가장 중요한 것은 역시 사고력수학입니다. 이 사고력수학에 가장 잘 대비하는 방법은 최대한 다양한 유형의 문제를 푸는 것입니다. 사고력수학이라고 해도 무수히 많은 유형의 문제를 만드는 것은 한계가 있기 때문에 비슷한 유형이 약간 바뀌고 응용되어서 나옵니다. 그러니까 최대한 많은 유형을 접해 보고 풀어보는 것이 사고력수학에 있어서 가장 좋은 길입니다.

또한 풀어본 문제를 확실히 내 것으로 만들기 위해서 오답노트를 만드는 것도 중요합니다. 아무리 많은 문제를 풀어봤다고 해도 잊어버리면 소용이 없겠죠. 이 오답노트는 실제로 활용도도 아주 높아서 시험이 2~3일 앞으로 다가오면 많은 학생들이 오답노트만 가지고 틀렸던 문제 유형과 풀이법을 되짚으면서 공부하기도 한답니다.

구술면접에서 두 번째로 중요하다고 생각되는 것이 언어/사회입니다. 언어/사회는 대비하기가 좀 까다로울 수 있습니다. 신문을 많이 읽으면 좋다는 말도 있는데, 그건 초등학교 때부터 열심히 신문을 읽어서 폭넓은 지식을 갖고 있는 아이들에게 해당되는 말입니다. 단기간에 신문을 많이 읽어서 대비하는 것은 무리가 있습니다. 제 생각에 가장 좋은 방법은 논술학원에 다니는 것입니다.

외고 언어/사회는 주로 사회교과의 지식을 물어보는 것(올해는 법과 사회 과목의 법의 분류가 나왔습니다), 또는 고등학교 언어 영역에 해당되는 질문이 많이 나오는데 논술을 들을 경우 이 두 가지를 모두 대비할 수 있습니다. 인문, 사회 논술에서 다루는 주제들을 배우면 사회 과목의 기본적인 지식을 공부할 수 있고, 언어 논술에서는 외고입시에 필요한 언어 문제들을 준비할 수 있습니다.

구술면접에 출제되는 마지막 문제 유형은 영어독해입니다. 흔히 영어독해는 모든 학생들이 다 맞는다고 해서 별로 비중이 없다고 생각하곤 합니다. 물론 거의 모든 학생이 영어독해를 다 맞히는 건 사실입니다. 그러나 이는 변별력이 없다는 것일 뿐 중요하지 않다는 얘기는 아닙니다. 모든 학생들이 다 맞는 문제를 내가 틀렸다면 합격하기 힘들 것이 분명하니까요. 큰 비중을 두고 집중적으로 준비할 필요는 없지만 결코 무시해서는 안 됩니다. 특히 독해가 약한 경우에는 꼭 보충이 필요합니다.

또한 외고입시는 정보력이 관건입니다. 올해 어느 외고가 경쟁률이 약한지, 어떤 전형이 경쟁률이 약한지 등의 정보를 많이 가지고 있으면 실력이 약간 떨어져도 더 좋은 외고에 갈 수 있습니다. 반대로 정보가 없으면 실력이 아무리 우수해도 별로 좋지 않은 외고에 가거나 떨어질 수도 있습니다. 저는 특목고 관련 정보를 학원을 통해 주로 얻었는데요, 인터넷의 특목고 전문 사이트 등을 이용해서, 혹은 아는 사람을 통해서라도 어떻게든 많은 정보를 접하는 것이 좋습니다.

외고를 준비할 때는 구체적인 목표를 빨리 정하는 것이 좋습니다. 각 외고별로, 또는 전형별로 준비할 것이 차이가 많이 나기 때문에 목표를 확실히 정하고, 그에 맞춰서 준비하는 것이 유리합니다. 그리고 원래 준비하던 특목고 대신 다른 특목고로 바꾸는 것은 위험하니 삼가는 것이 좋습니다.

특목고 입시를 준비할 때에는 항상 일반전형을 목표로 하고 공부하십시오. 특별전형보다 일반전형이 합격 가능성이 훨씬 더 많습니다. 모집 인원도 월등히 많죠. 많은 학생들이 특별전형을 목표로 준비했다가 떨어진 후 마음을 추스르지 못하고 방황하다 결국 일반전형에서도 떨어지곤 합니다. 특별전형은 편한 마음으로 되면 좋은 것이라 생각하고, 일반전형을 목표로 준비해야 합니다.

과학고, 내 생애 첫 도전

김정은(서울 구암중, 2007학년도 한성과고 학교장 추천자 합격자)

첫 발걸음

나는 원래 중학교 2학년 겨울방학 전까지는 경기권 외고를 준비했었다. 솔직히 말하자면 외고를 준비한다는 이유만 달았을 뿐 학원에 있는 조금 높은 반에서 아무런 계획도 없이 내신을 준비하는 학생에 불과했다.

게다가 그때까지는 영어와 국어 위주로 공부했기 때문에 막연하게 문과계열로 진학하겠다고 생각하고 있었고, 때문에 나에게 있어 과학고는 낯선 곳이었다. 그러던 중 2학년 2학기 겨울방학 때 우연히 학원을 옮기게 되면서 과학고 준비반에 들어가게 되었다. 아마도 그때가 과학고 입시를 향해 첫 발걸음을 떼는 순간이었을 것이다.

갈등, 그리고 나의 목표

처음 과학고반에 들어갔을 때는 정말 힘들었다. 과학고에 대해 잘 몰랐고, 과학을 좋아하지도 않았으며, 문과 위주의 학습을 해 왔었기 때문에 수학과 과학 수준은 뿌리가 깊지 않아 금세 쓰러질 것 같은 위태로운 나무와도 같았다. 때문에 초기에는 괜한 고생을 사서 하는 것 같아 억울하다는 생각이 들었고, 포기하고 일반고에 진학할까 하는 생각까지 했다. 자연히 부모님과도 많은 갈등이 있었다.

그렇게 힘들기만 한 몇 달이 지나가자 조금씩 실력이 늘면서 과학이라는 과목에 흥미가 생겼다. 특히 과학 과목이 논리적이라는 점에 이끌렸다. 바로 그즈음에 TV에서 우연히 자신의 목표에 도전하는 사람들을 보게 되었고, 그런 사람들을 보면서 나도 무언가를 목표로 삼고 그것을 이루기 위해 노력해 보고 싶다는 생각이 들었다. 나는 도전 목표를 특목고, 즉 과학고 입학으로 정하고 내가 정한 목표를 이루기 위해 그동안 갈등으로 흐트러진 마음을 다잡고 노력하기 시작했다.

목표를 이루기 위한 과정

나는 초기에 과학고에 대한 정보를 많이 얻으려고 노력했다. 주로 학원 선생님이나 Mteacher 같은 특목고 입시 전문 인터넷 사이트에서 정보를 얻었는데 그 정보들이 내가 입시를 준비할 때 많은 도움이 되었다.

여러 입시 전형들을 살펴본 결과 나에게는 특히 특별전형 학교장 추천자 전형이 유리했기 때문에 3학년 1학기에는 주로 내신 성적을 관리하는 데 주력했다.

2학년 때와 다르게 2주일 정도 준비 기간을 잡고 여러 과목을 조금씩 공부하기보다는 하루에 한 과목을 확실히 끝내는 방법으로 공부했다. 암기과목보다는 입시 평가에 들어가는 주요 과목(국어, 수학, 과학, 영어)을 중심으로 공부했으며, 문제는 많이 풀지 않고 그 시간을 이용해 개념을 확실히 이해하는 방향으로 공부했다.

또한 개념을 공부하고 나서는 책을 보지 않고 적어보고, 확인하는 식으로 공부했더니 시험을 볼 때 헷갈리지 않게 되었다.

3학년 1학기에는 주로 내신 성적 관리에 집중했고, 여름방학부터는 일반전형에 대비해 본격적으로 입시 준비를 시작했다. 다른 친구들보다 많이 늦은 편이었기 때문에 하나의 개념을 중학교부터 고등학교까지 연결시켜 공부하기 위해 노력했다. 또 고등학교 부분을 많이 선행하기보다는 중학교 내용을 심화시키는 데 주력했다.

결국 나는 특별전형으로 합격을 하게 되었다. 특별전형이었기 때문에 일반전형 시험을 보지는 않았지만 내 예상대로 이번 시험에서는 고등학교 선행 부분보다는 중학교 심화문제가 많이 나왔다고 들었다.

과학고를 준비하는 학생들에게

특목고를 준비하는 기간 동안에는 굉장히 힘들게 느껴질 수도 있을 것이다. 실제로 학교 친구들과 놀러 다니지도 못하고, 항상 공부해야 한다는 압박감에 심리적으로나 체력적으로 모두 힘에 부칠 것이다.

하지만 지금 생각해 보면 내 경우에는 지난 1년 동안 과학고 진학을 위해 공부하면서 많은 것을 배웠던 것 같다. 내가 공부한 학문적인 내용뿐만이 아니라 다른 면에서도 많은 것을 배웠던 것이다. 문득문득 찾아오는 유혹과 욕구를 참는 법, 무언가 목표를 정하고 그것을 하나하나 이루어 가는 법, 이런 것들은 나중에 내가 또 다른 목표를 정하고 도전하는 과정에서 많은 도움이 될 것이라 믿는다.

과학고를 다닌 지 한 달 정도 되었는데 '정말 잘 선택했다'는 생각이 든다. 마지막으로 과학고를 희망하는 후배들이 있다면 꼭 이런 말을 해주고 싶다.

"다시 한 번 나 자신이 이과계열에 맞는지 차분히 생각해 보고 정말로 과학고에 입학하고 싶다면, 다른 것에 미련을 두지 말고 남은 기간 동안 후회 없이 공부해라. 그리고 후에 결과가 안 좋다 해도 좌절하지 말아야 한다. 그 과정과 노력이 앞으로 인생을 살아가는 데 있어 합격보다 더 값진 보물이 될 것이다."

코끼리동산(象山)에 오르기까지 걸어온 길

노경민(서울 방배중, 2007학년도 상산고 수학 특기자 합격자)

제가 상산고등학교를 목표로 삼고 준비해 온 이유는 자립심을 기르고 더욱 열심히 공부하기 위해서입니다.

자립형 사립고인 특유의 상산고등학교는 학습 시스템과 첨단 시설을 잘 갖추고 있어 학생들에게 있어 최적의 학습 환경을 제공해 줍니다. 그 때문에 학생들은 여러 가지 유혹으로부터 벗어나 보다 능률적으로 자기 공부를 할 수 있습니다.

또한 넓고 편리한 기숙사가 제공되기 때문에 학생들은 튼실한 교우관계를 형성할 수 있을 뿐만 아니라 모든 문제를 자신의 힘으로 해결하는 자립심을 기를 수 있습니다.

마지막으로 상산고등학교는 수학 과목 쪽으로 특성화되어 있어 수학에 관심이 많고 자연계열로 나아갈 생각을 하고 있는 학생에게는 최고의 선택이 아닐 수 없습니다. 또 과학고와는 달리 의 · 치대, 한의대 지망생들을 적극 지원하므로 학생들은 진로를 보다 폭넓게 선택할 수 있습니다. 이처럼 여러 면에서 장점이 많아 저는 이 고등학교를 목표로 하게 되었습니다.

상산고등학교와 관련된 정보는 인터넷 검색, 학원에서 조사한 자료, 학교에서 개최하는 설명회 등 여러 경로를 통해 얻을 수 있습니다. 그러나 학교를 통하면 가장 정확하고 신속한 정보를 얻을 수 있습니다. 상산고등학교 홈페이지(www.jb-sangsan.hs.kr)에는 입시 관련 자료가 빠르게 업데이트되고 있고, 궁금한 점을 게시판에 질문하면 빠르게 답변을 얻을 수 있습니다. 또한 입시 전에 상산고등학교에서 개최하는 입시설명회에 가면 소개 자료뿐만 아니라 기출문제, 전형 유형 등 입시 관련 자료를 얻을 수 있습니다.

중학교 1, 2학년 때는 특목고에 대해 잘 알지 못했기 때문에 종합학원에 다니며 학교 내신을 잘 받기 위해 노력했습니다. 내신은 상산고등학교를 비롯한 대부분의 특목고에서 필수적인 요소이기 때문에 내신을 잘 관리해 둔 것이 입시에서 좋은 요소로 작용했습니다. 또 그때 학원에서는 반을 체계적으로 나누어 국·영·수과의 내신뿐만 아니라 공통수학, 과학의 선행까지도 하게 했는데 이 또한 나중에 큰 도움이 되었습니다.

그렇게 3학년 1학기까지 종합학원에서 공부를 하다가 상산고등학교를 알게 된 후 수학을 집중적으로 공부하기 위해 단과학원을 알아보았고, 다행히 상산고 대비반이 있는 수학학원이 있어 그곳에서 수학과 함께 언어를 공부했습니다.

상산고등학교 입시전형에는 크게 특기자 전형, 특별전형, 그리고 일반전형 3가지가 있는데 전라북도에 있는 고등학교인 만큼 특별전형은 지역(전라북도) 내 학생만을 대상으로 치러집니다. 그래서 타 지역에 사는 제가 염두에 둔 것은 특기자 전형과 일반전형입니다.

먼저 특기자 전형에는 국어, 영어, 수학, 과학, 태권도 등의 부문이 있는데 지원 자격이 되고 가능성이 있어 보였던 것은 수학 부문이었습니다. 수학 특기자는 2학년 1학기~3학년 1학기 중 한 번이라도 수학점수 백분율이 3% 안에 들면 지원 자격이 주어지기 때문입니다.

학습은 수리력수학과 함께 창의사고력 수학을 공부했습니다. 학원에서도 상산고등학교 시험문제가 수리력 위주라는 것을 알고 있었기 때문에 수리력수학에 비중을 두었고 저 또한 수리력 위주의 문제를 많이 풀었습니다. 학원 교재와 학원 선생님이 나누어준 프린트로 공부를 했는데 시험문제가 정석(수학의 정석) 문제와 유형이 비슷했기 때문에 시간이 나면 정석을 풀곤 했습니다.

이번 시험문제 또한 정석 문제와 유형이 비슷했습니다. 10-가, 나 정도의 수준이 요구되었고, 대수문제와 기하문제가 균등하게 출제되었습니다. 문제 형식은 매년 바뀌는데 이번에도 총 10문제 중 8문제는 단답형 주관식으로, 나머지 9, 10번 문제는 서술형 주관식으로 출제되었습니다. 특히 9번 문제는 문자로 주어진 제한 변역 내에서 구간을 나누어 이차함수의 최대, 최소값을 묻는 문제로 10-나 정석 수준의 난이도였고 10번 문제 또한 경시수학을 준비한 학생들만 풀 수 있을 정도로 난이도 높은 문제였습니다. 이는 수학 특기자 전형 지원자가 많다는 것을 고려하여 변별력을 갖추기 위한 것이었다고 합니다. 이러한 문제를 풀기 위해서는 10-가, 나를 선행학습 하는 것이 좋습니다.

저는 대부분의 학생들과 마찬가지로 특기자 전형과 함께 특기자 전형에 불합격했을 때를 대비해 일주일 후에 있을 일반전형도 준비했습니다.

저는 상산고등학교 함께 공주에 있는 자율형 사립고인 한일고등학교를 염두에 두고 준비했습니다. 상산고등학교와 비슷한 점이 많았기 때문입니다. 한일고등학교는 내신 이외의 자체 시험을 실시하지 않아 따로 준비했던 것은 없습니다. 다만 이중지원이 불가능한데다 공교롭게도 상산고등학교와 한일고등학교의 전형 일정이 겹쳐서 고민했고, 상산고등학교 특기자 전형에서 떨어지면 한일고등학교에 지원해 볼 생각도 있었습니다. 그러나 다행히 상산고등학교에 합격했고, 지금까지 내 선택에 대해 한 번도 후회하지 않고 열심히 생활하고 있습니다.

제4장

특목고,
조기 준비가 대세다 : 영재교육원

왜 영재교육원에 지원하려 하는가?

1 _ 특목고와 대학입시와의 상관관계

앞에서도 언급했던 바와 같이 현재 대입수학능력시험에 응시하는 학생 수는 약 55만 8,000명에 이른다. 그중에서 수능 1등급인 4% 안에 진입 가능한 인원은 약 2만 2,300명이다. 2007학년도 특목고 모집 인원이 1만 1,612명에 지원자 수가 약 5만 1,000명이었으므로 특목고 지원자 수는 수능 1등급 인원의 2배를 넘어선다고 할 수 있다.

하지만 수능 1등급 안에 들더라도 SKY 대학에 들어갈 수 있는 것은 아니다. 그저 일류대학에 지원할 수 있는 자격을 갖추었다는 의미로 받아들여야 한다.

그런데 이 수능 1등급에 들어올 수 있는 인원은 이미 영재교육원

영재교육원 모집 규모 및 지원자 수 추정

구분		교육원 수	초등부	중등부	합계
교육청	인원	146	7,902	7,019	1만 4,921
	비율		53.0%	47.0%	100%
대학부설	인원	25	1,185	2, 326	3,511
	비율		33.8%	66.2%	100%
합계		171	9,087	9,345	1만 8,432
			49.3%	50.7%	100%

입시에서부터 정해지고 있다고 볼 수도 있다.

전국 교육청, 대학부설 영재교육원은 171개로 약 1만 8,500여 명을 선발하며, 12월 기준으로 초등부는 초등3, 4, 5학년, 중등부는 초6, 중1, 중2 학년 학생들을 선발한다. 전체 모집 인원 1만 8,500여 명을 6개 학년으로 나누면 한 학년당 평균 3,100여 명을 선발한다고 볼 수 있다.

교육청 영재교육원의 평균 경쟁률이 5대 1 정도, 대학부설 영재교육원 평균 경쟁률이 10대 1 정도임을 감안할 때 1개 학년당 지원자 수는 1만~1만 5,000여 명으로 추산된다. 이 숫자는 이미 특목고 모집 인원 1만 1,612명을 넘어선 것이다.

또한 전국 19개 과학고에서 1,400여 명, 한국과학영재학교에서 144명, 전체 1,544명을 선발한다는 것을 고려해 볼 때 이미 영재교육원 지원자 수는 특목고 중 하나인 과학고 모집 인원의 10배를 넘어섰다는 것을 알 수 있다.

특목고에 진학하는 학생들 대부분이 영재교육원 출신이라는 점, 또한 특목고생 대부분이 수능 1등급 안에 진입한다는 점을 인지한다면 사실상 수능 1등급은 초등부 때부터 결정된다고 봐도 과언이 아니다.

예전의 특목고 입시가 중1, 중2 정도부터 시작됐다면, 지금은 초등학교 3학년 이전부터 시작되고 있다는 점에서도 영재교육원을 주목할 필요가 있다.

그렇다면 영재교육원은 어떤 곳이며, 왜 영재교육원에 지원하고자 하는가?

2 _ 특목고와 영재교육원, 선발 방법에서의 유사성

특목고와 영재교육원의 선발 방법을 살펴보면 많은 유사성을 발견할 수 있다.

교육청 영재교육원의 경우 1차 논리적 사고검사와 2차 문제해결력 검사, 3차 심층면접을 통해 선발한다.

1차 논리적 사고검사의 경우 특정 교과 영역의 문제라기보다는 논리력과 창의사고력을 측정하는 문제들로 출제된다. 이러한 문제들은 서울, 경기 소재 외고의 구술면접 및 학업적성검사 사고력 문제와 유형이 같다. 서울대, 서울교대 등 일부 대학부설 영재교육원 선발시험 문제도 사고력 유형으로 출제된다.

2차 문제해결력검사에서는 수학, 과학 등의 교과 심화형 문제들이 출제되고 있는데 이는 과학고 선발시험인 수학, 과학 구술면접 문제와 유형이 같다. 연세대 등의 대학부설 영재교육원 선발시험 문제도 과고 수학, 과학 구술면접 문제와 유사하다.

이처럼 영재교육원의 선발시험 자체가 특목고 선발시험과 연계되어 있다. 영재교육원에 진학한 아이들은 이미 이러한 시험을 통과해 선발되었으며, 선발된 후 영재교육을 특별 전담하는 강사들로부터 주중 학습, 과제물 학습, 캠프 등을 통해 사고력과 창의력 학습을 받기 때문에 훗날 특목고를 지원할 경우 입시에서 더욱 유리할 수밖에 없다.

3 _ 상위 학교 입시에서의 영향력

영재교육원 수료자는 영재교육원 입학 경험이 없는 학생보다 유리하게 상위 영재교육원으로 진학할 수 있다. 교육청 및 대학부설 영재교육원 지원 시 영재교육원 수료자는 학교장 추천 없이 지원이 가능하다. 예를 들어 연세대 영재교육원의 경우 서울교대 영재교육원을 수료한 학생들에게는 학교장 추천과 상관없이 지원 자격을 부여한다.

또한 특목중 · 고등학교 진학에 있어서도 영재교육원 수료 경력은 매우 중요하게 작용한다.

청심국제중학교의 경우 1차 서류전형을 통해 모집 인원의 4배수인 400명을 선발하는데, 학생들은 서류전형 시 가장 중요한 전형 요소인 자기소개서에 자신의 우수성을 증명할 수 있는 활동이나 경력 사항을 기재하게 된다. 이때 영재교육원 수료경력은 영어 공인점수, 경시대회 수상 실적 등과 함께 중요한 참고 자료가 된다.

한국과학영재학교의 경우 학교장 추천이나 영재교육원 기관장의 추천장이 있어야 지원이 가능한데 실제 한국과학영재학교 합격생의 대부분이 영재교육원 출신이라는 점도 눈여겨봐야 한다.

영재교육원 출신자들은 과학고 지원 시 특별 또는 일반전형에 지원할 수 있는 자격을 얻게 되며, 학교 내신 지원 자격이 내신으로 일반전형을 지원하는 학생에 비해 상대적으로 완화되어 있다.

예를 들어 2007학년도 서울과학고 일반전형의 경우 경시대회 수상 실적이 없는 학생은 중학교 2학년 1, 2학기 수학, 과학 석차 백분율이 각각 상위 10%, 3학년 1학기 수학, 과학 석차 백분율이 각각 상위 7% 이내에 들어야 지원이 가능했지만, 영재교육원 수료자는 수상 실적이 있는 학생들과 동일하게 2학년 1,2학기, 3학년 1학기 수학, 과학 평균 석차 백분율이 10% 이내면 지원이 가능했다.

또한 서울, 한성과학고의 경우 모집 정원 외에 영재교육원 수료자를 별도로 선발하기 때문에 영재교육원 수료자 전형에 탈락한 학생들은 일반전형에 재지원이 가능해 실질적으로 2번의 전형 기회를 부여받게 된다.

또한 영재교육원 수료자들에게 가산점을 부여하고 있는 학교들도 있다. 전국 19개 과학고 중 10여 개가 영재교육원 수료자에게 과고 지원 시 가산점을 부여하고 있는 것이다.

자립형 사립고의 경우도 마찬가지다. 민족사관고는 서류전형에서 영재교육원 수료 경험을 반영하고 있으며, 현대청운고는 영재교육원 수료자에게 특별전형 지원 자격을 부여하고 있다.

4 _ 차별화된 교육을 받을 수 있는 기회

영재교육원 진학 시에는 대학 교수와 강사, 그리고 현직 교사 등 영재교육 전문가들을 통해 일반 학교에서는 받을 수 없는 교육 프로그램과 콘텐츠를 무상으로 제공받을 수 있다.

영재교육원은 각 학급별로 15~20명 이내로 구성되어 있고 수업은 과제 수행 위주로 진행된다. 연간 100시간 내외를 교육하며, 강사진은 해당 대학 교수, 영재교육 전문교육 이수자들로 이루어진다.

수업 내용은 수학, 과학 각각 해당 부문의 창의사고력 문제와 고난이도 심화문제들을 푸는 것으로 이루어지고 있는데 이는 외고의 사고력 구술면접, 과학고의 수학, 과학 구술면접, 자립형 사립고의 심층면접 문제와 유사하다.

수학, 과학에서는 주어진 과제를 가지고 직접 체험하며 결론 및 과정을 정리하는 실험학습 방법도 수행하고 있는데 이는 한국과학영재학교 3차 과학캠프 및 면접과 그 형태가 유사하다.

수업은 주말수업(일부 수요일, 토요일 방과 후 수업)과 방학 기간 집중 교육(캠프 형태로 실시하기도 함)이 있다. 수업료는 전액 무료이며, 캠프의 경우 소정의 참가비만 받는다.

교육청 영재교육원은 2007학년도부터 1년 단위로 매 학년 선발하고 있으며, 대학부설 영재교육원의 교육 과정은 1년차(기초 과정) → 2년차(심화 과정) → 3년차 이상(사사 과정)으로 이루어진다.

영재교육원은 어떤 학생들이 지원하나?

1 _ 선발 인원

❶ 교육청 영재교육원

교육청 영재교육원은 전국에 146여 개가 있다. 선발 인원은 초등부 8,400여 명, 중등부 7,000여 명으로 총 1만 5,500여 명을 뽑는다. 하지만 앞으로는 초등, 중등 모두 매 학년 새로 선발하기 때문에 모집 인원은 현재보다 더 늘어날 것으로 보인다.

선발 대상 학년은 매년 12월 기준으로 초등부의 경우 초등3~5학년, 중등부의 경우 초등6, 중1, 2학년이다. 예외적으로 광주시 교육청은 초등부만, 제주도 교육청은 중등부만 선발한다.

선발 부문은 크게 수학, 과학으로 나뉘며, 지역 교육청에 따라 정보, 예능, 발명 등의 부문을 추가로 선발한다. 경기, 인천, 대구, 경남,

■ 전국 교육청 영재교육원 선발 인원

전국 교육청 영재교육원 선발 인원 (단위 : 명)

지역	교육원수	초등부					중등부					지원 가능 학년 (매년 12월 기준)
		수학	과학	정보	기타	합계	수학	과학	정보	기타	합계	
서울	11	507	504	220		1,231	660	660		예능 220	1,540	초3 ~ 중2
경기	25	1,075				1,075	875				875	초4 ~ 중1 수학, 과학 통합 운영(의정부, 이천은 수학, 과학, 정보 통합)
인천	5	270				270	162				162	초3, 초6 수학, 과학 통합 운영
강원	14	132	158			290	76	94			170	초3 ~ 중2
대전	2	40	60			100	40	60			100	초5, 중1
충남	15	320	320			640	320	320		영어 20	660	초4 ~ 중1
충북	11	159	156		발명 107	422	160	160		발명 107	427	초4 ~ 5, 중1 ~ 2
경북	15	292	292	80		664	295	315	40		750	
대구	4	330				330	342				225	초3 ~ 중1 수학, 과학 통합 운영
경남	11	388		47		435	342		63		405	초4 ~ 6 수학, 과학 통합 운영
울산	2	80	80	80	발명 80	320	80	80	80	발명 80	320	초4 ~ 중1
부산	6	240	240	120	창작 120	720	120	120			240	초3 ~ 4, 초6
전북	14	480			발명 180	660	340			발명 160	500	초3 ~ 중2 수학, 과학 통합 운영
전남	7	525				525	585				585	초3 ~ 중2 수학, 과학, 인문 통합 운영
광주	2	360				360						초4 ~ 5 수학, 과학 통합 운영
제주	2						160				160	초6 ~ 중1 수학, 과학 통합 운영
합계	146	7,008		547	487	8,402	6,532			587	7,119	

전북, 전남, 광주, 제주 8개 교육청은 수학, 과학반 구분 없이 통합 선발하여 운영한다.

❷ 대학부설 영재교육원

대학부설 영재교육원은 서울대, 연세대, 서울교대 등 전국 25개 대학에서 운영되고 있는데 초등 1,200여 명, 중등 2, 300여 명을 선발한다. 25개 대학 이외에도 인제대 등과 같이 과기부에서 정식 인가를 받은 영재교육원은 아니지만 각 대학에서 자체적으로 운영하는 영재교육원도 있다.

선발 대상은 교육청 영재교육원과 같이 초등부는 초3~5학년이며, 중등부는 초6, 중1, 중2 학년이다.

선발 부문은 수학, 과학, 정보로 나뉘며, 중등부의 경우 과학이 1,500여 명, 수학이 500여 명으로 과학 부문에서 수학보다 3배 정도 많은 인원을 선발한다.

■ 대학부설 영재교육원 선발 인원(지역별)

대학부설 영재교육원 선발 인원(지역별)　　　　　　　　　　　　　　　　　(단위 : 명)

지역	교육원수	모집단위	초등부				중등부				지원 가능 학년 (매년 12월 기준)
			수학	과학	정보	합계	수학	과학	정보	합계	
서울	3	서울 소재	40	40	20	100	55	160	15	230	서울교대 : 초3 ~ 5 서울대, 연대 : 초6 ~ 중1
경기	3	경기/서울	45	75	40	160	50	135	40	225	(아주대의 경우) 초3 ~ 중2 아주대는 경기 학생만 지원
인천	1	인천	40	40		80	36	108	20	164	초4, 초6 ~ 중1
강원	2	강원			20	110	35	90	15	140	초4 ~ 초6
대전	1	대전	20	20		40	30	60		90	초4, 초6
충남	1	충남	20	15	15	50	30	60		90	초4 ~ 초6
충북	1	충북	35	35		70	17	68		85	초4, 초6
경북	1	경북	15	15		30	15	60	15	90	초4 ~ 6 경북대도 지원 가능
대구	1	대구	30	30		60	15	60	20	95	초4 ~ 6
경남	3	경남	50	81	30	161	80	191	60	331	초3 ~ 중1
울산	1	울산		15		15	15	60	15	90	초3 ~ 4, 초6 ~ 중1
부산	1	부산	10	10		20	10	10		20	초5, 중2
전북	2	전북	40	40	20	100	50	184		234	초4 ~ 중2
전남	2	전남	30	39	15	84	30	108	30	168	초4 ~ 중1
광주	1	광주	20	15		35	32	60	15	107	초4 ~ 중1
제주	1	제주	20	20	10	50	20	80	20	120	초4 ~ 중1
합계	25		995		170	1,165	520	1,494	265	2,279	

❸ 지원 자격

교육청 영재교육원의 경우 지역별로 학교장 추천 기준 및 추천 인원
에 있어 다소 차이가 있지만 전국 각 학교에서 실시하는 1차 논리적

사고검사 결과와 지원 분야에 대한 객관적인 실적물 등으로 해당 학교장 추천을 받아야만 지원할 수 있다.

학교장 추천 인원은 초등부의 경우 학교별, 학년별 상위 3% 이내이며, 중등부는 학급 수에 따라 최소 1명에서 최대 5명까지 추천을 받게 된다. 객관적 실적물은 주로 수학, 과학, 정보 관련 경시대회 수상 실적, 과학경진대회 실적 등 각종 대회 입상 경력이다.

현재 교육청 영재교육원 수료자의 경우 학교별 추천 인원과 상관없이 상급 학년 및 대학부설 영재교육원에 지원할 수 있는 자격이 자동으로 부여된다. 중등부는 서울교대, 서울대, 연세대 부설 영재교육원 수료자의 경우 상급 학년 지원 자격이 별도로 부여된다.

어떤 문제가 나오는지부터 점검하라

1 _ 서울시 교육청 영재교육원

다음으로 전국 교육청 중 단독으로 문제를 출제한 서울시 교육청의 2007학년도 선발시험 문제를 분석해 보기로 한다.

❶ 2,771명 선발에 수학은 10대 1, 과학은 5.5대 1 정도의 경쟁률

서울시 교육청 영재교육원 선발 인원은 초등 1,231명, 중등 1,540명으로 전체 2,771명을 선발했다. 선발 대상은 초등은 초3, 4, 5학년, 중등은 초6, 중1, 2 학생으로, 각 지역 교육청별, 학년별로 수학, 과학 각각 20명씩을 선발했으며, 초등 5학년은 결원생만 선발했다.

서울시 교육청 선발시험 경쟁률은 2006학년도 1차 시험과 비교했을 때 20대 1 정도였던 경쟁률이 절반 이하로 떨어졌다. 그 이유는 2006학년도의 경우 학교별 상위 10% 학생들에게 시험 응시 자격을 준 반면, 2007학년도에는 학년별 상위 3% 이내 학생들 중에서 학교장 추천을 받은 학생들에 한해 응시 자격을 부여해 지원자 수가 줄어들었기 때문이다.

　　초등수학이 가장 높은 10대 1, 그리고 과학이 5.5대 1의 평균 경쟁률을 보였다. 중등수학은 4대 1, 과학은 1.5대 1이었으며, 초등정보는 1.5대 1, 중등 예체능은 9대 1 정도의 경쟁률을 보였다.

❷ 응시 부문에 상관없이 사고력 검사 실시

논리적 사고검사는 학년별로 초등 10문항, 중등 15문항으로 모든 지원자에게 실시되었으며, 문제 유형은 서울 6개 외고 최근 일반전형 구술면접 사고력 문제와 비슷했다.

　　언어의 논리성과 일정한 규칙성을 발견하는 문제들이 주를 이루었고, 학년별로 공통문제들이 출제되어 사고력 문제는 출제 방침이 근본적으로 특정 학년 수준으로 정해지지 않았다. 수리적 사고 능력과 언어 능력이 우수한 학생에게 유리한 문제였다.

　　응시 부문별 전문성을 체크하는 창의적 문제해결력검사는 주로 수학, 과학교과형 심화문제들이 주를 이루었다. 2006학년도에는 수학, 과학교과 심화형 문제들이 서술형 주관식 형태, 실험보고서 작성 등과 같이 특정 영역에서 매우 깊은 수준의 이해력을 물어보는 문제들로 출제되어 일부 수험생들이 백지 답안을 낼 정도로 어려움을 겪었다.

반면 2007학년도에는 선행학습 정도를 물어보는 문제도 거의 없었다. 교과 내용의 개념을 정확하게 이해하고 있거나 단순한 내용만 알고 있어도 정답을 표기할 수 있을 정도의 문제들이었다. 수험생들 또한 문제 자체를 생소하게 받아들이지 않았다. 평소에 자주 접해 봤던 문제들이었다는 것이 전반적인 반응이었다.

그러나 논리적 사고 문제는 전혀 생소한 문제들이 출제되어 수험생들이 어려움을 겪었다. 수리사고력, 수학교과 심화 수준의 문제 및 실험 과학을 통한 원리와 개념을 이해하고 있는 학생들에게 유리한 문제였다고 볼 수 있다.

수학, 과학교과 심화문제들은 수험생들이 자주 접해 본 문제들로 체감 난이도가 낮았다. 그러나 대부분 교육청의 영재교육원 시험의 실제 평균점수는 50점에도 미치지 못한 것으로 조사되어 체감 난이도와 실제 점수 간에 차이가 있는 문제들이 출제되었다는 점에 주목할 필요가 있다. 평균점수는 2006학년도보다 약 20~30점 높아졌다.

❸ 심층면접은 3문제를 4분 동안 생각하고 4분 동안 답변하는 형태로 진행

심층면접은 4~12분 동안 3문제 내외에 대한 준비 시간이 주어진 후 2

명의 면접관 앞에서 4분 내외로 답변하는 형태로 진행되었다. 심층면접에서는 해당 교과에 대한 심화 지식을 측정하기보다는 주로 교과 개념을 일상생활과 관련하여 얼마나 잘 적용시키느냐를 묻는 문제들이 출제되었다.

수학의 경우 사람과 사물을 구별할 때 수를 이용하는 경우 찾기, 주어진 수들 간의 연관성 찾기, 그려진 도형을 친구에게 말로 정확하게 전달하는 방법, 일반적으로 사용되는 수학적 단위로서 들이와 길이를 이용해 사물을 측정하는 방법을 묻는 문제들이 출제되었다.

과학은 양초와 전등의 차이점, 공기가 공간을 차지하고 있다는 것을 알 수 있는 증거, 종이비행기를 더 멀리 날게 하는 방법 등을 묻는 문제가 출제되었다.

■ 서울시 교육청 수학·과학 문제해결력검사 출제 유형

수학 부문 (단위 : 문항)

구분	수와 연산	문자와 식	규칙성과 함수	확률과 통계	도형	측정	통합 사고력	계
초3	2	–	1	3	1	–	3	10
초4	–	1	1	2	2	1	3	10
초5	2	2	2	–	1		3	10
초6	–	1	1	2		3	1	10
중1	1	2	2	2	1	–	2	10
중2	1	1	–	1	2	2	3	10
합계	6 (10.0%)	7 (11.7%)	7 (11.7%)	10 (16.7%)	9 (15.0%)	6 (10.0%)	15 (25.0%)	60 (100%)

(단위 : 문항)

구분	단순 지식	원리 적용	자료 해석	실험 과정 이해	실험 수행 능력	계
초3	1	2	6	–	3	12
초4	1	4	4	–	3	12
초5	3	4	2	1	2	12
초6	1	5	4	2	–	12
중1	1	6	1	2	2	12
중2	1	5	6	–	–	12
합계	8 (11.1%)	26 (36.1%)	23 (32.0%)	5 (6.9%)	10 (13.9%)	72 (100%)

❹ 이런 문제 풀 수 있어야 영재교육원, 특목고 합격한다

논리적 사고검사

언어 논리성 문제 (초등 5)

---

1. 민지, 은주, 정현이, 소윤이, 하늘이, 수정이는 각각 국어, 수학, 사회, 과학, 음악, 컴퓨터 중 서로 다른 한 과목씩을 좋아합니다. 다음 단서를 보고 소윤이가 좋아하는 과목은 무엇인지 쓰시오.

- 은주는 음악을 싫어하고, 사회를 좋아한다.
- 민지는 수학 풀기를 좋아한다.
- 정현이는 은주가 싫어하는 과목을 좋아한다.
- 수정이는 음악, 사회, 과학을 싫어한다.
- 하늘이는 과학을 좋아한다.

• 소윤이는 국어와 수학을 싫어한다.

〈정답〉 소윤 – 컴퓨터

규칙성 찾기 문제 (초등 5)

한 변의 길이가 128cm인 정사각형이 다음과 같은 규칙으로 변하고 있습니다.

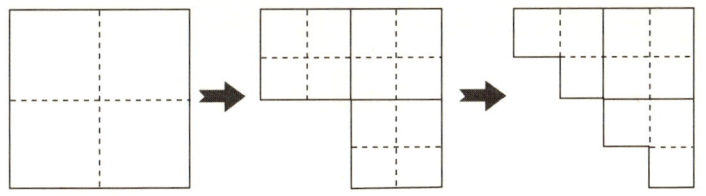

(1) 4번째 도형의 넓이를 구하시오.

(2) 8번째 도형의 넓이를 구하시오.

〈정답〉 (1) 9216㎠   (2) 8256㎠

<보기>의 그림에 거울을 비추면 다양한 모양을 만들 수 있습니다.

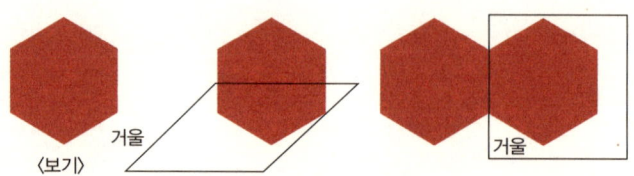

아래 그림을 거울에 비춰서 나올 수 없는 모양을 고르세요.

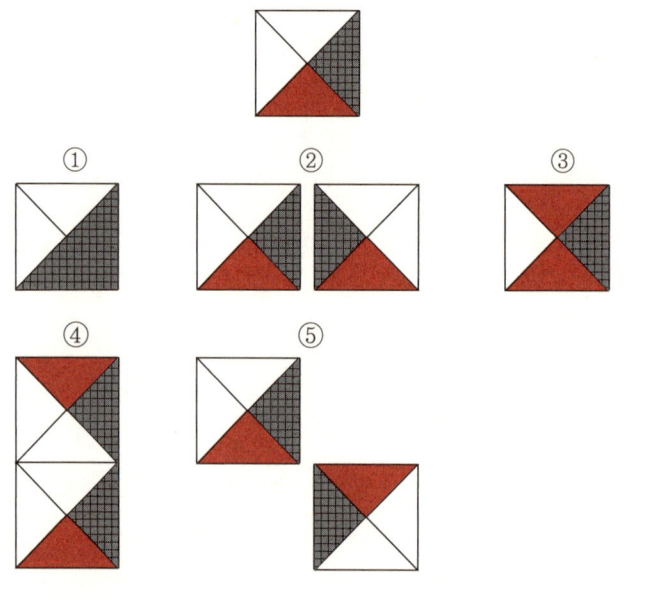

<정답> ⑤

아래 그림은 2006년 12월 달력에서 6개의 수의 합이 63이 되는 직사각형을 표시한 것입니다. 2007년 1월 달력에서 6개의 수의 합이 141이 되는 직사각형을 모두 찾아 그 속의 수를 쓰시오. 단 직사각형의 모양은 상관없습니다.

12월

일	월	화	수	목	금	토
					1	2
3	4	5	6	7	8	9
10	11	12	13	14	15	16
17	18	19	20	21	22	23
24	25	26	27	28	29	30
31						

〈정답〉 (21, 22, 23, 24, 25, 26)
(16, 17, 23, 24, 30, 31)

영재가 1Kg의 쌀을 봉지에 담으려고 합니다.

집에 1Kg의 설탕이 한 봉지 있습니다. 아래 그림과 같은 양팔저울과 설탕을 이용하여 1Kg의 쌀 한 봉지를 만드는 방법을 두 가지 쓰시오. **(조건 – 양팔저울의 중심축은 고정되어 있습니다)**

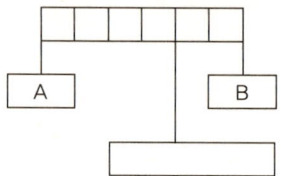

방법1.

방법2.

〈정답〉

방법 1. A에 설탕을 올려놓은 경우 저울의 균형을 맞추기 위해서 B에는 2Kg의 쌀이 올라가야 한다. 반을 나누면 1Kg의 쌀을 봉지에 담을 수 있다.

방법 2. B에 설탕을 올려놓은 경우 저울의 균형을 맞추기 위해서 A에는 500g의 쌀이 올라가야 한다. 두 번 이 과정을 반복하면 1Kg의 쌀을 봉지에 담을 수 있다.

＊ A의 무게 × 중심에서 A까지의 거리
　 = B의 무게 × 중심에서 B까지의 거리

2 _ 경기 및 지방 교육청 영재교육원

❶ 한국교육개발원 문제로 1, 2차 선발시험 실시

2008학년도부터 서울시 교육청 영재교육원도 경기권 및 지방 영재교육원과 같이 전국 공통문제로 선발시험을 치를 가능성이 높다. 2007학년도의 경우 서울시 교육청이 2006년 12월 16일 하루에 1, 2차 시험을 모두 치룬 것과는 달리 경기 및 지방 교육청은 서울과는 다른 문제로 12월 15일 1차 시험, 1월 11일 2차 시험으로 나누어 영재교육원 선발시험을 실시했다.

1차 시험은 수학, 과학 등 지원 분야에 상관없이 모두 창의사고력을 집중 테스트하는 논리적 사고검사를 실시했고, 2차 시험은 수학, 과학으로 지원 분야별로 시험을 보았다.

그러나 경기, 대구, 경남, 전북, 광주, 제주도 등 수학, 과학 구분 없이 통합 선발하는 지역의 경우 2차 시험에서는 지원자 모두 수학, 과학 두 과목 시험을 동시에 보았다.

시험문제는 한국교육개발원에서 출제했는데 1차 논리적 사고검사를 통해 선발된 상위 3% 이내의 학생들에게만 2차 창의적 문제해결력검사에 응시할 수 있는 기회를 부여했다. 2차 문제해결력검사에서는 선발 인원보다 5명 정도 많은 수를 통과시켜 심층면접을 거친 후 최종 합격자를 뽑았다. 심층면접에서는 전국이 문제가 동일한 1, 2차와는 달리 해당 교육청에서 자체적으로 문제를 출제해 선발했다.

❷ 1차 논리적 사고검사 사고력 문제 어려워져

1차 논리적 사고검사 문제는 2006학년도에 비해 난이도가 매우 높아졌다는 것이 수험생들의 전반적인 반응이다. 문항 수는 2006학년도와 동일하게 초·중등 학년별로 수학, 과학 분야에 상관없이 공통문제 15문항이 출제되었다.

2006학년도에는 정답률이 가장 높게 나타난 언어적 논리성을 묻는 문제가 15문항 중 5문항 출제되었으나 2007학년도에는 언어 관련 논리적 사고성을 묻는 문제가 단 1개도 출제되지 않았다. 또한 학교 교과의 특정 영역과 관련지을 수 없는 창의사고력을 묻는 문제들이 집중 출제되었는데 이는 서울 및 수도권 외고에서 출제된 창의사고력 문제와 유형이 흡사했다.

1차 논리적 사고검사는 지역에 따라 다소 차이는 있지만 2006학년도에는 최소 10~12문항 정도를 푼 학생들이 1차를 통과했던 반면 2007학년도에는 이보다 낮은 8개 정도를 맞았어도 1차 시험을 통과할 수 있었던 것으로 분석된다.

❸ 2차 문제해결력검사 전년도보다 쉬웠지만 서울시 교육청 문제보다 어려워

문제해결력검사는 2006학년도보다는 쉬웠지만 서울시 교육청 문제해결력검사보다는 어려웠던 것으로 나타났다. 문항 수는 2006학년도의 경우 수학은 15문항, 과학은 16문항이었고, 1·2교시로 나뉘어 초등은 120분, 중등은 150분 실시했으나 2007학년도에는 초등, 중등 모두 12문항으로 90~120분간 수학, 과학 지원 분야별로 실시했다.

경기, 대구, 경남, 전북, 광주, 제주도 등 수학, 과학 구분 없이 통합 선발하는 지역의 경우 수학 6문항, 과학 6문항으로 2과목을 모두 보게 하였다.

수학의 경우 학년별로 중복 문제가 1~2개 출제되었는데 문제에서 다루어진 소재들은 2006학년도와 동일했다. 하지만 2006학년도의 경우 1문제당 여러 개의 소문항이 주어지고, 답을 유추하는 풀이 과정뿐만 아니라 이유도 서술해야 하는 문제와 증명문제가 많이 출제되던 반면 2007학년에는 답만 적거나 풀이 과정만 서술하는 문제들이 주로 출제되었다.

또한 문제 속에서 규칙을 찾아내는 데 많은 어려움을 느꼈던 2006학년도와는 달리 주어진 문제에서 답을 유추하기 위한 많은 조건들이 명료하게 주어져 수험생들의 체감 난이도는 매우 낮아졌고, 선행학습 정도가 문제 해결에 큰 영향을 끼치지는 않았다. 범위 또한 해당 교과 과정을 넘어가는 문제는 없었던 것으로 조사됐다.

2006학년도의 경우 평균점수가 30~40점 정도였는데 2007학년도에는 그보다 20점 높아진 약 50점을 상회한 것으로 분석된다.

❹ 3차 심층면접은 교육청별로 2월 초까지 자체적으로 실시

심층면접은 1월 중순부터 2월 초까지 각 교육청별로 자체 실시된다. 2006학년도에는 지필고사 또는 구술 형태로 실시되었는데 일부 교육

■ 경기 및 지방 교육청 영재교육원 선발시험 실시 형태 및 난이도

구분		1차 논리적 사고검사	2차 문제해결력검사
문항 수	수학	15문항	12문항
	과학		12문항
시험 시간		45~50분	90~120분
전년도 난이도 비교		난이도 상승	난이도 하락
전년도와 비교 시 평균점수 (100점으로 환산 시 난이도 분석)		25점 하락	20점 정도 상승

청에서는 자체 캠프를 통한 실험 수행에 따른 관찰 및 이에 대한 심층 면접을 실시했다.

서울시 교육청 심층면접의 경우 초등부 수학에서 4, 16, 36의 공통점(제곱수, 4의 배수, 짝수, 자연수) 4가지 말하기, 실제 면접 시험장의 교실 문의 세로의 길이, 교실 바닥의 넓이를 예측하는 문제들이 출제되었다. 이외에 축구선수 등번호(이동국 - 20), 엘리베이터 층수(15), TV 채널(10) 등을 보여주고 일상생활 속에서 수를 나타낼 수 있는 예를 5가지 말하는 문제들이 출제되었다는 점을 눈여겨볼 필요가 있다.

논리적 사고검사

초등 3학년

---

1. 논리적 사고검사 (초3)

다음과 같이 컵 10개가 모두 뒤집혀 있는 상태로 일렬로 나열되어 있습니다. 이때 한 번에 4개씩만 뒤집을 수 있다고 합니다. 최소 몇 번을 반복해야 10개의 컵이 모두 바로 놓이게 되는지 구해 보시오.

〈정답〉 3번

다음 그림은 일정한 규칙에 의해 움직이는 것을 나타낸 것입니다. 일곱 번째 반복했을 때 빈칸(?)에 알맞은 도형을 그려 보세요.

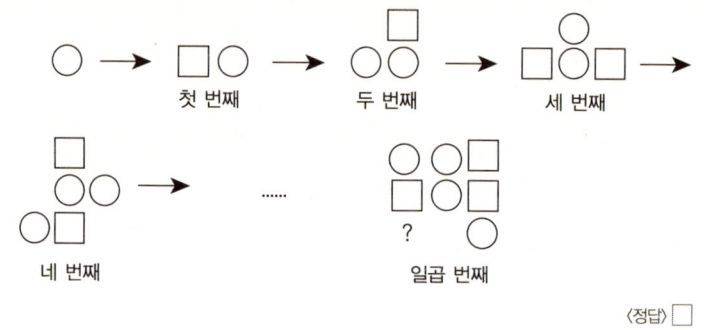

〈정답〉 ☐

문제해결력검사 | 수학

초등 4학년

☐ 안에 1~6까지의 수를 넣어 결과값(○)이 자연수가 되도록 식을 만들 때, 값이 되는 자연수를 모두 쓰시오. ☐ 안의 수는 중복하여 사용할 수 있습니다.

$$\square\frac{\square}{7}+\square\frac{\square}{7}+\square\frac{\square}{7}=○$$

〈정답〉 4, 5, 6, 7, 8, 9, 10, 11, 12, 13, 14, 15, 16, 17, 18, 19, 20

보기에 주어진 식에서 규칙을 찾아 아래 빈칸에 알맞은 수를 써 넣으시오.

[보기]　$7 \times (\boxed{4} + \boxed{2}) = \boxed{42}$

$7 \times (\boxed{2} + \boxed{1}) = \boxed{21}$

$7 \times (\boxed{} + \boxed{}) = \boxed{}$

〈정답〉 6, 3, 63 / 8, 4, 84

과학

100m 길이의 수조에 고무공을 넣었을 때 수심 50m에서의 고무공의 모양과 수심 100m에서의 고무공의 모양을 그려 보고 그 이유를 쓰시오.

〈정답〉

수압은 수심 10m당 1기압 증가한다. 평상시에 느끼는 압력이 1기압임을 고려하면 50m에서는 6기압, 100m에서는 11기압이 된다. 수심이 깊을수록 외부 압력이 증가하게 되므로, 고무공은 수축되며 그 안의 공기의 부피는 그만큼 줄어들게 된다. (공기 부피의 감소)

수심	압력(기압)
수면	1
10M	2
20M	3
30M	4

즉 수심 50m일 때 공의 크기보다 100m일 때 공의 크기가 훨씬 작다.

보일의 법칙, $P_1V_1 = P_2V_2$

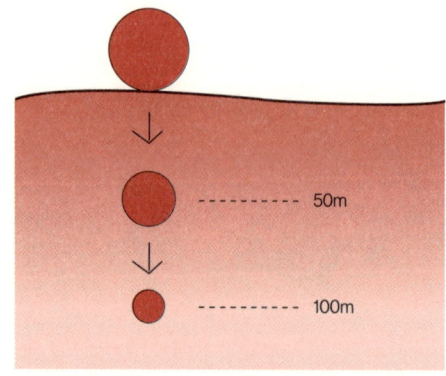

3 _ 서울대, 연세대, 서울교대 영재교육원

❶ 서울교대 정보 분야 수리적 능력 측정, 교과 개념을 역으로 증명할 수 있는 문제 주를 이뤄

서울교대는 초등 3, 4, 5학년을 통합으로 선발하고 있으며, 실제 선발 시험 문제도 학년에 상관없이 통합문제로 출제된다.

60분간 수학, 과학, 정보 등 지원 부문별로 실시된 1차 지필고사에 서는 수학 25문항, 과학 33문항, 정보 30문항이 출제되었는데 절반 정도가 지원 부문과 상관없는 공통문제였다. 공통문제는 수학적 사고 력, 창의력을 물어보는 문제들이 주를 이루었고, 정보 분야도 사실상 수학적 사고 능력을 물어보는 문제들이 출제되었다. 경쟁률은 수학이 17대 1, 과학이 10대 1, 정보가 4대 1이었다.

선발시험의 난이도는 초등 3학년 교과 개념을 넘지 않았고, 모두 객관식 문제였다. 수학의 경우 여러 가지 조건이 있는 장문의 지문을 해석하고 문제를 푸는 형태의 사고력 문제였으며, 과학은 여러 교과 개념을 종합한 문제로 실험 결과와 이와 관련한 심화 내용을 묻는 문 제들이었다. 1차 시험 합격선은 100점 만점 중 60점 정도였다.

2차 시험은 60분간 부문별로 4~5문제가 출제되었는데 모두 서술 형 주관식이었다. 주로 어떤 결과값이 나오게 된 이유를 쓰거나 증명 하는 형태의 문제들로 대부분의 학생들이 절반도 못 풀 정도로 난이 도가 매우 높았다.

❷ 서울대, 다양한 정답이 나올 수 있는 문제 출제

서울대 영재교육원은 수학, 정보, 과학 기초 부문은 초등 6학년을 선발하고, 물리, 화학, 생물, 지구과학은 중학교 1학년을 선발한다. 3시간 동안 실시된 1차 지필고사에서는 수학은 6문제, 과학은 부문별로 5~6문제가 출제되었다. 수학, 과학 모두 생활 속 소재를 활용해 어떤 사실 또는 현상을 증명할 수 있는 방법, 이유 등을 쓰는 문제들로 정답이 정해져 있다기보다는 다양한 답이 나올 수 있는 사고력 문제들이었다.

수학은 해당 학년보다 한 학기 정도의 선행학습이 필요했고, 과학은 중 1학년 물리, 화학 등에서 중 3학년 교과에 나오는 개념을 묻는 문제가 출제되는 등 상위 2학년 정도의 선행이 필요했다.

수학 부문은 똘똘이가 원형의 구면에 살고 있을 때, 똘똘이의 눈으로는 평면으로 보이지만 구임을 설명할 수 있는 여러 가지 방법을 찾는 문제와 같이 수학적 개념뿐만이 아니라 창의력과 사고력을 요하는 문제가 출제되었다.

정보 부문은 전산과 관련된 지식을 묻기보다는 경우의 수, 집합, 언어적 논리 등과 같이 수학적 개념을 활용한 논리사고력 문제들이 출제되었다.

❸ 연세대, 수학 과학 고교 선행학습 없이는 문제에 접근하기 힘들어

연세대 영재교육원은 초등 6학년, 중학교 1학년 학생을 대상으로 수학, 물리, 화학, 생물, 지구과학 등의 분야에서 각 3명 이내에서 학교장 추천을 받았다. 전체적으로 연세대는 사고력 문제들이 출제된 서울교대, 서울대와 달리 교과 지식을 묻는 문제들을 많이 출제했고, 고등학교 수준의 문제들도 다수 출제했다.

1차 지필고사에서는 수학의 경우 90분간 6문항이 출제되었는데 모두 서술형 문제였다. 수열의 세 번째 항까지 보기를 보여주고 n번째 항까지의 합을 구하는 문제와 같이 최소한 고등학교 수준의 수학에 대한 선행학습이 이루어져야 풀 수 있는 문제들도 출제되었다.

과학에서도 최소 고등학교 1학년 정도의 학습 수준에 도달하지 못한 경우 풀기가 간단치 않은 문제들이 다수 출제되었다.

■ 서울 지역 대학부설 영재교육원 선발 인원

서울 지역 대학부설 영재교육원 선발 인원 (단위 : 명)

영재교육원	선발 대상	수학	선택 전문교과					정보	합계
			물리	화학	생물	지구과학	합계		
서울교대	초등	40	구분 없이 통합 선발				60	20	120
서울대	중등	15	기초반 20				80	15	110
			15	15	15	15			
연세대	중등	40	20	20	20	20	80	–	120

■ 서울 지역 대학부설 영재교육원 선발 방법

구분	전형 방법
서울교대	1차 서류전형 → 2차 지필고사 → 3차 지필고사 및 면접
서울대	학교장 추천 → 1차 창의적 문제해결력검사 → 2차 면접
연세대	학교장 추천 → 1차 필기시험 → 2차 구술시험

구분	모집 학년	학교별 추천 인원
서울교대	초 3, 4, 5학년	학교별 추천 인원 제한 없음
서울대	초6 : 수학, 정보, 과학(기초) 중 1 : 물리, 화학, 생물, 지구과학	학교별 응시 분야별 각 3명 이내 추천 교육청, 과기부 지정 영재교육원, 영재학급 수료자 별도 지원 자격 부여
연세대	초6 : 수학 중1 : 수학, 물리, 화학, 생물, 지구과학	초6은 학급당 2명, 중1은 학교별 각 분야 3명 추천 교육청 영재교육원 수료자 별도 지원 자격 부여

❶ 이런 문제 풀 수 있어야 영재교육원, 특목고 합격한다

초등부 수학 부문

서울교대 1차 지필고사

어느 음료수 판매 행사에서 빈 병 3개를 가져오면 무료로 음료수 1병을 줍니다.

이 행사에서 처음에 음료수 100병을 구입했다면, 내가 마실 수 있는 음료수는 모두 몇 병입니까?

① 146병   ② 147병   ③ 148병   ④ 149병   ⑤ 150병

〈정답〉 ④

아래의 정사각형을 <보기>와 같이 넓이가 같은 네 조각으로 나누려고 합니다. 서로 다른 방법으로 각 정사각형을 나누어 보시오. 이때, 나누어진 네 조각의 모양은 서로 같지 않아도 되고, 곡선으로 나누어도 됩니다. (단, 뒤집거나 돌렸을 때 같은 모양은 한 가지 모양으로 생각합니다)

[보기]

<정답>

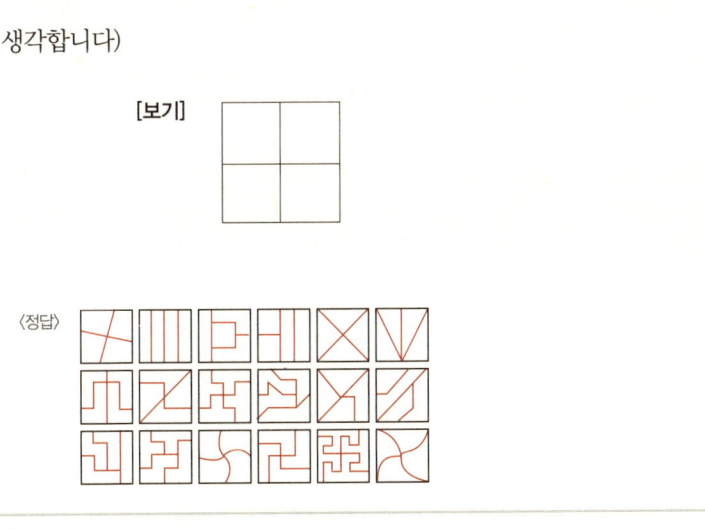

과학 부문

서울교대 2차 지필고사

자전거를 빨리 움직이게 하는 방법 5가지를 말해 보시오.

〈예시답안〉

① 자전거의 뒷바퀴를 크게 만든다.

② 페달에 연결된 기어와 뒷바퀴에 연결된 기어의 톱니 수의 차이를 크게 한다. (단 페달에 연결된 기어의 톱니 수가 더 많아야 한다.)

③ 바퀴의 폭을 좁게 한다.

④ 바퀴 테두리를 무겁게 하여 회전 관성을 높인다.

⑤ 자전거 몸체를 알루미늄 등의 가벼운 소재로 만든다.

아래 그림의 구와 토러스 구조는 모두 입체 도형입니다. 토러스는 구의 중심에 구멍이 뚫려 있는 구조입니다. 똘똘이라는 이름의 납작한 생물체가 구면에 접착해 살아가고 있었습니다. 똘똘이는 앞만 볼 수 있습니다. 어느 날 똘똘이는 직선으로 똑바로 진행하여 제자리로 돌아옴으로써 자신이 살고 있는 곳이 평면이 아님을 알 수 있었습니다.

구　　　　　　　　　　　토러스

(1) 똘똘이가 세 점을 찍어 팽팽하게 줄을 이었을 때, 자신의 공간이 평면이 아님을 알 수 있는 방법을 아는 대로 쓰시오.

(2) 똘똘이가 구에 살고 있음을 알 수 있는 방법을 아는 대로 써보시오.

(3) 만약 똘똘이가 토러스에 살 때, 자신이 살고 있는 곳이 토러스 구조임을 알 수 있는 방법을 되도록 많이 써보시오. (갈고리와 끈을 사용할 수 있음)

〈정답 생략〉

A는 n 이하의 자연수 중에서 분모가 P개의 서로 다른 자연수의 곱이고, 분자가 1인 모든 분수의 합이라 하면, n=3일 경우, $A_1 = \dfrac{1}{1} + \dfrac{1}{2} + \dfrac{1}{3}$, $A_2 = \dfrac{1}{1 \cdot 2} + \dfrac{1}{2 \cdot 3} + \dfrac{1}{3 \cdot 1}$, $A_3 = \dfrac{1}{1 \cdot 2 \cdot 3}$ 가 됩니다. 이때, 임의의 n에 대하여 $A_1 + A_2 + A_3 + \cdots + A_n$ 의 값을 구하시오.

〈정답〉 n

과학 부문

연세대 1차 지필고사

대표적인 화학결합 3가지를 써라.

〈예시 답안〉

대표적인 화학결합으로는 이온결합, 공유결합, 금속결합이 있습니다.

※각 결합에 대한 설명은 생략

정보 부문

서울대 1차 지필고사

방송반 학생 3명과 신문기자반 학생 3명이 긴 테이블에 한 줄로 앉아서 토론을 하려고 합니다. 물음에 답하시오.

(1) 방송반 학생끼리 앉고 신문기자반 학생들끼리 앉는 방법의 수를 구해 보시오.

(2) 같은 소속학생들끼리 나란히 앉을 수 없다고 할 때, 신문기자반 학생들과 방송반 학생들이 앉는 방법의 수를 구해 보시오.

(3) 신문기자반 학생 6명, 방송반 학생 5명이 있는데 이 중 6명을 뽑아서 토론을 하려고 합니다. 이때, 적어도 방송반 학생 3명이 뽑혀야 한다고 합니다. 방법의 수를 구해 보시오.

〈정답〉 (1) 72가지   (2) 72가지   (3) 281가지

교육청 영재교육원, 이렇게 대비하라

1 _ 1차 시험 수도권 외고 구술면접 사고력 문제, 2차 시험 과학고 수학, 과학 구술면접 문제와 비슷

2008학년도 교육청 영재교육원 선발시험은 전국적으로 통합문제로 실시될 가능성이 높다. 따라서 서울권에서 준비하는 학생들도 2007학년도에 한국교육개발원에서 출제한 경기 및 지방 시험문제 형태로 준비를 해두는 것이 안전할 것이다.

1, 2차는 지필고사, 3차는 심층면접을 실시하는데 지원 분야에 상관없이 모두 동일한 문제가 출제되는 1차 시험 논리적 사고검사는 외고의 최근 3개 학년도 구술면접 창의사고력 문제와 유사하고, 학년 간 중복되는 문제도 출제되어 사실상 학년을 구분 짓기가 애매하다.

2차 시험은 창의적 문제해결력 검사로 지원 분야, 즉 수학, 과학, 정보 분야별로 별도 시험을 본다. 따라서 2차 시험은 해당 과목만 준비하면 된다. 그러나 경기, 인천, 대구, 경남, 전북, 전남, 광주, 제주 지역은 통합으로 선발하므로 2차 시험 또한 수학, 과학 문제가 동시에 출제된다. 2차 시험문제는 과학고 수학, 과학 구술면접 유형으로 교과 심화형 문제들이 대부분이다. 정보 분야에서는 대부분 수학문제들이 출제된다.

2 _ 창의사고력 수학, 외고 구술면접 사고력 문제들이 1차 논리적 사고검사에 도움

1차 논리적 사고검사는 외고 구술면접 사고력 문제를 미리 준비한다는 자세로 공부하는 것이 좋다. 최근 3개 학년도 서울, 경기권 외고 구술면접 사고력 문제 유형을 살펴보는 것도 도움이 될 것이다. 또한 단순 수학교과형 문제가 아닌 창의사고력, 수리사고력 문제들을 매주 접해 봐야 한다. 지문이 긴 사고력 문제가 많이 출제되므로 수학에서는 문장제 문제, 정답이 여러 개 나올 수 있는 문제들도 많이 접해 보는 것이 도움이 된다.

3 _ 수학, 과학 경시대회 출전 2차 창의적 문제해결력검사에 도움

2차 창의적 문제해결력검사에서는 대부분 수학, 과학 교과형 심화문제들이 출제되는데 그 수준은 국내 전국 규모 경시대회 문제들과 비슷하다. 따라서 2008학년도 교육청 영재교육원을 준비하는 수험생들은 학년별로 구분되어진 한국수학인증시험(KMC), 대학 주최 경시대회, 한국수학올림피아드대회(KMO)에 출전하면서 항상 실전 감각을 유지해 두는 것이 좋다.

수상 실적에 연연하기보다는 경시대회 당일 새로운 유형의 문제를 많이 접해 보는 것을 목표로 해야 한다. 그래야 실전에서 처음 접해 보는 문제가 나오더라도 당황하지 않고 풀 수 있다. 특히 2차 시험 문제는 과학고, 한국과학영재학교 캠프, 청심국제중학교 캠프에서 수학, 과학 구술면접과 연결되는 문제들이라는 것을 알아둘 필요가 있다.

4 _ 정보 분야는 사실상 수학적 능력으로 선발

정보 분야의 출제 문제는 대부분 수학적 내용으로 이루어져 있으며, 수업 내용 또한 수학적 내용으로 구성되어 있다. 최근 정보 분야 지원자 수 및 합격점수는 대부분의 지역에서 낮게 나타나고 있는데 수학적 능력이 뛰어난 학생은 지원자 수가 상대적으로 많고 합격점수 또한 높게 나타나는 수학 분야보다 정보 분야에 관심을 가져볼 만하다.

■ 교육청 영재교육원 선발 과정

구분	1차 시험	2차 시험	3차 시험
선발시험	논리적 사고검사	창의적 문제해결력검사	심층면접
선발 시기	12월 중순	1월 중순	1월 말
문제 유형	외고 구술면접 사고력	과고 구술면접 한국과학영재학교 과학 캠프 청심국제중 캠프	외고 구술면접 과고 구술면접
응시 대상	학교 상위 10% 이내 지원	1차 시험 상위 3% 이내 통과자	모집 인원의 1.5배수 내외
선발 대상	초등부: 초3, 4, 5학년/중등부: 초6, 중1, 2학년		

과학고, 영재학교 대비는
대학부설 영재교육원 준비부터

1 _ 영재학교, 과학고 준비생들에게 높은 관심

과학영재학교와 과학고를 준비하는 학생들 대부분이 대학부설 영재
교육원 입학에 높은 관심을 가지고 있다. 그 이유는 영재학교 진학 시
영재교육원 기관장의 추천서 등을 통해 과학영재학교와 과학고 지원
이 가능하고, 특히 영재교육원에서 받는 교육 내용이 과학영재학교
선발 과정의 하나인 캠프, 과학고 구술면접에서 유리하기 때문이다.
앞으로 서울, 경기 등에 추가적으로 영재학교가 설립될 예정이어서
대학부설 영재교육원에 대한 관심은 더욱 높아질 전망이다. 한국과학
영재학교 합격생들의 상당수가 대학부설 영재교육원 출신이며, 전체
수석 합격생도 대학부설 영재교육원 출신이었다.

대학부설 영재교육원은 전국 25개 대학에서 초등부는 3~5학년, 중등부는 초6~중2 학년을 대상으로 3,500여 명을 선발한다. 선발 인원은 과학이 2,000여 명으로 가장 많고 수학이 1,000여 명, 정보는 500여 명을 선발한다.

선발 경쟁률은 수학 부문이 가장 높고 정보 부문이 가장 낮다. 서울교대의 경우 수학이 16대 1 이상, 과학은 10대 1 정도인데 정보는 4대 1 정도였다. 과학 부문의 경우 대체적으로 물리의 경쟁률이 가장 높고 지구과학이 가장 낮다. 대부분 초, 중등을 모두 선발하는데 예외적으로 서울교대는 초등부만, 서울대와 연세대는 중등부만 선발한다.

2 _ 서울에서 경기권으로도 지원 가능, 선발 일정에 따라 복수 지원도 가능

대학부설 영재교육원은 해당 관내 지역 교육청에만 지원 가능한 교육청 영재교육원과는 달리 같은 시, 도에 소재한 영재교육원에 중복지원이 가능하다. 선발시험은 학교별로 각각 다르다. 서울 소재 학생은 초등부의 경우 서울교대, 중등부는 연세대, 서울대 영재교육원에 중복지원이 가능하고 예외적으로 경기도 학생을 선발하는 경원대, 대진대에도 지원이 가능하다. 반면 경기권 소재 학생은 서울 소재 대학의 영재대학원에 지원이 불가능하다.

원서 접수는 아주대, 대진대, 인천대 영재교육원이 전국에서 가장 빠른 9월부터 시작하며, 경원대, 충남대, 경북대, 울산대, 전북대, 순천대 영재교육원은 10월부터 시작한다. 서울대, 연세대, 공주대, 청주교대 영재교육원은 12월에 원서를 접수한다.

3 _ 교육청과 대학부설 영재교육원을 동시에 준비하는 전략 필요

영재교육원을 준비하는 학생들은 대학 1, 2개와 해당 지역 교육청 영재교육원을 동시에 준비하는 전략을 세울 필요가 있다. 대학부설 영재교육원 선발시험이 먼저 있거나 또는 그 반대인 경우도 있다. 따라서 한 곳에만 목표를 두는 것보다는 지원 부문을 미리 정해 놓고 교육청과 대학부설 영재교육원을 동시에 준비하는 것이 바람직한 방법이다. 그리고 목표로 하는 영재교육원을 정했다면 반드시 한 번에 붙겠다는 전략보다는 다음 해에도 도전할 수 있다는 생각으로 꾸준히 준비하는 전략이 필요하다. 교육청과 대학부설 영재교육원은 매년 초등학교 3학년부터 학년 단위로 선발하기 때문이다.

4 _ 경기권 대학 수학, 과학 지원 분야에 상관없이 두 과목 모두 준비

대학부설 영재교육원에는 선발시험에서 수학, 과학 지원 부문에 상관없이 수학, 과학 모두 평가하는 영재교육원들이 있다. 경기 지역의 경우 아주대, 경원대, 대진대 영재교육원 모두 수학, 과학을 평가하며,

인천대, 강릉대, 충남대, 청주교대 등도 마찬가지다. 서울교대 영재교육원 1차 시험에서도 수학, 과학, 정보 공통문제가 출제되고 있다.

5 _ 선발시험이 사고력 유형인지 선행 심화학습 유형인지 빨리 파악해야

대학부설 영재교육원 선발시험 문제는 각 대학별로 자체적으로 출제하기 때문에 문제 유형이 각각 다르다. 따라서 지원하고자 하는 대학부설 영재교육원의 문제 출제 패턴을 미리 체크해 둘 필요가 있다.

서울교대, 서울대 영재교육원의 경우 선행 심화학습에 대한 평가보다는 주로 사고력을 평가하는 문제들이 출제되고 있다. 하지만 연세대 영재교육원은 선행학습이 밑바탕 되어 있지 않으면 풀기 힘든 문제들이 주로 출제된다. 따라서 지원하고자 하는 영재교육원의 문제 출제 경향을 반드시 사전에 체크해 두어야 한다.

전국 25개 대학부설 영재교육원 선발 대상 및 선발 인원　　　　　(단위 : 명)

구분	선발 대상		모집 분야			
	초등	중등	수학	과학	정보	계
서울교대	초3 ~ 5	–	40	60	20	120
서울대	–	초6, 중1	15	80	15	110
연세대	–	초6, 중1	40		80	120
아주대	초3 ~ 5	초6, 중1	35	45	20	100
경원대	초3 ~ 4	초6	30	90	30	150
대진대	초3 ~ 4	초5~6	30	75	30	135
인천대	초4	초6, 중1	76	148	20	244
강릉대	초4 ~ 5	초6	35	76	32	143
강원대	초4	초6	초등(수, 과 통합 30) 중등(수 15, 과 45)		–	90 140
공주대	초4	초6	50	75	15	130
충남대	초4	초6	50	80		192
청주교대	초4	초6	57	108	17	120
			무시험 10			
안동대	초4 ~ 5	초6	30	75	15	155
경북대	초4 ~ 5	초6	45	90	20	105
울산대	초3 ~ 4	초6, 중1	15	75	15	172
경남대	초3 ~ 5	초6, 중1	40	102	30	140
경상대	초4	초6	45	65	30	180
창원대	초4 ~ 5	초6, 중1	45	105	30	40
부산대	초5	중2	20	20	–	240
군산대	초5	초6~중2	50	140	50	124
전북대	초4	초6	40	84	–	132
목포대	초4 ~ 5	초6	30	72	30	120
순천대	초4 ~ 5	초6, 중1	30	75	15	142
전남대	초4 ~ 5	초6, 중1	52	75	15	170
제주대	초4 ~ 5	초6, 중1	40	100	30	
전국 25개 대학			총 3,514			

전국 25개 대학부설 영재교육원 원서 접수 일정

구분	접수 일정			
	9월	10월	11월	12월
초순			강원대, 안동대, 전남대, 공주대(중등) 부산대, 제주대	
중순	아주대	경원대, 순천대	창원대, 경남대 군산대	서울대, 연세대 공주대(초등), 청주교대
하순	대진대 인천대	충남대, 경북대 울산대, 전북대	서울교대, 강릉대 목포대, 경상대	

주요 대학부설 영재교육원 학교장 추천 인원

구분	추천 인원
서울교대	제한 없음
서울대	분야별 3명 이내
연세대	초: 학급당 2명/ 중: 분야별 3명
아주대	제한 없음
경원대	제한 없음
대진대	제한 없음
인천대	초: 학년별 5%/ 중: 수 또는 과학 10% 이내 영재교육원 추천, 교육청 추천, 수상 경력 별도 추천
강릉대	제한 없음
강원대	제한 없음
공주대	학급 수 이하 추천
충남대	제한 없음
청주교대	제한 없음
안동대	제한 없음
경북대	제한 없음
울산대	초 : 학년별10% 이내 또는 학교당 2명 중 : 학년별10% 이내 또는 학교당 초 6명, 중 18명 또는 수상 경력
경남대	제한 없음
경상대	제한 없음
창원대	제한 없음
부산대	초: 학교당 3명/ 중: 담임교사 추천, 수상 경력
군산대	제한 없음
전북대	제한 없음
목포대	제한 없음
순천대	제한 없음
전남대	학년별 5% 이내
제주대	학교장 추천 / 수상 경력 / 실적물 / 중 1학년 1학기 10% 이내

Q&A

🏛 특목고 준비를 위해 초등학교 때 꼭 도와줘야 할 일은?

1 _ 잠재력을 깨워내는 수학교육

유아 및 초등 시기는 수학학습이 처음으로 이루어지는 때이므로 수학교육 역시 단기적인 목표에 승부를 걸 것이 아니라 장기적인 안목으로 접근해야 한다. 새로운 사회와의 만남으로 호기심이 왕성해지는 유아기에는 호기심을 자유롭게 발산할 수 있는 환경을 구성해 줌으로써 무한한 잠재력을 깨워주고, 자발적이고 능동적인 학습으로 유도하는 것이 중요하다.

어렸을 때 자연스럽게 이러한 환경에서 학습을 한 아동이라면 단순한 지식의 습득을 뛰어넘어 창의적으로 문제를 해결하고 응용하는 지혜를 스스로 체득해 나가게 될 것이다. 이를 위해 아동의 생각하는 힘을 키워주는 수학교육, 즉 수학적 사고력을 계발시켜 줄 수 있는 교육이 무엇보다 중요하다.

2 _ 좋아하는 영역부터 차근차근

많은 학부모들이 유아기의 아이에게 기초적인 수에 대한 이해와 더불어 간단한 덧셈, 뺄셈 등 연산의 기본에 치중한 수학교육에 집중하지만 그에 앞서 수 개념의 형성에 필요한 수학적 아이디어를 키우는 활동이 선행되어야 한다. 공통점과 차이점 식별하기, 분류하기, 패턴 학습, 관계 유추 등의 활동을 통해 수학적 아이디어를 발달시킬 수 있는데, 아동 개개인마다 관심 영역이 다르므로 다양한 활동을 접하게 하면서 특히 흥미가 높은 영역이 무엇인지 파악하고 꾸준히 자극을 주어 아이의 생각을 키워 가는 것이 좋다. 이렇게 하면 실생활에서 접하게 되는 많은 새로운 상황들에서 자연스럽게 수학적 의미를 깨우치게 될 것이다.

3 _ 오감을 통한 수학

이 시기 아동들의 수학적 사고력을 효과적으로 계발하기 위해서는 교구와 놀이를 통해 접근하는 것이 좋다. 특히 영재교육원 입시에서 자주 출제되는 도형의 규칙성이나 도형의 전환 등의 문제 해결은 폭넓은 교구를 활용해 본 아동들에게 절대적으로 유리하다.

교구를 통한 학습의 가장 큰 장점은 오감이 자극되어 수학에 대한 흥미를 키워 감으로써 수학에 대한 긍정적인 태도를 갖게 한다는 것이다. 이때 수학에 대한 흥미를 키워 간다는 것은 활동에서 얻는 재미나 즐거움을 뛰어넘어 수학적으로 생각하는 즐거움을 느낀다는 것을 말한다.

쉬운 단계의 교구학습부터 점차 난이도를 높여 꾸준히 학습시키다 보면 아동은 지속적으로 수학에 대한 호기심을 느끼고 활동을 통해 이를 능동적으로 해결할 수 있는 힘을 기를 수 있다. 아동은 다양한 해결 방법을 스스로 모색하여 자신의 생각을 키워 갈 수 있으며, 문제를 해결한 후에는 성취감을 느껴 더 높은 수준의 과제에 도전할 수 있는 동기유발이 자연스럽게 이루어진다.

또한 활동에서 얻은 성취감은 자신감으로 이어져 새로운 과제를 맞닥뜨렸을 때 두려움 없이 열린 마음으로 접근하여 능동적으로 해결할 수 있도록 해준다. 이렇게 길러진 능동적인 태도는 창의성과도 직결된다. 실제 영재교육원 입시에서도 정해진 공식에 대입해 푸는 문제는 거의 나오지 않는다. 그보다는 기초적인 지식만 충분하면 이를 응용하여 풀 수 있는 창의적 문제해결력을 요하는 문제들이 많이 출제된다.

4 _ 언어와 함께하는 수학

유아기 수학교육에 있어서는 수에 대한 감각을 일깨우는 것과 더불어 언어적 능력을 키워주는 것도 중요하다. 수학에는 많은 개념이 등장하는데 정확한 개념 이해가 있어야만 이를 응용하고, 창조적으로 다룰 수 있는 능력이 신장된다. 이때 언어에 대한 이해력이 뛰어난 아동이라면 새로운 수학 개념 또한 수월하게 받아들일 것이다.

예를 들어 처음으로 도형에 대해 학습할 때 아동은 그동안 네모, 세모, 동그라미 등으로 일컬어지던 도형들이 사각형, 삼각형, 원 등의 다른 이름을 가지고 있음을 알게 된다. 우리말에 대한 이해가 수반되면 네모가 '네 개의 모서리', 사각형이 '네 개의 각이 있는 도형' 임을 효과적으로 연결 지을 수 있을 것이다. 또한 간단한 문제라도 자신이 결과에 도달한 과정을 말로 표현해 보게 함으로써 해결 과정에 대한 점검과 강화를 스스로 할 수 있도록 유도하고, 이를 통해 자연스럽게 논리적인 사고력을 기를 수 있도록 도와줄 수 있다.

이러한 과정은 답이 맞고 틀리는 것보다 답에 이르는 방법이 올바른지가 더욱 중요하다는 것을 일깨워준다. 따라서 어린 아동을 지도하는 학부모나 교사 역시 답이 맞았는지 틀렸는지 여부로 아동의 해결력을 단정 짓지 말고, 해결 과정에 대한 평가를 해주는 것이 중요하다.

문제를 읽는 것은 누구나 할 수 있지만 문제의 의미를 바르게 이해하고 해결의 실마리를 찾아갈 수 있는 능력은 단숨에 길러지지 않는다. 영재교육원 입시 문제는 갈수록 다양해지고 여러 영역을 통합적으로 다루고 있다. 따라서 복잡한 문제를 단순화하여 해결할 수 있어야 하는데 이를 위해서는 문장을 읽고 해석할 수 있는 언어적 사고력과 논리력이 매우 중요하다.

언어적 사고력을 높일 수 있는 가장 좋은 방법은 독서이며 수학적 사고력과 언어적 사고력은 동시에 키워져야 한다. 영재교육원 입시 문제는 결코 난이도가 높지 않지만 긴 지문과 단서에 겁을 먹고 포기하는 일도 일어나기 때문이다.

5 _ 도전하는 꼬마 수학자

학습에 있어서 적절한 도전 의식은 높은 성취도를 이끌어낼 수 있는 중요한 요소가 된다. 도전 의식을 갖게 하기 위해서는 비슷한 수준의 아동들과 무리를 이루어 학습을 하도록 하는 것이 좋다. 공통의 주제로 학습하는 가운데 경쟁심이 생기고, 이러한 경쟁심은 자연스럽게 과제에 대한 도전 의식으로 이어진다. 또한 또래집단을 이루어 학습을 하면 자신의 생각을 표현할 수 있는 논리적 사고력과 다른 사람의 생각과 의견을 선택해서 받아들이는 비판적 사고력을 기를 수 있다.

학습능력이 부족한 아동에게는 쉬운 과제를 주어 문제 해결에 대해 자신감을 가질 수 있게 해주고, 성취감을 맛보며 더 높은 수준의 과제에 도전할 수 있는 환경을 만들어주는 것 또한 중요하다. 교육청 영재교육원 2차 시험과 대학부설 영재교육원 3차 심층면접은 기초적인 원리로 전체 흐름을 파악하고, 보다 발전된 원리를 적용하여 단계적으로 결과에 근접해 가는 형태의 서술형 문제들로 구성되는데, 결론을 이끌어내기까지 과제에 대해 집중력을 가지고 도전하는 자세가 반드시 필요하다.

자신과의 싸움에서 이겨라

정성하 (2007학년도 한국과학영재학교 과학 수석/신서중학교 2학년)

기다리고 기다리던 8월 17일, 최종 합격자 발표일이 다가왔다. 1차 서류전형에 제출할 서류들을 준비하던 일이 엊그제 같았지만 어느새 합격과 불합격이라는 갈림길에 서서 선택받기를 기다리게 되었다. 그렇게 큰 기대를 하고 본 시험은 아니었지만 막상 발표 시간이 다가오자 점점 초조해져서 다른 일은 머릿속에 들어오지 않았다. '과연 붙을 수 있을까?' 하는 불안과 '떨어지면 어떻게 하지?' 하는 걱정만이 머릿속을 스쳐 지나갈 뿐이었다.

　예정 발표 시간은 아침 10시였지만 30분 전부터 컴퓨터 앞에 앉아 학교 홈페이지를 보고 있었다. 하지만 접속하려는 사람이 너무 많아 한동안 서버가 마비되었다. 발을 동동 구르면서 기다리다 결국 예정 시간을 40분이나 넘기고 나서야 간신히 확인할 수 있었는데, 결과는 다름 아닌 '합격'이었다. 합격했다는 사실을 직접 보고도 너무 놀라워 처음엔 얼떨떨하기만 했다. 하지만 곧 날아갈 듯한 기쁨이 찾아왔다. 이렇듯 반가운 합격 소식을 전해 들을 수 있었던 것은 지난 몇 년

간 열심히 노력했던 것에 대한 결실이라고 믿어 의심치 않는다.

　아무리 큰 나무도, 많은 열매가 열린 나무도 처음에는 작은 씨앗에서부터 시작된다. 웅장한 기와집도 튼튼한 초석이 기반이 되어 세워지듯이 거목도 씨앗에서 내린 뿌리를 기반으로 성장하게 되는 것이다. 이처럼 유아 시절은 사람들의 미래를 결정하는 중요한 시기라고 할 수 있다. 어머니는 이 중요한 유아 시절에 내가 튼튼한 뿌리를 깊이 내릴 수 있도록 가장 많이 도와주신 분이다. 무엇보다도 공부하는 습관과 체력을 많이 길러주셨는데, 그런 점들이 나중에 공부할 때 기본적인 바탕이 되었고, 큰 힘으로 작용했다.

　어머니께서는 독서 시간을 정해 주어 다양한 분야의 책들을 접해 사고를 확장하고 상식을 쌓을 수 있도록 해주셨고, 동시에 매일 정해진 시간에 책상에 앉아 공부하는 습관도 길러주셨다. 어렸을 때 유치원 대신 체육센터에 다녀서 체력을 다져놓았던 점도 나중에 큰 도움이 되었다. 왜냐하면 공부는 단거리 달리기가 아니라 긴 마라톤이기에, 언덕과 슬럼프를 극복할 수 있는 강인한 체력이 필요하기 때문이다. 이와 같이 유아 시절에는 튼튼한 뿌리를 내려서 기본기를 다듬어놓는 것이 바람직하다고 생각한다.

　어렸을 때는 아직 목표가 정해지지 않아서 한 분야만을 집중적으로 공부하기보다는 다양한 분야를 폭넓게 공부해 왔다. 그러나 초등학교 고학년으로 올라갈수록 이과 쪽에 관심이 많아져 6학년 말쯤에 과학고나 한국과학영재학교로 진학하기로 마음먹게 되었다. 이때부터 본격적으로 입시 준비를 시작했는데 그 첫걸음이 바로 영재교육원이었다. 학교에서 추천을 받아 강서교육청 과학영재교육원 과학 분야에 응시할 수 있게 된 것이다. 영재교육원 시험을 위해 특별히 준비한 것은 없었지만 될 수 있는 한 많은 과학 도서를 읽으려고 노력했다. 왜냐하면 다양한 과학 도서를 접하는 것이 창의력을 키우는 데 도움이 되기 때문이다.

마침내 영재교육원 지필고사 날짜가 다가왔다. 시험지를 받아든 나는 아는 내용을 차분하게 논리적으로 써 내려갔다. 또한 같은 문제도 여러 가지로 해석될 수 있기 때문에 다양한 풀이도 제시했다. 나중에 영재교육원 담당 선생님께 듣게 된 말이지만 오답일지라도 답안이 논리적이고 창의성이 돋보인다면 어느 정도 점수를 얻을 수 있다고 한다. 이렇게 지필고사와 면접을 거쳐 영재교육원에 최종 합격할 수 있었다. 영재교육원에 다니는 목적이 특목고 진학에 있는 것은 아니지만 영재교육원에 다니면 과학고나 한국과학영재학교를 진학하는 데 유리한 것은 명백한 사실이다.

과학고의 경우에는 입시 때 가산점이 주어질 뿐만이 아니라 영재교육원 전형이라는 제도가 만들어져 있어 내신이 좋지 않더라도 어느 정도 보완이 가능하다. 반면에 한국과학영재학교의 경우 영재교육원 수료로 인해 얻는 가산점은 없지만 1차 서류전형에 영향을 줄 수 있으며 평상시 영재교육원에서 받는 수업을 통해 3차 과학캠프 및 면접전형을 자연스럽게 대비할 수 있어 입시에 대한 부담을 한결 덜 수 있다.

영재교육원에서의 수업은 강의와 실습으로 이루어져 있는데 실습의 비중이 약간 더 높은 편이다. 일반 학교에서 배우는 것보다 심화된 내용을 배우기 때문에 과학 지식을 많이 터득할 수 있다는 것도 좋지만 영재교육원의 가장 큰 장점은 바로 실험에 있다. 실험을 통해 실험 기구들을 다루는 감각을 익힐 수 있고, 실험을 설계하는 과정 자체가 다양한 창의력을 요구하기 때문에 창의력 향상에도 도움이 된다. 이러한 실험 실습을 많이 경험한 덕에 3차 과학캠프 및 면접전형을 무난하게 치를 수 있었다.

중학교 1학년 동안은 강서교육청 영재교육원 과학 분과에 재원했고 학년 말에 수료할 수 있었다. 중학교 2학년에 올라오면서 다시 영재교육원 시험을 보게 되었는데, 학교와 강서교육청 영재교육원으로부터 추천을 받아 서울대학교 과학영재센터와 연세대학교 과학영재교육원에 지원하게 되었다. 서울대학교 과학영재센터와 연세대학교 과학영재교육원은 교육청 영재교육원들과 달리 과학 분야도 물리, 화학, 생물, 지구과학 분과로 세분되어 있는데, 특히 화학에 관심이 많았던 나는 화학 분과에 지원하게 되었다.

1년 전에는 독서 이외에는 특별한 대비를 하지 않았지만 많은 학생들이 지원하는 영재교육원에 붙기 위해 고등학교 3년 과정 동안 보는 화학(화학1, 화학2)을 선행학습했다. 영재교육원 시험을 보기 위해서 반드시 선행학습이 필요한 것은 아니지만 선행학습을 통해 개념을 정확히 잡을 수 있고 고급 지식들을 터득할 수 있어서 보다 유리하다고 할 수 있다. 실제로 연세대학교 과학영재교육원의 시험에는 선행학습이 이루어졌다면 쉽게 풀 수 있는 문제들이 여러 개 출제되었다. 두 대학교의 과학영재교육원 시험을 모두 응시하게 되었고, 최선을 다해 논리적이고 창의적인 답안을 쓰려고 노력한 결과 모두 합격할 수 있었다. 두 영재교육원 중 결국 서울대학교 과학영재센터로 가기로 결정했고, 1년 동안의 교육 과정을 마치고 수료할 수 있었다. 대학부설 영재센터는 교육청 영재교육원보다 전문적인 실험을 할 수 있고 실험 환경과 교육 커리큘럼 또한 더 좋다는 장점이 있다.

중학교 2학년에 올라가서는 올림피아드를 준비하기 시작했다. 가장 빨리 열리는 올림피아드가 바로 한국수학올림피아드와 한국천문올림피아드인데 공교롭게도 두 시험의 날짜가 겹쳐 한 시험만 응시할 수 있었다. 나는 과학을 좋아했기 때문에 한국천문올림피아드를 선택했다.

한국천문올림피아드에 대비하기 위해 고등학교 과정의 지구과학 중 천문 부분을 공부했고 천문 관련 서적을 많이 읽으면서 천문학적 감각을 키워 나갔다. 이처럼 바쁘게 올림피아드에 대비하다 보니 어느새 한국과학영재학교 입시가 코앞에 다가와 있었다. 나는 5월 27일에 열린 한국천문올림피아드가 끝나자마자 바로 1차 서류전형 준비에 들어갔다.

1차 서류전형의 경우 제출해야 할 서류가 많기 때문에 어느 정도 여유 있게 준비를 해두어야만 완성도 높은 서류를 제출할 수 있다. 1차 서류전형에 제출하는 서류에는 우선 자기소개서가 포함된다. 자기소개서는 말 그대로 자신을 심사위원들에게 소개하는 것인데 영재성과 특징이 잘 드러날 수 있도록 쓰는 것이 좋다. 심사위원들로 하여금 '이 학생을 꼭 뽑아야겠구나.' 하는 생각이 들 수 있게 말이다. 자기소개서 외에는 생활기록부 사본을 제출하는데 아마 수학, 과학 내신과 생활 태도를 보려는 의도인 것 같다.

이외에 제출해야 할 서류에는 추천서, 실적물, 수상 실적 등이 있다. 추천서는 담임 선생님이나 학교 과학 선생님, 또는 교장 선생님께 받아도 되지만 될 수 있으면 영재교육 관련 기관에서 받는 것이 더 좋다. 나는 서울대학교 과학영재센터에 재원하고 있었던 덕에 담당 교수님이신 홍훈기 교수님의 추천서를 받을 수 있었다. 실적물은 특별한 영재성이나 창의성이 나타나 있는 자료면 모두 제출 가능하다. 무엇을 낼까 고민하다 결국 말굽자석의 극에 관한 탐구보고서를 제출하게 되었다. 수상 실적으로 제출 가능한 상장은 최근 2년 이내의 시·도 단위 이상의 수학, 과학 분야에서 수상한 상장들인데, 내가 제출했던 주요 상장들로는 과학기술부장관상, 천문올림피아드 금상, 서울특별시 과학경시대회 상장 등이 있다.

이렇게 여러 가지 서류들을 준비하고, 빠진 서류가 있는지 몇 번이나 검토한 끝에 1차 서류전형 마감일 바로 전날 떨리는 마음으로 서류를 제출했다. 설마 2차 창의적 문제해결력검사도 못 보고 떨어지는 것은 아닌지 조마조마하며 걱정했던 기억이 아직도 생생하다.

다행히 1차 서류전형을 통과했지만 날 기다리고 있는 건 2차 전형인 창의적 문제해결력검사였다. 1차 전형 통과자 1,800명 중 216명만 이 붙는다는 생각을 하면 막막하기만 했다. 어떤 문제가 나올지 감도 잘 안 잡히고, 무엇을 공부해야 되는지도 잘 몰라서 2차 전형은 높고 가파른 산처럼 느껴졌다.

나는 일단 가장 중요한 중학교 과정의 수학, 과학 개념들부터 정리하기 시작했다. 금방 끝날 것 같았지만 꼼꼼하게 정리하다 보니 2차 전형까지 시간이 많이 남아 있지 않았다. 그래도 남은 시간을 최대한 활용하기 위해 창의력수학 문제를 최대한 많이 풀었고, 과학잡지 몇 월분을 한꺼번에 읽으며 최신 과학 정보를 얻었다. 이렇게 나름대로 2차 창의력 문제해결력검사에 대비했는데 시험장에 들어가면서 조금 더 많이 준비해 둘 걸 하는 후회도 들었다.

그래도 최선을 다하자는 마음으로 2차 전형에 응했다. 처음 문제를 대했을 때는 쉽게 풀리는 문제가 별로 없어서 당황하기도 했지만 마음을 가다듬고 계속 생각하다 보니 하나, 둘 답이 떠오르기 시작했다. 처음 봤을 때 안 풀린다고 포기해서는 결코 안 된다. 모르는 문제라도 생각나는 아이디어를 모두 적어두는 것이 빈 답안지를 제출하는 것보다는 좋기 때문이다. 그렇다고 비논리적인 답안을 쓰면 감점 요인이 될 수 있기 때문에 논리성 또한 답안지를 작성할 때 주의를 기울여야 할 부분이다.

2차 전형은 점심까지 먹으면서 보는 긴 시험이기 때문에 전날 컨디션 조절을 잘해 두어야 끝까지 집중력을 잃지 않을 수 있다. 2차 전형을 마치고 생각보다 못 본 것 같아 떨어질 거라고 예상하고 울적해 있었는데, 뜻밖에도 합격이라는 결과가 나와 놀랐던 기억이 아직도 생생하다. 그러나 마냥 기뻐하고 있을 수만은 없었다. 3차 과학캠프 및 면접이 남아 있었기 때문이다.

그런데 가장 어려운 관문이라고 생각했던 3차 전형이 나에게는 오히려 2차 전형보다 수월했다. 영재교육원에서 다양한 실험을 많이 해봐서 여러 실험 기구들에 익숙해져 있었기 때문에 실험에 대한 자신감이 있었던 것이 크게 작용했을 것이다. 3차 전형은 특별한 대비를 하기보다는 실제 시험에서 최선을 다해 성실하게 임하는 것이 더 중요하다는 생각이 든다.

영재교육원 시험이나 한국과학영재학교 시험을 준비하는 후배들에게 꼭 해주고 싶은 말이 있다.

"자기 자신과의 싸움에서 이겨라."

이번 한국과학영재학교의 경쟁률은 약 20대 1이었다고 한다. 그러나 경쟁률은 그리 중요하지 않다. 아무리 경쟁률 높은 시험이라도 합격하는 사람은 나오기 마련이다. 그 사람들이 바로 자기 자신과의 싸움에서 이긴 사람들이다.

시험을 준비하면서 어려움에 부닥칠 때마다 포기하라는 속삭임이 자기 자신으로부터 들려올 것이다. 심지어 시험을 보다가도 잘 풀리지 않으면 포기하고 싶다는 생각이 들기도 한다. 그러나 포기하자고 생각하는 순간 합격은 한 걸음, 또 한 걸음 멀어져만 간다. 그럴 때는

'어떻게 왕관의 무게도 못 견디면서 왕관을 쓰려고 하는 것인가?' 하는 생각을 하면서 기운을 내기 바란다. 기운내서 열심히 달리다 보면 어느새 조그만 가능성의 씨앗이 근사한 나무로 성장해 있는 것을 발견할 것이다.

후배들이여, 달콤한 열매를 맛볼 그날까지 파이팅 하자!

오늘보다 더 나은 내일을 위하여!

박진현 학생 학부모 (부 : 박성동, 모 : 임영란)
(서울 배문중학교, 2007학년도 서울과학고 학교장 추천 전형 합격)

먼저 진현이가 서울과학고에 입학할 수 있도록 가르쳐주고 이끌어주
신 하늘교육의 여러 선생님들께 진심으로 감사드립니다. 특히 2학년
초에 진현이의 적성을 적기에 파악하여 이공계의 길로 안내해 준 수
학 담당 P선생님, 물리 담당 W선생님께 감사의 말씀을 전합니다.

진현이가 과학고에 진학하겠다는 마음을 굳힌 것은 중학교 2학년 3
월 초 학원 수학 선생님과 면담하고 난 후였던 것으로 기억된다. 중학
교 1학년 때까지만 하더라도 부모의 뜻에 큰 반감 없이 법조인(法曹
人)이 되는 것이 진현이의 꿈이었다. 초등학교 때는 건강하게만 자랐
으면 해서 공부를 많이 시키지는 않았다.

영어 발음 교정을 위해 약 2년간 영어학원에 보낸 것 외에는 특별
히 다른 학원에 보낸 적도 없었다. 남다른 면이 있었다면 또래의 아이
들과는 달리 어떤 것에 의문을 가지면 끝까지 파고드는 집중력과 인

내력이 뛰어났다는 점을 들 수 있을 것이다.

그런데 나 역시 여느 엄마처럼 6학년 겨울방학이 시작될 무렵 자연스럽게 자녀 교육에 더 많은 관심을 가지게 되었다. 주변에서 자기 아이들은 이미 M학원, H학원, D학원 등에서 공부를 하고 있는데 학습 진도도 많이 나갔다며 진현이는 어느 학원에 다니고 있느냐고 물어왔기 때문이다. 그때서야 '아차, 이게 아니구나. 중학교에 가서도 공부를 잘할 수 있게 하기 위해서는 더 늦기 전에 학원에 보내 선행학습을 시키는 것이 좋겠다'는 생각을 하게 되었다.

학원에 다니는 학생이나 학생 부모님들에게 이것저것 물어보기도 했고, 마침내는 학원설명회에도 참석했다. 대학교 못지않게 학원 선택도 중요하다는 남편의 조언에 따라 이것저것 다 챙겨봤지만 모두가 비슷해 쉽게 결정을 내릴 수 없었다. 하지만 학원설명회에 직접 가서 학사프로그램과 학생관리시스템, 그리고 학원 환경을 보고 나니 궁금증이 해소되었다.

집이 용산이라 거리가 약간 멀었지만 다른 학원은 더 찾아보지 않고 과감히 하늘교육학원을 선택했다. 결과론이지만 진현이가 학교 내신도 잡고 과학고에도 진학할 수 있었던 것은 이렇듯 신중하게 학원을 선택한 결과라고 자신 있게 말할 수 있다.

초등 6학년 겨울방학이 시작되자마자 학원에 찾아가 학원입학자격시험(레벨 테스트)을 보게 했다. 다른 학생들은 초등학교 때부터 선행학습을 했으나 진현이는 선행학습이 전혀 되어 있지 않아 성적이 안

좋게 나왔고, 결국 엘리트반에서 3개월간 공부를 하게 되었다. 자존심이 약간 상했지만 학원에서 내주는 과제(홈 스터디)를 완벽하게 소화하게 했다. 학원에서 시키는 것 외에 특별히 다른 공부나 과외는 하지 않았다. 교과서 자습서 외에는 다른 교재를 살 필요도 없었다. 학원 교재를 공부하는 것만으로도 항상 시간이 모자랐기 때문이다.

그렇게 3개월을 보내고 난 후에 치러진 반 배치고사에서 성적이 좋게 나와 특별반(외고반)으로 올라가게 되었다. 수준에 맞는 레벨교육을 받으면서 진현이의 실력이 시나브로 향상되어 가고 있다는 것을 피부로 느낄 수 있었다. 진현이도 자신감을 갖게 되었고, 중학교 입학 후 처음 치러진 중간고사에서는 무난히 전교 1등을 했는데 주요 과목에서 모두 100점을 받았다. 그리고 2학년 때부터는 기술가정, 한문 등에서 1문제 정도 틀리고 거의 모든 과목에서 100점을 받았고, 평균 99점 이하로 내려간 적이 없었다.

1학년 때는 계속 외고반에서 영어 위주로 공부를 하면서 학교 내신을 확실하게 잡았다. 그러나 2학년이 되면서 과고반에 있던 P선생님의 권유로 과고반으로 옮기게 되었다. 당시 영어에 비해 수학이 상대적으로 부족했던 진현이는 수학 실력을 늘릴 수 있는 좋은 기회로 생각했고, 가족들이 함께 모여 의논한 결과 좋은 대학에 가기 위해서는 수학을 잘해야 하는 것은 분명한 사실이고, 앞으로는 문과보다는 이공계가 나을 것이라는 데 의견 일치를 보고는 가족 모두 P선생님의 권유를 따르기로 결정했다. 바로 그때부터 과학고와의 만남이 시작되었다.

　진현이가 처음 과고반에 들어갔을 때는 2~3개월 동안 무척 힘들어
했다. 그 기간을 어떻게 지냈는지 생각하면 지금도 가슴이 찡하다. 초
등학교 4학년 때부터 과학고만을 바라보면서 공부한 학생들, 올림피
아드에서 금상, 대상을 수상한 학생들의 날고 기는 실력에 기가 죽어
쉽게 적응하지 못했던 것이다.

　진현이는 이미 한참 앞서 나가 있는 수학 진도를 따라가지 못해 학
원에 가지 않으려고 했다. 나는 아이의 얘기를 듣고는 무척 당황했다.
후회도 많이 했다. 그러나 포기할 순 없었다. 강남에는 그 애들보다도
우수한 애들이 많고, 여기서 포기하면 아무것도 되지 않는다며 용기
를 북돋아주었다. 여동생도 포기하면 안 된다며 오빠에게 힘을 주었
다. 나는 진현이에게 조금만 더 참아보고 그래도 어려울 것 같으면 과
고반에서 어느 정도 수학 실력을 쌓은 뒤에 다시 외고반으로 옮기자
고 했다.

　그렇게 2학년을 과고반에서 수학, 과학 위주로 학원에서 시키는 대
로 공부했다. 물론 중간고사, 기말고사 일주일 전부터는 학교 내신에
전력투구하도록 시켰다. 혹독한 과고반 생활 1년이 지나자 진현이의
실력은 몰라보게 향상되었다. 물리는 반에서 1, 2등을 다툴 정도로 성
장했고, 감을 잡지 못하던 수학에 대한 감도 차츰 잡아가는 것 같았
다. 처음에는 진현이에게 관심조차 가지지 않았던 과고반 아이들도
하나 둘씩 진현이에게 다가와 친구가 되었고, 어느덧 과고반에서도

상위 그룹에 들게 되었다. 진현이가 문과 과목보다는 오히려 수학, 과학 과목이 더 적성에 맞는다는 P수학 선생님의 권유를 받아들인 것이 결국 옳았다는 것을 깨닫는 데 1년이라는 짧지 않은 기간이 걸렸던 것이다.

매일처럼 밤늦게 자기 책상 앞에서 수학정석 I, II와 대학물리, 해석역학 책을 펼쳐놓고 공부하고 있는 진현이를 바라볼 때면 지금의 진현이를 있게 해준 하늘교육 P선생님의 은혜에 보답하기 위해서라도 앞으로 더욱더 열심히 해서 자신의 목표를 달성할 수 있어야 할 텐데, 하는 생각을 하게 된다.

목표 의식을 갖고 최선을 다하라

정수근 학생 학부모 (모 : 황진숙)

(서울 오산중학교, 2007학년도 대원외고 일반전형 스페인어과 합격)

우선 항상 목표 의식을 잃지 않고 열심히 노력해 준 아들 수근이에게 고마움을 전하고 싶습니다.

수근이의 성장 과정은 타 어린이와 별다를 게 없었다고 기억됩니다. 한 가지 다른 점이 있다면 유치원 때부터 독서하는 습관을 길러주기 위해 하루도 빠지지 않고 책을 읽도록 했다는 것입니다.

물론 단계적인 도서목록은 아빠와 상의해서 만들었습니다. 처음에는 수근이의 감성을 키워주는 책 위주로 선별해 한 권 한 권씩 탐독할 수 있도록 해주었고, 초등학교 1학년 때부터 삼국지, 수호지, 초한지 등 문학작품을 읽도록 지도했습니다. 수근이는 독서를 바탕으로 논리력을 키울 수 있게 되었고, 스스로 공부할 수 있는 틀을 만들었다고 생각됩니다.

수근이는 동네 보습학원에 다니고 있었는데 초등학교 4학년 때 우연히 지인을 통해 이촌동 하늘 영재교육센터를 알게 되어 2학기에 등록하게 되었습니다. 우선 제 스스로는 아이의 학습 능력을 진단할 수 없었기에 학원에서 지도하는 단계적인 수업 방식을 믿었습니다. 학원의 심층지도학습은 만족스러웠습니다. 수근이는 특히 수학과 영어의 기초를 다질 수 있었고, 이를 기반으로 선행학습을 실천해 꾸준히 실력이 향상되어 갔습니다.

어떤 학부모들은 빠른 결과를 얻고자 하는 욕심 때문에 성급하게 판단을 내려 중간에 하늘교육원을 그만두고 여러 학원을 옮겨 다니기도 했습니다. 그러나 아이와 저는 꾸준히 하늘교육의 프로그램을 믿고 의지했습니다. 그리고 부모와 아이와 협의하여 정한 규칙을 능동적으로 행할 수 있도록 지도해 주어 수근이는 방과 후에는 거의 집에 있었고, 컴퓨터 게임도 토요일 제한된 시간 동안만 하는 습관을 기르게 되었습니다.

하늘교육은 아이의 성적이 우수해서 특목고를 목표로 하는 것이 좋겠다는 조언을 해주었고, 그에 따라 초등학교 졸업 후 하늘교육의 서초 하늘교육영재센터를 자연스럽게 선택할 수 있었습니다. 수근이는 그곳 레벨 테스트에서 좋은 성적으로 상위권 특목고반에 배정되었고, 개인 과외를 병행하지 않고 학원에 의지하여 진지하게 공부를 해나갔습니다. 특목고에 진학하겠다는 동기를 갖게 된 것입니다.

과학고에 진학하여 유전공학을 공부하고 싶어 하던 아이가 진로를 바꾼 것은 중학교 때입니다. 마침 아빠가 미국 L. A로 출장을 가게 되었고, 수근이두 함께 가게 되어 아빠의 지인인 미국인 변호사 부부(할리우드 몇몇 스타 담당) 댁에서 생활할 기회가 있었습니다. 수근이와 수근이 아빠는 변호사 부부와 많은 이야기를 나누었고, 그분들로부터 생물학보다는 법조계 쪽에 무게를 두고 진로를 개척하라는 조언을 받았습니다. 그 후 아빠가 동부 지역으로 출장을 가게 되었는데, 그때는 하버드 로스쿨 도서관을 둘러보고 뉴욕을 여행하면서 수근이의 생각이 많이 바뀌게 되었습니다.

한국에 돌아온 아이는 인문계열로 진로를 바꾸었고, 학교 내신은 최대한 전교 5% 이내로 유지할 수 있도록 학교 수업에도 만전을 기했습니다.

외고 특성상 수학은 창의력수학을 공부해야 했기에 학교 수업만으로는 부족해서 학원이 이끄는 대로 따라 하며 틀린 문제가 있으면 꼭 오답노트를 작성해 해답을 보지 말고 다시 한 번 처음부터 풀어보는 습관을 들이도록 했습니다. 그리고 부교재는 되도록 많은 응용문제를 풀 수 있는 문제집을 선택해 자율적으로 공부하도록 했습니다. 그 결과 영어든 수학이든 문제의 맥락을 잡아낼 수 있는 지각력을 스스로 키울 수 있었다고 생각됩니다.

또한 공부를 열심히 하기 위해서는 체력이 뒷받침되어야 하기 때문에 아이가 좋아하는 축구로 체력을 단련하도록 했고, 가끔씩 아이가 스트레스를 받을 때면 친구들과 함께 영화를 보거나 노래방에 가서 노래를 부를 수 있게 해주었습니다. 그리고 서점에 가서 필요한 책을 사보거나 공짜로 읽을 수 있는 즐거움을 느낄 수 있도록 배려하기도 했습니다.

이런 식의 스트레스 해소법이 아이에게 큰 도움이 되었던 것 같습니다. 공부에 대한 의욕이 되살아났고, 친구들과의 우정도 돈독히 하는 계기가 되어 지금까지도 아이들은 어려울 때 서로 위로하고 격려해 주는 좋은 관계를 유지하고 있습니다.

처음부터 대원외고를 목표로 삼은 것은 아니었지만 지난 초가을 입학설명회에 참석했을 때 저는 우리 아이가 꼭 대원인이 되었으면 하는 바람을 갖게 되었습니다. 저는 학원 담임 선생님을 찾아가 아이가 어떤 외고를 선택하는 것이 좋을지에 대해 물었고, 선생님께서는 상담 도중에 수근이가 대원외고에 갈 수 있는 가능성이 있다는 것을 저에게 인식시켜 주셨습니다.

하지만 제 욕심만으로 이룰 수 없는 것이기에 아이가 열심히 해주기를 바랐는데 기특하게도 아이는 강한 승부욕과 의지를 보이며 시험 D-day 70일 전부터 선생님의 지도하에 학원에서 야간자습으로 새벽 2시까지 집중적으로 공부하기 시작했고, 그것만으로도 충분하지 않은지 4시까지 토플과 듣기연습을 반복했습니다.

저는 새벽까지 공부하다 의자에 누워 쪽잠을 자는 수근이를 볼 때마다 마음이 아팠습니다. 아직 어린 나이인데 그토록 힘들게 공부하는 모습이 너무 안쓰럽고 안타까웠던 것입니다. 물론 이때 학교 공부는 조금 소홀히 할 수밖에 없었지만 목표를 이루기 위해 최선을 다한 아들의 모습이 제 가슴에 깊은 감동의 드라마로 남아 있습니다.

끝으로 이번 합격의 영광은 아이 때부터 수근이를 믿고 꾸준히 지도해 주신 하늘교육 선생님들 덕분에 얻은 것이라고 생각하며 깊은 감사를 드립니다. 아울러 열심히 노력한 멋진 아들 수근이에게 사랑한다는 말을 전하고 싶습니다.

To achieve my future dream

백혜원 (대일외고 국제학과 1학년 / 2007학년도 대일외고합격자)

Before I start the essay, I'd like to introduce myself. I lived in Philippines for about two and a half years when I was six years old. Even though I lived abroad when I was really young, I remember most of the things I've learned there. I also remember dreaming of a possible future career for myself. My dream was to become an international attorney in America. It is really funny thinking about it right now. The reason I chose my dream as an international attorney in America at that time was because the title appeared extremely fancy to me, and I liked a boy named Brian who came from America. However, the reason for wanting to become an international attorney defers than the reasons from the childhood. I really want to use English till I die. Also, I want to help people having problems through their lives.

To achieve my future dream, I decided to enter Daeil Foreign Language High School. I had studied extremely hard for the three years in the middle school. During three years in the school, I was required to write advanced-level essays and speak fluent English to have an interview. I wrote a lot of essays and prepared my interview with my friends. When I wrote essays, I matched the time to 30 minutes per question and wrote two essays each day. For the interview I sat in front of a mirror, watched myself and observed what I was doing wrong. Finally, I had the entrance exam on October 20th and heard that I was admitted to the university. I was really happy and felt as I got the whole world.

Now, I am a Daeil FLHS and I participate in studying an abroad program named Dosp . As I mentioned previously, my dream is being an international attorney in America. Because I wanted to work in America, I decided to attend the "Dosp" program. Also, because I learned a lot of things while living abroad when I was young, I believe that if I get one more chance studying abroad, I would get a lot more things.

I've decided to attend U.C. Berkley. I do not have an accurate reason why I have chosen U.C. Berkley as my goal university right now, but I would have it soon. I will study more than ever for 3 years in Daeil FLHS, and achieve my dream. Whenever I get tired, I will think about my wonderful days in my future!

저자를 도와 책의 출간을 준비하는 과정에서 무엇보다 다양한 정보와 자료를 수집하는 것이 힘들었던 것 같습니다. 여러 곳에 분산되어 있는 자료를 모으는 것 자체가 긴 시간과 노력을 필요로 한 탓도 있지만, 그 많은 정보 중에서 학부모와 수험생들에게 꼭 필요한 정보를 선별하고 가공하는 과정이 어려웠습니다. 하지만 그 시간을 통해 특목고와 영재교육원 입시를 총체적인 시각으로 접근할 수 있어 저희들 개인적으로도 소중한 시간이었습니다.

이 한 권의 책에 특목고와 영재교육원에 대한 모든 정보가 담겼다고 하기에는 부족한 면이 없잖아 있겠지만, 긴 시간과 노력이 들어간 만큼 양질의 정보를 실었다고 자부합니다. 하지만 책 분량도 만만치 않고 특정 부분은 객관적인 정보 위주로 되어 있어 책을 읽으시는 입장에서 어려운 점이 있으리라 생각됩니다. 객관성을 훼손하지 않으면서 독자들에게 필요한 정보를 쉽게 제공하는 일이 얼마나 어려운지를 또다시 절감하게 되는 순간입니다. 부디 그 점은 넓은 마음으로 이해

해주시기를 바라며, 마지막으로 이 책을 읽는 모든 학부모와 수험생들에게 좋은 결과 있으시길 간절히 바랍니다.

(주)하늘교육 기획실 기획 · 평가팀 손기현, 이미현

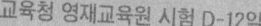

교육마당

교육청 영재교육원 시험 D-12일

서울 교과서 중심 경기 교과서 외 사고력 테스트

어떤 문제가 나올까?

지난해 교육청 영재교육원은 한국교육개발원에서 문제를 출제해 전국에서 같은 날 시험을 치렀다. 그러나 올해부터는 서울은 시교육청에서 단독으로 문제를 출제하는 것으로 바뀌었다. 이에 따라 경기 및 지방은 12월 15일, 서울은 12월 16일 각각 시험을 실시한다.

서울은 시교육청에서 단독 출제한 2004, 2005학년도 기출문제 패턴에 관심을 가질 수밖에 없다. 당시 출제된 문제들은 전년도 한국교육개발원에서 출제한 특정 교과 외적인 사고력을 요하는 문제들에 비해 수학, 과학 분야의 교과 심화형 문제들이 주로 출제되었다. 사고력 문제가 출제되었다 하더라도 교과 개념을 정확히 이해하고 있어야만 풀 수 있는 문제들이었다. 결국 교육청 영재교육원에 지원하는 수험생들의 수준을 감안할 경우 교과 심화내용의 문제들이 교육개발원에서 출제한 문제들보다 다소 쉽게 받아들일 수 있다.

과학분야에서는 주관식 문제보다는 선다형 객관식 문제들이 주로 출제되었다. 실험문제에 있어서도 실험과정에 대한 원리를 물어보기보다 사실적 실험 결과만 알면 풀 수 있는 문제들이 주류를 이루었다.

경기 및 지방은 전년도와 같이 한국교육개발원에서 출제된 문제를 가지고 선발할 예정이다.

1차 시험에서는 문항 수, 시험시간 모두 전년과 동일하다. 문항 수는 15문항으로, 초등부는 45분, 중등부는 50분간 실시된다. 1차에서는 수학, 과학 지원분야에 상관없이 공통문제로 논리적 사고검사를 실시한다. 문제 유형은 주로 특정 교과와 관계없는 사고력, 논리성을 요하는 문제가 주류를 이루고 있다. 광...

소 많이 접해 보지 않은 문제들이어서 수험생들의 체감 난이도가 높게 나타나고 있다.

2차시험에서는 전년 1, 2교시로 나눠 실시되었던 것에서, 1교시로 진행된다. 전년도의 경우 1교시 시험은 주로 단답형 주관식 형태였고 2교시 시험은 서술형 주관식으로 수험생들이 가장 어려워했던 시험이었다. 금년도에는 문항 수가 전년 16문항에서 12문항으로 줄어든다.

문항 수가 줄어든 배경에는 전년도 수험생들의 체감 난이도를 어느 정도 반영한 것으로 볼 수 있지만 체감 난이도는 여전히 높을 것으로 예상된다.

수학은 한국수학올림피아드(KMO), 한국과학언주시험(KMC) 문제유형으로...

임성호 하늘교육 기획이사

2007년 영재교육원 선발문제 분석해보니 —

'창의 사고력' 질문 외고 입시 유형

추첨 학생들이 한 업체교육기관에서 사고력 수업을 받고 있다. (종합자료)

김성호 하늘교육 기획이사

서울 외고 경쟁률

학교명	전형부문	모집인원	지원자수	경쟁률
	외고우수자	29	248	11.9
	학교장추천우수자	60	382	6.35
	외국어우수자	58	43	4.1
	국제외환전공	57	167	2.93
	경시대회우수자(국제외교)	2	2	0.67
	봉사자격자	6	10	1.25
	경시대회우수자(자동외상언어)	4	4	0.67
	학교장추천자	14	362	25.86
	외국어우수자	21	382	18.24
	국어(영어)심화우수자	145	1177	7.77
	글로벌전형	36	214	6.11
	심화우수자	12	45	3.75
	학교장추천우수자(경시대회)	55	664	12.87
	참학우수자(학교장추천)	55	280	5.09
	경시대회우수자(자원봉사활동)	25	94	3.76
	고교심화우수자(자동언언글로벌)	20	44	2.2
	전국외국어우수자(자원봉사)	10	22	2.2
	체육특기자	1	1	1.0
	학교장추천자	24	466	19.77
	고교심화우수자	96	1025	11.2
	전국우수자	8	28	3.5
	학교장추천자	16	499	28.4
	심화우수자(심화교과)	30	604	20.13
	심화우수자(국제)	40	119	17.33
	외국어우수자(OK외고)	2	12	6.0
	학교장추천자	8	32	4.0
	심화우수자	9	40	4.44
	외국어우수자	50	163	3.26
	외국어우수자	12	94	7.83

영어 듣기 빨라지고 지문 늘어나

2007년도 외고 일반전형 분석

감각 익히고 자주 접해야

어떤 시험 나오나

2006학년도 교육청 영재교육원 선발시험은 전년도 서울이 별도 시험을 보았으나, 금년도부터는 전국으로 단일화돼 봄방학때에 실시될 가능성이 높다.

1차 시험은 지원 분야에 상관없이 무조건 수학, 언어, 영재분야에 통합되어 논리적 사고검사이다. 외국어고등학교 최근 3개년도 구술면접 경향이나 교과 문제와 유사한 문제들이다. 학년 간 중복되던 문제들도 출제...

2차 시험은 창의적 문제 해결력 검사로 시험 분야에 따라 수학, 과학, 언어에서 별도 시험을 본다. 따라서 2차 시험분야를 수학 과목별로 준비하면 된다.

서울 6개 외고는

2007학년도 서울시 외고 일반전형 영어...

경기지역 외고는

지난 10월 초순(초등) 실시된 경기지역 외고 일반전형의 경우이며...

박일환 학교내 특강 기획이사

2008년도 외고입시 이렇게 준비하자 (4)명덕외고

합격자 간 '구술면접' 점수차 가장 커

어떻게 공부해야 하니?

시사·사고력 문제 늘 접하도록

3학년 1기 내신

> 2007년도 분석

> 2007학년도 부문별 합격생수

2008학년도 외고 입시 어떻게 바뀌나

"주요과목 가중치에 신경 써라"

수학공부 포기는 금물 … 사고력 기르는 최고 학습도구

일반전형 목표로 공부해야 … 유학과 인센티브 사라진다

"영어ह०ह는데, 구술면접 변별력이 높아짐에 따라 내신 좋은 성위권 학생들의 지원이 클커질 가능성이 높다"

올림피아드 인기, 어떤 특전 있기에~

"입상해서 내신부담없는 특기자전형 노리자"

과학고생 '대입 전초전'

2008학년도 서울 6개 외고 입시 확

내신 10%

2008학년도 서울 6개 외고 입시 확정

내신 10%이내 들어야 합격 안정권

실질반영비율 30~35%로 대폭 상승

년도 특목고, SKY대 진학률 분석해보니

성적이 쑥!